GOLDMANN
ESOTERIK

W0306178

Umschlagillustration:

Für die Umschlagillustration wurde ein dreidimensionales Illusionsbild aus den Bänden »Das magische Auge«, erschienen in der arsEdition München, verwendet. Und so können Sie das 3D-Bild erkennen: Führen Sie das Buch an die Nasenspitze. Blicken Sie geradeaus, als würden Sie durch das Bild hindurchsehen. Bewegen Sie das Buch langsam von sich weg und blinzeln Sie nicht. Vor Ihren Augen entwickelt sich ein dreidimensionales Bild ...

Buch

Es gibt viele Reinkarnationslehrer, doch nur wenige haben sich so beständig zu Wort gemeldet wie Edgar Cayce. Auf der Grundlage seiner Lehre vermittelt dieses Buch, was Reinkarnation bedeutet und wie das individuelle seelische Wachstum durch das Wissen um frühere Leben günstig beeinflußt wird.

Im ersten Teil des Buches werden die Erkenntnisse Cayces bezüglich der Reinkarnation geschildert: Die Reinkarnation ist der Weg, auf dem wir die Trennung von Gott, die wir durch den rebellischen Einsatz unseres Willens herbeiführten, überwinden können.

Der zweite Teil versteht sich als Kursus, der uns dazu befähigen will, über unsere frühere Leben Bewußtheit zu erlangen. Hierzu werden eine Vielzahl von Übungen und Vorgehensweisen angeboten. Das erlangte Wissen kann im Hier und Jetzt nutzbar gemacht werden. Mit seiner Hilfe wird der schwierige Weg zurück in die Einheit mit Gott, in die Harmonie der Seele verkürzt.

Autor

Edgar Cayce wurde 1877 in der Nähe von Hopkinsville/Kentucky geboren. In Armut aufgewachsen und ohne Ausbildung in die Welt geschickt, war Edgar Cayce ein tiefreligiöser Mann, der seine übersinnlichen Fähigkeiten ausschließlich zum Wohle seiner Mitmenschen einsetzte. In Trance diagnostizierte er die Krankheiten der Menschen, die zu ihm kamen und schlug ihnen oft recht ungewöhnliche Heilungsweisen vor.

Im Goldmann Verlag ist von Edgar Cayce bereits erschienen:

Bericht von Ursprung und Bestimmung des Menschen (11804)
Die Geheimnisse des Bewußtseins (12102)
Die Geheimnisse des Universums (12103)
Die tausend Leben deiner Seele (12107)

EDGAR CAYCE

Du weißt, wer du warst

Erkenntnisse über die eigene Wiedergeburt

Herausgegeben von Robert C. Smith
und Charles Thomas Cayce

Aus dem Amerikanischen von
Susanne Kahn-Ackermann

GOLDMANN VERLAG

Sonderausgabe
Dieser Titel ist bereits unter der Nummer 12085
als Goldmann-Taschenbuch erschienen.

Originaltitel: You Can Remember Your Past Lives
Originalverlag: Warner Books, Inc., New York
Deutsche Erstveröffentlichung

Umwelthinweis:
Alle bedruckten Materialien dieses Taschenbuches
sind chlorfrei und umweltschonend.

Der Goldmann Verlag
ist ein Unternehmen der Verlagsgruppe Bertelsmann

Umschlaggestaltung: Design Team München
Umschlagillustration: Aus dem Buch »Das magische Auge I«,
© 1994. N. E. Thing Enterprises,
erschienen im Verlag arsEdition München und Zug
Satz: Uhl + Massopust, Aalen
Druck: Elsnerdruck, Berlin
Verlagsnummer: 43014
Redaktion: Gundel Ruschill
Ba · Herstellung: Gisela Ernst/sc
Made in Germany
ISBN 3-442-43014-3

10 9 8 7 6 5 4 3 2 1

Inhalt

Danksagung

Ich möchte hier meinen großen Dank all jenen aussprechen, die an der Entwicklung des ursprünglichen Programms der Association for Research and Enlightment (A. R. E.), *How To Discover Your Past Lives*, mitgearbeitet haben: Lynn Sparrow, Phyllis Embleton, Karen Fili, Marilyn Peterson, Nancy C. Pohle und Dolores Sloan. Teil III dieses Buches gründet sich auf ihre Arbeit, und Teil I und II haben in Ansatz und Struktur viel davon übernommen.

Teil I
Der philosophische Hintergrund: die Edgar-Cayce-Readings

Kapitel 1
Reinkarnation

Einleitung

Edgar Cayce gab im Laufe seines Lebens Tausende sogenannter »Readings«, und zwar zu einer Vielfalt von Themen. An die 14000 wurden mitstenographiert, und diese Aufzeichnungen finden sich heute in den Archiven. 2500 davon waren sogenannte »Lebens-Readings«, Aussagen über vormalige Inkarnationen jener Personen, für die das Reading gegeben wurde. Diese Menschen konnten sich dann mit Hilfe dieser Informationen ein Bild davon machen, wie sich ihre Seele im Verlauf früherer irdischer Erfahrungen fortentwickelt hat, was sie wiederum die Hintergründe ihrer gegenwärtigen Lebensumstände besser verstehen und nutzen ließ.

Obgleich sich diese Lebens-Readings mit der Vergangenheit anderer Personen befassen, können sie zweifellos auch für uns hilfreich sein. Ihre spezifischen Informationen mögen nur für die Betreffenden von Nutzen sein, das sich hier bietende Gesamtbild der Reinkarnation aber ist für uns alle von Interesse. Eine Betrachtung der Hintergründe einer Reihe von Leben einer anderen Person läßt uns selbst den allgemeinen Sinn der Reinkarnation besser verstehen. Und wenn wir miterleben, wie eine Inkarnation die nächste beeinflußt und sich auf die Seele auswirkt, dann können wir auch die Einflüsse vergangener Leben auf unser jetziges Leben besser erkennen und handhaben.

Aber mögen diese Lebens-Readings unter genannten Aspekten auch sehr hilfreich sein, so sind sie doch nicht die einzige Quelle zum Thema Reinkarnation in den Cayce-Readings. Es existieren auch zahlreiche andere Readings für Personen, die um geistige und spirituelle Führung baten, sowie für Gruppen, die sich um Wissen über verschiedene Aspekte der menschlichen Existenz bemühten. Auch hier finden sich viele Informationen über das Ziel, den Sinn und die Mechanismen des Lebens – und somit auch über die Reinkarnation.

Natürlich kann man auch an Reinkarnation glauben, ohne die Sichtweise Edgar Cayces zu teilen. Und man muß auch nicht unbedingt mit der Philosophie, die im ersten Teil dieses Buches vertreten wird, einverstanden sein, um aus dem dritten Teil des Buches Gewinn zu ziehen, in dem sich eine Anleitung zur Entdeckung Ihrer vergangenen Leben findet. Doch das im Cayce-Material gezeichnete Bild der Reinkarnation ist, hoffentlich, in sich schlüssig, und, was den Umgang mit unseren gegenwärtigen Lebensumständen angeht, potentiell hilfreich. Es bietet die Möglichkeit, die Gründe und Mechanismen der Reinkarnation zu verstehen und zu erkennen, wie wir das Beste aus unseren aktuellen Gegebenheiten machen können.

Eine Quelle möglichen Mißverständnisses sollte allerdings von Anfang an versiegelt werden. Einige Leute meinen, daß wir im Entwicklungsverlauf der verschiedenen Reinkarnationen Erfahrungen sowohl als Tier als auch als Mensch machen. Und wenn auch einige Schulen eine solche Entwicklung vom Tier zum Menschen behaupten, so entspricht das keinesfalls der allgemein vorherrschenden Auffassung. Aus vielen Quellen, das Edgar-Cayce-Material eingeschlossen, geht hervor, daß sich menschliche Wesen nur als Mensch reinkarnieren, niemals als Tier. Die Readings besagen klar, daß Tier und Mensch unterschiedlichen Schöpferordnungen angehören, und daß Tiere keine dem Menschen vergleichbare Seele haben. Lassen Sie also beim Lesen dieses Buches den Gedanken fallen, daß Sie möglicherweise ein vergangenes Leben in Gestalt eines Tieres hatten. Wir befassen uns hier ausschließlich mit Ihrer Geschichte als menschliche Seele, die ausschließlich menschliche Inkarnationen erfährt.

Unsere Erschaffung

Wollen wir die Gründe für die Reinkarnation begreifen und die Ursache, warum wir darin verwickelt sind, dann müssen wir zunächst einmal verstehen, warum wir existieren. Gott hat jeden von uns als Seele erschaffen, lange bevor die Erde oder das stoffliche Universum entstanden. Die Cayce-Readings besagen ganz deutlich, daß der Grund für unsere Erschaffung »Gottes Verlangen nach Gesellschaft von Gefährten und nach Ausdruck« war. (5749-14)

Die Vorstellung, daß wir geschaffen wurden, um Gefährten Gottes zu sein, hilft uns bei unserem Bemühen, zu einem besseren Verständnis unserer eigenen Natur zu gelangen; sie bedeutet, daß uns allen Aspekte von Göttlichkeit zu eigen sind. Wie viele religiöse Lehren sagen auch die Cayce-Readings aus, daß der Mensch im Abbild Gottes geschaffen wurde. Und immer wieder wird in den Readings daran erinnert, daß Gott in uns existiert und wir dort mit Ihm kommunizieren können. Daraus läßt sich schließen, daß das Gewahrwerden der inneren ewigen Gegenwart Des Vaters und die persönliche Beziehung zu Ihm, das Erbe einer jeden Seele, zu den wichtigsten Konzeptionen gehören, die wir uns bewußtmachen können.

Gehen wir einen Augenblick auf den zweiten Grund für unsere Erschaffung ein: Gottes Verlangen nach Ausdruck. Einige Implikationen dieser Aussage werden deutlicher, wenn wir uns fragen, *wovon* unsere Erschaffung Ausdruck ist. Ist die Tatsache unserer Existenz ein Ergebnis göttlichen Selbst-Ausdrucks? Dann ist unser tiefstes Wesen eine Manifestation Gottes. Was aber ist Gott? Auch hier stimmt das Cayce-Material mit den Aussagen weitverbreiteter östlicher wie auch westlicher religiöser Überlieferungen überein. Einfach ausgedrückt, »Gott ist Liebe« (1942-3, eine von vielen ähnlichen Aussagen). So waren unsere Leben von Anfang an und immer als Ausdruck der Liebe gedacht.

Und was sagt das über uns aus? Zum einen dies: Wenn Gott unendlich und ewig ist, dann ist jeder von uns Objekt grenzenloser und immerwährender Liebe. Zum andern: Jeder von uns war zu Anfang eine göttlich vollkommene Manifestation dieser Liebe. Daraus folgt, daß, nach dem Plan Des Schöpfers, Sinn und Zweck unseres Seins darin bestehen, Seiner Liebe in allem, was wir im Verlauf unserer Existenz tun, Ausdruck zu verleihen. Wie die Readings häufig besagen, ist unsere gedachte Rolle die, »Gefährten der Schöpferischen Kräfte (ein bei Cayce häufig gebrauchter Ausdruck für Gott) zu sein. Denn dem Plane nach soll jede Seele neben Gott Mitschöpfer sein.« (4047-2)

Die Rebellion unserer Seelen

Was also ging schief? Wie gelangten wir, wenn wir bei unserer Erschaffung so vollkommen waren, in unseren jetzigen Zustand der Unvollkommenheit? Warum findet sich, wenn unsere Existenz zu Anfang ein vollkommener Ausdruck göttlicher Liebe war, so viel Lieblosigkeit in unserem heutigen Leben? Warum scheint Gott, wenn Er wahrhaft in uns existiert, wenn jeder von uns eine tiefe, persönliche Beziehung zu Ihm hat, in unseren Alltagserfahrungen manchmal so völlig abwesend zu sein?

Die Ursache liegt im freien Willen des Menschen, mit dem uns Gott bei unserer Erschaffung ausgestattet hat. Gott zwingt sich uns nicht auf. Täte Er das, so wären wir nur Roboter und könnten Ihm nicht die Gefährten und Mitschöpfer sein, die wir eigentlich sein sollen. Wir alle haben die Freiheit, eigene Entscheidungen zu treffen. In Ausübung unseres freien Willens können wir in Einklang mit dem göttlichen Plan handeln und Seiner Liebe Ausdruck geben – oder aber Lieblosigkeit, das Ungöttliche, bezeigen. Nach den Worten der Readings: »Der Wille kann eins werden mit Ihm oder nur dem Ich dienen ...« (262–81)

Nachdem uns diese Alternative gegeben war, trafen einige von uns die Wahl, nicht in Übereinstimmung mit Gottes Plan zu handeln. Der ursprüngliche Akt der Rebellion fand nicht auf der Erde statt, denn er geschah, als es das stoffliche Universum noch nicht gab. Es handelte sich hier um einen Akt spiritueller Rebellion, um die Entscheidung im Geist, Dingen Ausdruck zu geben, die sich mit göttlicher Liebe nicht vereinbaren ließen.

Und welche Form nahm nun unsere Rebellion an? Die Cayce-Readings sagen hier ganz einfach: »Das Ego ist die einzige Sünde, das heißt, der Egoismus. Alles andere ist nur eine Variante dieser Ausdrucksform des Egos.« (1362–1) Wir kehrten uns ab von der Erfahrung des liebenden Einsseins mit allen anderen Seelen, in dem wir erschaffen wurden, und entschieden uns statt dessen für einen Weg der Befriedigung und Verherrlichung des Egos. Mit dem freien Willen und der Macht als Mitschöpfer erhielten wir die Möglichkeit, an der universellen Liebe zu allen teilzuhaben oder aber unser persönliches Ego aufzubauen. Diejenigen, die rebellierten, hatten sich für den zweiten Weg entschieden.

Ein von uns zu berücksichtigender Aspekt des freien Willens ist das Gesetz von Ursache und Wirkung. Jede von uns getroffene Wahl, ob sie nun dem vom Schöpfer geplanten Weg entspricht oder in eine andere Richtung geht, unterliegt diesem Gesetz.

Wollen wir die Konsequenzen unserer Entscheidung zur Rebellion verstehen, dann sollten wir uns ein weiteres universelles Gesetz ins Gedächtnis rufen: Gleiches wird von Gleichem erzeugt. Weder wird eine liebende Entscheidung zu unharmonischen noch eine egoistische Entscheidung zu guten Resultaten führen. Dieser Gedanke findet sich auch im Alten wie im Neuen Testament. »Wer Gerechtigkeit sät, hat beständigen Ertrag. Wer in der Gerechtigkeit fest steht, erlangt das Leben, wer dem Bösen nachjagt, den Tod« (Sprichwörter 11, 18–19); »Gott läßt keinen Spott mit sich treiben, was der Mensch sät, wird er ernten.« (Galater 6,7)

In unserer Gesinnung der Rebellion wählten wir das Ego. Die Folge war, daß wir die liebende Vereinigung, die unser Schöpfer für uns geplant hatte, aus dem Blickfeld verloren. Wir wählten die Trennung und erfuhren in der Konsequenz ein Gefühl der Trennung von unserem Gott, der Quelle grenzenloser Weisheit, Kraft, Macht und Liebe. Jedes andere hätte eine Verletzung unseres freien Willens bedeutet.

Und so trat das Übel in unsere Erfahrungswelt. Das Übel ist sowohl der Akt wie die Folge der Wahl, dem Geist der Rebellion gegen Gottes Wünsche zu folgen. Wir haben uns dazu entschieden, und da uns bei unserer Erschaffung die Macht von Mitschöpfern gegeben wurde, wurde eben das verwirklicht, dem Ausdruck zu geben wir uns entschieden hatten. So kam es zu Bedingungen und Erfahrungen, die nicht im Einklang mit der universellen Liebe standen, derer wir uns als Gefährten Des Schöpfers eigentlich erfreuen sollten.

Unsere Verstrickung mit der Erde

Unsere Rebellion und das daraus folgende Gefühl der Trennung von Gott waren zunächst spirituelle Phänomene, denn wir hatten uns noch nicht auf die Stofflichkeit eingelassen. Die Erde und das ganze stoffliche Universum als Manifestation göttlicher Schöpferkraft entstanden erst später. Ursprünglich waren die Erde und ihre Sphären nicht unbedingt als Wohnstatt des Menschen gedacht. Sie war einfach ein dreidimensionaler Bereich, entstanden aus der schöpferischen Aktivität des Geistes Gottes und als solcher auf seine Weise vollkommen.

Einige von uns Seelen kamen auf diese sich entwickelnde Erde und fühlten sich von ihr angezogen. Als Mitschöpfer verfügten wir über die Fähigkeit, mit unserem Geist zu erschaffen. Das heißt, unsere Gedanken besaßen Kraft und Realität, und wir konnten sie zur Umgestaltung unserer physischen Umwelt einsetzen. Durch die Macht unserer geistigen Bilder und ihrer physischen Manifestationen, die in den Cayce-Readings »Gedankenkörper« oder »Gedankenformen« genannt werden, projizierten sich einige von uns in die Sphäre der sich entwickelnden Erde und beeinflußten ihre Evolution auf eine Weise, die nicht in Einklang mit Gottes Plan stand. Nicht, daß das Sicheinlassen mit der Erde an sich etwas Böses gewesen wäre. Doch die Entscheidung, die Erde in einer Art und Weise zu erfahren und zu benutzen, die den Zielen des Egos statt Gottes diente, war eine

Fortsetzung unserer Rebellion und brachte sie zur stofflichen Manifestation.

Mit der Zeit waren einige von uns von den Aktivitäten in einem leiblichen Körper derart gefesselt, daß sie ihre wahre Natur als spirituelle Wesen und Kinder Gottes vergaßen. Sie entschieden sich dazu, ihre Erfahrungen auf der Erde zu machen und ihren beschränkten Egos eine größere Bedeutung einzuräumen als der Tatsache, daß sie Gefährten Des Vaters waren. Als Folge davon nahmen sie den göttlichen Geist in sich nicht mehr wahr und verstrickten sich so tief in der Stofflichkeit, daß sie sich nicht mehr daraus zu lösen vermochten.

Aber nicht alle von Gott geschaffenen Seelen wählten den Weg der Rebellion. Es blieben einige, vielleicht die große Mehrheit, die weiterhin gemäß der Absicht ihres Schöpfers handelten. Sie waren sich weiterhin bewußt, spirituelle Wesen zu sein, Gefährten Des Vaters und Mitschöpfer. Und in ihren Erfahrungen, die sie innerhalb des Universums machten, manifestierte sich nur jene Liebe, der Ausdruck zu geben sie geschaffen worden waren.

Einige von diesen Seelen, die nicht an der Rebellion teilgenommen hatten, fühlten sich von der Erde angezogen, und sie machten die Entdeckung, daß viele ihrer Genossen ihr spirituelles Erbe vergessen hatten und in der Stofflichkeit gefangen waren. Und so entschlossen sich manche, auf die Erde zu kommen, den Widerspenstigen beizustehen, sie an ihr Einssein mit Gott zu erinnern und ihnen zu zeigen, wie sie ihrer Verstrickung mit der Erde entkommen konnten.

Unter diesen rettenden Seelen war das Wesen, das wir als Adam kennen. Die biblische Geschichte seiner Erschaffung aus dem Staub der Erde versinnbildlicht die Formung des Körpers, den seine Seele in der dreidimensionalen Welt bewohnen würde. Im Gegensatz zu den mißgebildeten Gestalten, die die irregegangenen Seelen erschaffen hatten, standen die Körper Adams und seiner Begleiter im Einklang mit dem göttlichen Plan. Sie bildeten taugliche Werkzeuge zur physischen Vervollkommnung der menschlichen Rasse und geeignete Vehikel zur Rückkehr zum Vater.

Mit der Zeit aber kam auch diese zweite Gruppe von Seelen

vom Weg ab. Wiederum wurde die Beschäftigung mit den Dingen des Fleisches wichtiger als der Geist Gottes im Innern. Wieder wurden Entscheidungen getroffen, die uns die Tatsache, daß wir Gefährten Gottes sind, aus dem Auge verlieren ließ und in uns ein Gefühl der Trennung von Ihm hervorrief. Und wieder waren Seelen in der Stofflichkeit gefangen, die geschaffen worden waren, um der Liebe Gottes Ausdruck zu geben und sich ihr Bewußtsein von Seinem Geist zu bewahren.

Erst sehr viel später sollte uns, in der Person des Jesus von Nazareth, gezeigt werden, wie das menschliche Leben ein vollkommener Ausdruck von göttlicher Liebe sein kann. Nach Aussage der Cayce-Readings war es dieselbe Seele, die sich als Adam inkarniert hatte, die, nach vielen Zeitaltern und vielen dazwischenliegenden Inkarnationen, als Jesus die Vollkommenheit wiedererlangte. Und so zeigte uns diese Seele den Weg der Rückkehr zum Vater und erfüllte die ursprüngliche Absicht, mit der sie vor so langer Zeit zum erstenmal auf die Erde gekommen war.

Bis zu diesem Punkt gleicht die Geschichte unserer Erschaffung und unseres Sündenfalls in den Cayce-Readings in etwa der, die in der Bibel, im Buch der Genesis, erzählt wird. Beide Quellen berichten von der ursprünglichen Erschaffung des Menschen als vollkommener Seele, gemacht »als unser (Gottes)Abbild, uns ähnlich«. (Genesis 1,26) Und beide sprechen davon, daß die Seelen kamen, um die Erde in einem physischen Körper zu bewohnen, daß die Erde dem Menschen gegeben worden war, damit er über sie herrsche. Und beide beschreiben, wie sich der Mensch schließlich von Gott abwandte, seine Kräfte zu egoistischen Zwecken gebrauchte und so Schmerz und Leid auf die Erde brachte.

In einem wesentlichen Punkt unterscheidet sich allerdings die Schöpfungsgeschichte der Cayce-Readings von der biblischer Überlieferung. Das Cayce-Material bringt sehr deutlich zum Ausdruck, daß wir *nicht* für den Fehltritt eines unserer Ahnen vor Tausenden von Generationen bestraft werden. Jeder von uns ist heute hier auf der Erde, weil wir uns als *individuelle Seelen* dazu entschieden haben. Jede Seele, die sich von Gott abgeschnitten fühlt, befindet sich in dieser Situation, weil sie aus eigener Wahl ihr ursprüngliches Bewußtsein von der Gegenwart Gottes aufgegeben hat. Und jede Seele, die sich den manchmal unerfreulichen Lebensbedingungen auf diesem Planeten ausgesetzt findet, hat sich zum Eintauchen in die Stofflichkeit entschieden. Wir erfahren also ausschließlich die Konsequenzen *unseres eigenen Mißbrauchs* unseres freien Willens.

Des Vaters immerwährende Liebe

Wäre die Geschichte von unserer Erschaffung und unserem Sündenfall das Endergebnis unserer Geschichte als Menschheit und als individuelle Seelen, dann wäre sie in der Tat ziemlich trostlos. Aber in den Cayce-Readings findet sich immer wieder eine Botschaft der Hoffnung, die Versicherung, daß jeder von uns die Möglichkeit hat, das Verlorene wiederzugewinnen. Wir haben die Fähigkeit, unser Bewußtsein vom göttlichen Geist im Innern wiederzuerwecken, Entscheidungen zu treffen, die unser Leben erneut in Einklang mit dem Plan Des Schöpfers bringen und uns wieder zu Gefährten und Mitschöpfern Gottes werden lassen.

Die unwandelbare und ewige Natur der Liebe Des Vaters eröffnet uns diese Möglichkeit. Bei allen fehlgeleiteten Entscheidungen wie beim Sündenfall und allen gottlosen Wahlen, die wir seither trafen, blieb Seine Liebe zu uns unerschütterlich. Die Cayce-Readings versichern, daß »Gott in Seinen himmlischen Sphären ist und ... Seine Liebe auch die umfaßt, die ihr Herz verhärtet haben ...« (262–44) In der Freiheit unseres Willens können wir uns weigern, uns von Seiner Liebe durchströmen zu lassen, und es statt dessen vorziehen, ein Leben in Nachgiebigkeit gegen uns selbst zu führen. Wir können unser Bewußtsein derart mit irdischen Belangen anfüllen, daß wir sogar die Existenz der Liebe Gottes zu uns vergessen. Nie aber können wir sie zerstören oder in etwas anderes verwandeln, denn sie ist von Gott und somit ewig.

Wie die Liebe Des Schöpfers für uns, so ist auch Seine Gegenwart in uns ewig während. Die Aktivität Seines Geistes brachte uns zum Sein, und die Gegenwart dieses Geistes hat uns seit unserer Erschaffung erhalten. So wie Er am Anfang mit und in uns war, blieb Er weiterhin in uns und wird es bleiben in alle Ewigkeit.

Wenn wir von unserer Abkehr von Gott und dem *Gefühl* der Trennung von Ihm sprechen, dann meinen wir nicht eine wirkliche Abwesenheit von Gottes Geist. Uns fehlt nur das Bewußtsein von Seiner Gegenwart. Wir können, wenn wir uns ständig dazu entscheiden, Seine Stimme zu ignorieren, um den Wegen des Egos folgen zu können, etwas von unserer Fähigkeit einbüßen, Seine Gegenwart wahrzunehmen. Die natürliche Folge davon ist, daß wir uns ab einem bestimmten Punkt von Ihm getrennt fühlen. Aber Sein Geist wohnt weiterhin in uns, ganz gleich, wie sehr wir unser Bewußtsein davon verlieren mögen.

Wie weit wir auch immer vom Wege abgekommen sind, immer können wir uns nach innen wenden und Gott dort finden. Unsere persönliche Beziehung zu unserem Schöpfer kann nicht zerstört werden. Seine unendliche Liebe zu uns wird nie versagen, wir müssen sie nur wünschen und suchen und unser Leben auf eine Weise führen, die damit vereinbar ist. In vielen Passagen des Cayce-Materials finden wir die tröstliche Versicherung Des Vaters, die da verheißt: »Mögt ihr auch weit entfernt sein, wenn ihr ruft, werde ich es hören – und antworten ohne Verzug.« (1326-1)

Reinkarnation – unser Weg der Rückkehr

Gott läßt uns in Seiner nie endenden Liebe niemals im Stich. Wie in der Bibel findet sich auch in den Readings die Versicherung, daß es für jede Seele einen Weg der Rückkehr zum Vater gibt. »Was hat die größte Bedeutung in allem, das an Geschriebenem uns gegeben wurde? *Er* will nicht, daß auch nur eine der Seelen zugrunde geht, und so hat Er von Anfang an einen Ausweg vorbereitet!« (262-56; zitiert nach 2 Petrus 3,9)

Und was können wir wissen über diesen uns offenstehenden

Weg der Rückkehr? Wenn das Universum als absichtsvoller Ausdruck göttlicher Liebe, die uns ins Sein gebracht hat, bestehen bleiben soll, dann müssen unsere darin gemachten Erfahrungen, durch die wir zu Gott zurückkehren, mit jenen universellen Gesetzen in Einklang kommen, denen unsere Seelen immer unterworfen waren. So muß unsere Rückkehr mit dem Gesetz von Ursache und Wirkung einiggehen; sie muß in Ausübung unseres freien Willens geschehen, und sie muß beinhalten, daß wir wieder zum vollkommenen Ausdruck der Liebe Des Vaters werden. Nachdem wir einst beschlossen hatten, uns von Gott abzukehren und die Wege des Egos zu gehen, müssen wir nun lernen, Entscheidungen zu treffen, die unser Leben wieder in Einklang mit dem Willen unseres Schöpfers bringen.

Unser Verlangen nach einem Weg, der uns zu Gott zurückführt, ist der wesentliche Grund für unsere Inkarnation auf der Erde. Hier können wir in der Stofflichkeit die Konsequenzen der von uns getroffenen Entscheidungen erfahren. Ihre unerfreulichen Resultate, die lediglich eine Stärkung unserer beschränkten Egos und eine Verschärfung des Gefühls der Trennung von Gott zeitigten, können uns lehren, daß dies nicht der Weg ist, um wahrhaft glücklich zu werden.

Es ist nicht so, daß Gott uns für unsere Missetaten bestraft, indem Er uns zu schmerzlichen Erfahrungen im Leiblichen zwingt. Vielmehr gibt Er uns in Seiner Liebe die Chance, die unerwünschten Auswirkungen unserer lieblosen Entscheidungen kennenzulernen. Damit erhalten wir die Möglichkeit, bessere Entscheidungen kennenzulernen, uns des Geistes Gottes in uns bewußter und für Seine Eingebungen sensibler zu werden und unseren früheren Status als Gefährten Des Vaters wiederzuerlangen.

Jeder von uns auf Erden traf an irgendeinem Punkt die Wahl, sich mit der Stofflichkeit zu befassen und sich ihrer auf eine Weise zu bedienen, die im Gegensatz zur Absicht Gottes stand, als Er uns erschuf. Wir wählten die Stofflichkeit als Medium für unsere Rebellion. Und deshalb müssen wir nun notwendigerweise lernen, dasselbe Medium auf eine Weise zu nutzen, die mit göttlicher Liebe vereinbar ist. Nur so können wir unseren früheren Mißbrauch des freien Willens korrigieren und unsere Spuren zurückverfolgen zu einer vollkommen verwirklichten Einheit mit Dem Vater. Die Inkarnation auf der Erde ist das Mittel, das uns lehren kann, die Liebe in der Stofflichkeit auszudrücken.

Aber warum ist die *Re*inkarnation nötig? Warum müssen wir immer und immer wieder zurückkehren, anstatt unsere Lektion innerhalb eines einzigen Lebens zu lernen? Auch hier können wir die immerwährende Liebe Des Vaters zu uns erkennen. So heißt es in den Cayce-Readings: »So wie Er gab,... sollt ihr *Rechenschaft* ablegen für jede *Tat*, die ihr im Körper getan habt!« (69-4) Wenige von uns, wenn überhaupt jemand, haben ihr Bewußtsein von der Einheit mit Gott in Folge eines einzigen Mißbrauchs des freien Willens verloren. Unsere Rebellion beinhaltete, daß wir viele egoistische Entscheidungen über einen sehr langen Zeitraum hinweg trafen. Die Erwartung, daß wir uns mit den Auswirkungen all dieser Entscheidungen innerhalb einer Lebensspanne konfrontieren und sie bewältigen könnten, wäre nicht sehr realistisch. So werden uns statt dessen viele Leben gegeben, um den Weg zu Gott zurückzufinden, viele Gelegenheiten, die nötigen Lektionen zu lernen, und soviel Zeit, wie wir brauchen, um uns spirituell zu entwickeln und zu wachsen in der Fähigkeit und Stärke, Liebe auszudrücken. Die Geduld unseres Schöpfers mit uns ist wahrhaft unendlich.

Auch wenn es möglich wäre, ein einziges Leben so zu verlängern, daß wir alle nötigen Lektionen lernen könnten, so bliebe die Reinkarnation doch die bessere Methode zur Wiedervereinigung mit Gott. Das hat mehrere Gründe. Eines der wichtigsten Dinge, die es wiederzuentdecken gilt, ist unsere spirituelle Natur. Wir müssen uns dessen bewußt werden, daß wir im Kern Gott zugehören, nicht der Erde, und daß unsere wahre Identität nicht in dem einzigen Körper und der einzigen Persönlichkeit steckt, die uns während eines Lebens auf der Erde gehören. Unsere volle spirituelle Entwicklung kann Zeitalter dauern. Bewohnten wir während dieser ganzen Zeit nur einen Körper und erführen wir nichts weiter als das physische Leben auf Erden, dann könnten wir uns leicht zu stark mit diesem einen Körper und diesem einen Planeten identifizieren. Wir könnten die Tatsache aus den Augen verlieren, daß unsere wahre Natur weder auf das eine noch auf das andere beschränkt ist.

Die Reinkarnation hingegen gestattet uns, das Leben über eine Reihe verschiedener physischer Vehikel zu erfahren. Dadurch wird uns gezeigt, daß das, was wir sind, die Grenzen irgendeines stofflichen Körpers weit überschreitet. Allein die Erfahrung des Überlebens im physischen Tod ist eine mächtige, sich immer wiederholende Demonstration der Tatsache, daß der Körper nicht die Gesamtheit unseres Wesens ausmacht.

Die Reinkarnation ist also ein wirksames Gegenmittel für unsere Neigung, die Erde als unsere wahre Heimat zu betrachten. Wir reinkarnieren uns nicht sofort im Moment unseres Todes in einen anderen physischen Körper. Vielmehr gibt es ein Zwischenspiel, bei dem wir nicht mit der Stofflichkeit befaßt sind, eine Zeit, in der wir andere Bereiche des Seins erfahren. Statt einer einzigen langen Lebensspanne, die uns vielleicht so stark mit dem hiesigen Leben verknüpfen würde, daß wir unsere wahre, unstoffliche Natur vergäßen, haben wir die Reinkarnation, die uns ständig an die Existenz dieser anderen Bereiche und an die Vergänglichkeit unserer Wohnstatt in dieser materiellen Welt erinnert.

Die Reinkarnation wirkt auch der möglichen Tendenz entgegen, uns mit den Handlungen einer einzigen Persönlichkeit zu identifizieren. In diesem Prozeß von Tod und Wiedergeburt, durch den wir immer wieder eine neue irdische Identität annehmen, zeigt sich viel von der Auswirkung göttlicher Liebe. So finden wir folgende Passage in den Cayce-Readings: »Wenn wir sehen, wie sich das Leben in den Augen, dem Ausdruck, der Haltung eines Babys spiegelt, dann werden wir uns der gegebenen Gelegenheit bewußt, der Gnade Des Herrn. Er will nicht, daß auch nur eine Seele zugrunde geht, und so hat Er einem jeden gestattet – wie auch dem Christus-Kind –, als Baby geboren zu werden und somit eine neue Gelegenheit zu erhalten.« (1152-9)

Mit jeder Reinkarnation wird uns gewissermaßen ein neuer Anfang gewährt, werden die Bande der Schuldhaftigkeit gelokkert, die uns sonst an unsere vergangenen Fehler fesseln würden. Natürlich haben wir uns nach wie vor mit den Konsequenzen dieser Fehler zu konfrontieren. Aber das geschieht, ohne daß wir mit quälenden bewußten Erinnerungen an das, was wir getan haben, belastet sind. Die Reinkarnation hilft uns, eine Haltung der Hoffnung und des Selbstrespekts aufrechtzuerhalten, während wir damit befaßt sind, die nötigen Lektionen zu lernen, die uns zu unserem Schöpfer zurückführen.

Wir sollten auch nicht nur die Anzahl von Fehlern, die wir vermutlich bei unserer Abkehr von Gott gemacht haben, in Betracht ziehen, sondern auch deren mögliche Vielfalt. Egoismus kann viele Formen annehmen, und lieblose Entscheidungen können unter sehr unterschiedlichen Bedingungen getroffen werden. Die vielfältige Art und Weise, in der wir unseren freien Willen mißbrauchen können, führt zu einer großen Mannigfaltigkeit an möglichen Resultaten. Jeder von uns, der in einer Anzahl unterschiedlicher Leben heillose und schreckliche Entscheidungen getroffen hat – und das trifft zweifellos auf die überwältigende Mehrheit von uns zu –, wird immer wieder andere Bedingungen vorfinden, als Folge dieser Entscheidungen, mit denen er sich auseinanderzusetzen hat. Die Reinkarnation gibt uns die Gelegenheit, das Leben in einer breiten Vielfalt von Situationen zu erfahren, da wir jedesmal in andere Umstände geboren werden, unter anderen Bedingungen leben. So erhalten wir die Chance, all den Formen von Egoismus, auf die wir uns als Einzelseele eingelassen haben, zu begegnen, sie zu überwinden und uns alle notwendigen Lektionen anzueignen.

Das Cayce-Material bestätigt, daß der Gesamtprozeß der Reinkarnation für unsere spirituelle Entwicklung notwendig ist. Doch gehen die Readings noch darüber hinaus. Sie besagen, daß *jede einzelne Inkarnation,* die wir erleben, ihren tieferen Grund hat, eine Rolle spielt innerhalb Gottes Plan für uns und für die Erde. Mit jeder neuen Geburt finden wir eine Reihe von Umständen vor, unter denen wir einen weiteren Schritt in unserem Bestreben machen können, wieder zum vollkommenen Ausdruck göttlicher Liebe zu werden, der zu sein wir einst geschaffen worden waren.

Jesus als Vorbild für unsere Rückkehr

Ganz offensichtlich haben die meisten von uns noch eine Menge Arbeit zu leisten, um alle Mängel zu beheben, die sie geschaffen haben, und wieder die vollkommene Einheit mit Dem Vater zu erreichen. Aber in Seiner großen Liebe hat uns Gott bei diesem gewaltigen Vorhaben nicht allein gelassen. Er hat uns ein Muster dessen gegeben, was jeder von uns werden kann, ein Modell für unser Leben. Dieses Muster manifestierte sich für uns im menschlichen Leben des Jesus, der seinen Willen mit dem Des Vaters eins werden ließ und so zum vollkommenen Ausdruck göttlicher Liebe auf Erden wurde.

Dieses Vorbild, dieses Muster, das Jesus auf Erden verwirklichte, findet sich in jedem von uns. Es ist die Einprägung unseres Schöpfers, das Abbild Gottes, in dem jede Seele am Anfang geschaffen wurde, und es überdauert in alle Ewigkeit. Da wir einen freien Willen haben, können wir uns weigern, ihm Ausdruck zu geben, und wir können in unserem Naturell so viele gottlose Eigenschaften verkörpern, daß es eine Weile verborgen und latent bleibt. Auslöschen können wir es aber nie. Im Cayce-Material wird diese Einprägung des Schöpfers das »Christus-Muster« und unser Bewußtsein davon das »Christus-Bewußtsein« genannt. Letzteres wird in den Readings wiederholt beschrieben als das »Bewußtsein jeder Seele von ihrem Einssein mit Gott, ein in Geist und Gemüt eingeprägtes Muster, das darauf wartet, vom Willen erweckt zu werden...« (5749-14)

Wenn wir davon sprechen, daß Jesus die Lebensqualität verwirklichte, die wir alle erreichen sollen, dann mögen da einige Probleme entstehen. Eines davon ist der verständliche Widerwille vieler Menschen, einen Glauben anzunehmen, dessen Prinzipien ihrer Ansicht nach nicht die ihrer eigenen Religion sind. So äußert jemand dann vielleicht: »Ich bin kein Christ und werde auch keiner werden. Dieses Denksystem ist somit nichts für mich.«

Doch hier zählt nicht die Zugehörigkeit zu einer bestimmten religiösen Richtung. Die Wahrheit, für die Jesus ein Beispiel gab, gehört nicht allein den Christen. Jene Seele, die sich als Jesus inkarnierte, »beeinflußte direkt oder indirekt alle jene Philosophen oder religiösen Lehren, die besagen, daß Gott Der Eine ist«. (364-9) Wenn Gott Der Eine ist, dann ist die Wahrheit Seiner Beziehung zu den Menschen stets dieselbe, unabhängig davon, welche religiösen Gruppierungen sie verkünden. In einer Passage der Readings verbindet sich die Vorstellung, daß Jesus allen Menschen ein Beispiel göttlichen Musters gegeben hat, ganz deutlich mit dem Gedanken, daß diesem Muster gefolgt werden kann, gleich welcher Religion jemand anhängt: »*Seine* unter den Menschen manifest gewordene Liebe, wie sie sich im Zimmermann von Nazareth zeigt, ist der *einzige* Weg, die Wahrheit, das Licht. Und dasselbe manifestiert sich oder drückt sich auch in anderen Worten aus, ob diese Lehren nun von Siam (?), Said (?) oder Brahma stammen. Sie sind alle eins, solange sie für *Ihn* und nicht für das Ego sprechen.« (2067-1) Hier ist nur das Annehmen des Musters göttlicher Liebe von Belang, ob wir einer Konfession angehören, die sich als christlich betrachtet, oder nicht.

Einige von uns haben vielleicht eine andere Schwierigkeit mit der Vorstellung, daß wir in unserem Leben denselben Geist göttlicher Liebe bezeugen sollen, dem Jesus Ausdruck gab. Unserem Gefühl nach war er etwas so Besonderes, daß seine Taten unser aller Möglichkeiten weit übersteigen. An dieser Seele, die zur vollkommenen Manifestation göttlicher Liebe in menschlicher Gestalt wurde, ist tatsächlich etwas Besonderes. Dies wird in den Crayce-Readings häufig dadurch angedeutet, daß sie ihn als unser aller »Älteren Bruder« bezeichnen.

Und doch informiert uns dieselbe Quelle darüber, daß sich diese Seele viele Male inkarnierte, bevor sie ein Leben als Jesus führte, und daß sie die gleichen Versuchungen durchmachte wie wir alle. Wichtig ist hier die Versicherung, daß das von ihr manifestierte Christus-Muster das Abbild Gottes ist, in dem wir alle geschaffen wurden. Dieses Muster ist uns nicht fremd. Es war Teil unseres Wesens seit dem Augenblick unserer Erschaffung.

Indem er ein Leben ganz in Einklang mit dem Willen Gottes

führte, gab Jesus ein aktives Beispiel für die Liebe, Weisheit und Kraft des Christus-Musters. Er brachte dieses Muster auf der Erde zur Manifestation und zeigte so uns allen den Weg der Rückkehr zu Ihm, Dem Vater. Aber seine Erlöserrolle geht über das Lebensmodell, das er uns gab, hinaus. In den Readings wird gesagt: »Als Er, dein Herr und Meister, dein Christus, das Gesetz in sich selbst erfüllte, wurde Er das Gesetz und so dein Retter, dein Bruder, dein Christus!« (1662-1) Das heißt, indem er so lebte, daß seine gesamte Existenz und sein ganzes Wesen nur das Gesetz göttlicher Liebe ausdrückten, machte sich Jesus eins mit dem Gesetz. Und so erreichte er die Einheit mit der unendlichen und ewigen Liebe Gottes. Wie die Liebe Des Vaters zu uns ist auch die seine grenzenlos und unveränderlich.

Als ein Wesen grenzenloser Liebe zu uns ist Jesus immer bereit, uns bei unserer spirituellen Reise zurück zu Gott beizustehen. Trost und Hilfe, die uns durch ihn angeboten werden, sind uns stets erreichbar und immer ausreichend für unsere Bedürfnisse. Diese Wahrheit findet sich in der Passage eines Readings kraftvoll ausgedrückt, wo einem spirituell Suchenden gesagt wird: »Du sollst wissen, daß du bei all diesen (Problemen), wenn du sie vielleicht nicht allein bewältigen kannst, einen Freund, einen Bruder hast, der das Leid kennt, der mit allen solchen Turbulenzen vertraut ist. Er hat versprochen, in allen Zeiten der Sorgen und Nöte, des Leids, der Prüfungen jedweler Art gegenwärtig zu sein.« (1467-10) In Jesus haben wir nicht nur einen Freund, der uns zeigt, wie wir unser volles Potential als Kinder Gottes erreichen können, er läßt uns auch jede nötige Hilfe zur Erlangung unseres Ziels zukommen, wenn wir ihn nur rufen.

Die menschliche Struktur und unsere Bewußtseinsebenen

Was sagen uns nun das oben Besprochene und ähnliche Informationen des Cayce-Materials über unseren gegenwärtigen Zustand? Vor allem wird hier unsere im wesentlichen unstoffliche Natur unterstrichen. Wir haben nicht Seelen, wir *sind* Seelen, besondere Wesen, geschaffen im Abbild Gottes. Die Seele ist es, die unsere Individualität von einer Erfahrung zur nächsten trägt, auf der Erde und in anderen Bereichen.

Als Seelen haben wir bestimmte Eigenschaften, Merkmale, die bestimmen, wer wir als Individuen und als Angehörige der menschlichen Rasse sind. Eine davon haben wir schon bis zu einem gewissen Grad erörtert. Es ist der Wille, die Fähigkeit, wirkungsvolle Entscheidungen zu treffen. Durch die Möglichkeit, entscheiden zu können, kommt dem Willen eine zentrale Rolle bei der Ausformung dessen zu, was uns als individuelle Seelen voneinander *unterscheidet.*

Eine zweite Eigenschaft der Seele ist der Geist. Geist ist der Funke des Göttlichen im Innern, der uns Leben gibt. Er ist die Quelle unserer Macht zu erschaffen. Während es viele unterschiedliche Seelen gibt, ist der Geist etwas, das wir mit allen anderen lebenden Wesen gemeinsam haben, seien sie nun menschlich oder nicht. Denn in Wirklichkeit gibt es nur einen Geist, den Geist Gottes.

Ein weiterer Aspekt unseres Wesens ist nach den Cayce-Readings das Verstandesvermögen* Und obwohl man damit im allgemeinen den Intellekt assoziiert, so ist damit doch weit mehr als die Fähigkeit zum logischen Denken gemeint. Das Verstandesvermögen umfaßt Einstellungen und Denkweisen, die wir im Laufe aller unserer Erfahrungen in allen unseren Existenzen entwickelt haben. Es umfaßt sowohl die unbewußten wie die bewußten mentalen Elemente. Es ist der Aspekt von uns, der

* Engl. *mind*, was ganz unterschiedliche Bedeutung haben kann, u. a. Sinn, Gemüt, Herz, Seele, Verstand, Geist; Anm. d. Übers.

bestimmt, welche Form die uns durchströmende spirituelle Energie bei unseren schöpferischen Bestrebungen annimmt. Es gibt den physischen Ergebnissen unserer Kreativität das Muster vor. Und somit hat es an den spirituellen wie den physischen Aspekten unseres Wesens teil.

Neben den oben erwähnten Eigenschaften hat natürlich jedes Wesen, das sich in der Stofflichkeit manifestiert, einen physischen Körper. Aber trotz unserer Neigung, uns mit dem physischen Körper zu identifizieren, sollte dieser bestenfalls als Vehikel angesehen werden, dessen sich die Seele auf ihrer Reise zurück zu Gott bedient. Er ist der Teil von uns, der sich verschleißt und bei jeder unserer Inkarnationen ersetzt wird. In den Readings findet sich häufig die Beziehung zwischen den Aspekten, die wir (im Deutschen) Seele, Geist und Körper nennen, so formuliert: »Die Seele ist das Leben; der Geist ist der Erbauer; das Physische ist das Resultat.« (349-4)

Um nun unsere Natur noch etwas besser zu verstehen, wollen wir uns die Ebenen des Bewußtseins oder Gewahrseins, die uns zur Verfügung stehen, ansehen. Es gibt die über-bewußte, die unterbewußte oder unbewußte und die bewußte Ebene. Vielleicht wird die Beziehung zwischen diesen unseren Aspekten am deutlichsten, wenn wir uns ihre Entstehung näher anschauen.

Das über-bewußte Gewahrsein ist jenes, das unser Einssein mit Dem Vater erkennt. Es war Teil von uns von Anfang an, denn es spürte die Gegenwart Gottes im Augenblick unserer Erschaffung, und der Ein-Druck dieser Gegenwart kann nie ausgelöscht werden. Das Über-Bewußtsein ist somit unsterblich. Und da es das Gewahrsein unserer Verbindung zu Gott ist, öffnet es uns den Zugang zur Quelle aller Liebe, Weisheit und Macht. Eine durch diesen Kanal erhaltene Information ist deshalb unfehlbar. Wir können uns natürlich dazu entschließen, die Botschaften jener Ebene nicht zu beachten. Wir können unser Bewußtsein so sehr mit den Belangen anfüllen, die nichtgöttlichen Ursprungs sind, daß wir nicht mehr imstande sind, diesen inneren Übermittler der Stimme Gottes zu hören. Wenn wir aber sensibel sind und empfänglich geworden für das Material aus dem Über-Bewußten, dann können wir sicher sein, daß jede erhaltene Information wahr und für uns hilfreich ist, denn aus ihr spricht die Stimme göttlicher Weisheit und Liebe.

Als wir als individuelle Seelen damit begannen, unsere eigenen Erfahrungen zu machen, sammelten wir Eindrücke von diesen Ereignissen. Alles, was wir taten, und alles, was uns geschah, fügte sich zu einem Informationsspeicher zusammen. Dazu gehörte auch jegliche Denkform, die wir in unserem Geist konstruierten, jedes geistige Bild, das wir erschufen. Diese ungeheure Menge an Erfahrungen, Eindrücken und Gedanken wurde in dem, was wir dann das Unbewußte oder Unterbewußte nannten, aufgezeichnet. Im Wachzustand wird das Unterbewußte vom Bewußten überlagert. Zu Zeiten aber, wenn das Bewußtsein »beiseite tritt« – im Schlaf zum Beispiel oder beim physischen Tod –, taucht das Unterbewußte auf.

Die unterbewußte oder unbewußte Ebene des Gewahrseins besteht aus einer Reihe von Schichten, von denen einige dem Bewußtsein bis zu einem gewissen Grad zugänglich sind, andere liegen sehr viel tiefer. In den tieferen Schichten steht das Unterbewußtsein aller Seelen miteinander in Verbindung. Von daher ist es jedem von uns möglich, Informationen aus dem Geist anderer zu beziehen.

Die dritte Ebene des Gewahrseins, jene, mit der wir am meisten vertraut sind, ist das Bewußtsein. Dieser Bereich des Gewahrseins entstand, als wir anfingen, Erfahrungen auf der Erde zu machen. Seine Funktion ist direkt verbunden mit Empfang, Verarbeitung und Reaktion auf die Informationen aus unserer Umwelt, der dreidimensionalen Welt der Materie, die über die fünf Sinne zu uns gelangen. Die Arbeitsweise des Bewußtseins ist mit dem (physischen) Gehirn verknüpft, mit den (physischen) Sinnen und dem Rest des zentralen Nervensystems. Dies ist die Gewahrseinsebene, auf der wir normalerweise im Wachzustand unseres Alltagslebens operieren.

Da seine Funktion auch die Regulierung des physischen Körpers während des physischen Lebens auf der Erde beinhaltet, ist dieses Bewußtsein in Wesen, die sich *zwischen* Erdenleben befinden oder sich nie in diesem Bereich inkarnierten, nicht vorhanden. Es wird abgelegt, wenn wir sterben, wobei dann das Unterbewußte viel von der Rolle übernimmt, die das Bewußtsein während der irdischen Inkarnation innehatte. Da es sich vor allem mit den Geschehnissen im Bereich der Stofflichkeit im Verlauf eines einzigen Lebens befaßt, ist sich dieses Bewußtsein im allgemeinen keiner Erinnerungen aus vergangenen Leben gewahr.

Mechanismen der Inkarnation

Wie schon gesagt, es ist die Seele, die sich reinkarniert. Sie ist der Teil von uns, der immer existiert, sowohl in den Zeiten, in denen sie einen physischen Körper auf der Erde bewohnt, wie auch in den Phasen zwischen den Erdenleben. Ob die Seele nun in ein irdisches Leben verwickelt ist oder nicht, immer macht sie Erfahrungen, die sie für ihre Weiterentwicklung nutzen kann, für ihre Rückkehr zum Gewahrsein ihrer liebenden Einheit mit Gott.

Nach der Reinkarnationstheorie werden im Augenblick der Empfängnis oder Geburt keine neuen Seelen erschaffen. Die Seelen, die dabei sind, in einen neuen Körper einzugehen, waren schon immer da und haben in vormaligen Leben andere Körper bewohnt. Während dieser vorangegangenen Inkarnationen haben sie eine breite Vielfalt von Erfahrungen durchgemacht und eine riesige Anzahl von Entscheidungen getroffen. Diese Entscheidungen, ob sie nun im Einklang mit dem Willen Gottes standen oder nicht, hatten maßgebliche Auswirkungen und bestimmen das aktuelle Entwicklungsstadium jeder einzelnen Seele. Aufgrund der Entscheidungen seiner Seele erreicht jedes Individum einen bestimmten Zustand, in dem es nun gewisse Lektionen zu lernen hat, wenn es sich auf seinem spirituellen Weg weiterentwickeln will. Und jeder bringt auch gewisse Fähigkeiten mit, die er in früheren Leben erworben hat; er muß sich mit den Konsequenzen vormaliger Handlungen auseinandersetzen, Schwächen überwinden und die dazu nötige Kraft und Stärke entwickeln.

Denn jeder und jede von uns, jede Inkarnation, ist eine von Gott gegebene Gelegenheit, das zu lernen, was wir wissen müssen, um den Teil des göttlichen Plans zu erfüllen, den wir gemäß dem Stand unserer gegenwärtigen Entwicklung am besten erfüllen können. Die nachdrückliche Antwort eines Readings auf die Frage einer Person, ob es irgend etwas Bestimmtes gäbe, das sie zum Erreichen des Ziels ihrer gegenwärtigen Inkarnation tun könnte, lautete: »Wenn dem nicht so wäre, wäre es dir nicht gestattet, gegenwärtig auf der Erde zu sein!« (3051-7)

Bestimmte Lebensbedingungen sind dem Erlernen gewisser Lektionen und dem Erreichen spezieller Ziele förderlicher als andere. Die Seele wählt zum Zeitpunkt jeder Inkarnation den Rahmen an Geburtsumständen, der für ihre Absicht in diesem bestimmten Leben am geeignetsten ist. So spiegeln physischer Körper, Familie, Umgebung, Kultur und die anderen Bedingungen, in die wir geboren werden, die entwicklungsmäßigen Bedürfnisse unserer Seele, wie sie durch die Entscheidungen unserer früheren Inkarnationen aufgebaut wurden.

Diese speziellen Bedürfnisse unserer seelischen Entwicklung berühren allerdings nicht nur die Bedingungen, in die wir hineingeboren werden. Das Gesetz von Ursache und Wirkung ist während unseres ganzen Lebens wirksam. Wir sind beständig Situationen ausgesetzt, die sich aus unseren vergangenen Entscheidungen ergeben, die uns die Chance bieten, notwendige Lektionen zu lernen, unsere Schwächen zu überwinden und unsere Stärken zu nutzen. In welcher Situation wir uns auch immer befinden mögen, wir können sicher sein, daß sie für uns eine Gelegenheit ist, zu lernen und zu wachsen. In den Worten eines Readings: »In welchen Umständen du dich auch befindest, sie existieren durch die Gnade Gottes, und sie bieten eine Gelegenheit, sie enthalten eine Lektion zu deinem Gewinn...« (3161-1)

Die Entwicklung der Seele zwischen den Erdenleben

Nicht jede seelische Entwicklung findet im Verlauf jedes irdischen Lebens statt. Wir gehen nicht übergangslos nach dem Tod eines physischen Körpers zur Geburt in einem anderen über. Zwischen den Erdenleben gibt es eine Phase, in der die Seele andere Aspekte ihrer Reise zurück zum Vater erfährt. Ein Teil dieser Zwischenperiode wird normalerweise in der Umgebung der Erde verbracht, ein anderer Teil woanders.

Unmittelbar nach dem Tod macht die Seele unter Umständen eine Phase der Desorientierung durch. Einige Seelen, die den Körper gerade verlassen haben, verstehen oft noch nicht, was passiert ist. Es kann eine ganze Weile dauern, bis die Erkenntnis zu ihnen durchdringt, daß das physische Leben beendet ist. »Schon viele Individuen verblieben für *Jahre*, wie ihr es nennen würdet, im Zustand des sogenannten Todes, ohne zu begreifen, daß sie tot waren!« (1472-2) Andere, die sich möglicherweise nicht so ausschließlich mit dem Körper identifizierten und deshalb schneller imstande sind, ein Weiterexistieren ohne ihn zu akzeptieren, machen vielleicht keine solche Phase der Verwirrung durch, oder sie durchlaufen diese schneller.

Ein anderer Aspekt unserer Entwicklung zwischen den irdischen Inkarnationen hat mit der Beurteilung dessen zu tun, wie wir die in unserem gerade beendeten Leben gegebenen Gelegenheiten genutzt haben. Wir erhalten hier die Möglichkeit, die von uns getroffenen Entscheidungen zu überprüfen und zu erkennen, wann wir unseren Willen dazu gebrauchten, Gott näher zu kommen, und in welchen Fällen wir ihn egoistisch und rebellierend einsetzten. So können wir herausfinden, mit welcher Art von Entscheidung wir weiterhin konstruktiv fortfahren und auf welchen wir aufbauen können und von welchen wir Abstand nehmen sollten, da sie Hindernisse auf unserer spirituellen Reise darstellen.

Diese Phase postinkarnativer Bewertung ist nicht das verdammende Gericht über die Seele, wie es in einigen religiösen Lehren ausgemalt wird, denn »beim Vater findet sich keine Verdammung; vielmehr Liebe – damit jeder von ihnen seinen Weg findet«. (1173-11) Es ist ein Stadium spiritueller Erziehung, das uns helfen kann, die positiven bzw. negativen Aspekte des Lebens, das wir gerade geführt haben, zu erkennen und es somit bei der nächsten Gelegenheit eines physischen Lebens auf Erden vielleicht besser zu machen. Diese Einschätzung unseres beendeten Lebens ist deshalb ein sehr nützlicher Bestandteil des göttlichen Plans, mit dessen Hilfe wir alle an unserer eigenen Rettung arbeiten können.

Ein großer Teil der Periode zwischen den Erdenleben wird in anderen Seinssphären verbracht. Die Erde ist jene Region, in der wir lernen, Gottes Liebe im Fleisch, in der Materie, auszudrücken. Aber unsere Trennung vom Vater beinhaltete eine Rebellion nicht nur in der physischen, sondern auch in Bewußtseinsdimensionen, und somit muß unsere Rückkehr eine Entwicklung auf den nichtphysischen Ebenen mit einschließen. Diese anderen Ebenen werden im stofflichen Universum durch die Planeten unseres Sonnensystems repräsentiert. Jeder dieser Bereiche bietet uns offensichtlich die Gelegenheit, einen bestimmten Aspekt unseres Wesens zu entwickeln, wie etwa die Geisteskräfte, unsere Anschauung von Liebe und Schönheit und unsere medialen und mystischen Eigenschaften und Fähigkeiten. Wie die Erde hat jede nichtphysische Sphäre ihre eigene Rolle beim Wachstum unserer Seele und ihrer Wiedervereinigung mit Gott zu spielen.

Alle unsere Erfahrungen, ob sie nun auf der Erde oder in anderen Dimensionen zwischen den irdischen Inkarnationen gemacht werden, hinterlassen ihren Ein-Druck in der Seele. Die Seele vergißt niemals. Jede Entscheidung, die wir jemals getroffen haben, alles, was wir jemals getan haben, und alles, was uns jemals geschehen ist, bleibt in den tieferen Schichten des Unterbewußten als Erinnerung der Seele bestehen. Alles, was wir im Verlauf unserer Existenzen als individuelle Seele erfahren haben, ist jetzt Teil von uns und spielt seine Rolle bei der Formung unserer aktuellen Persönlichkeit. Die Ereignisse unserer früheren physischen Inkarnationen bestimmen wesentlich die

Emotionen und Gefühle unseres gegenwärtigen Lebens, während sich unsere Erfahrungen in anderen Existenzbereichen vor allem auf unsere mentale Disposition auswirken.

Das Ende der Notwendigkeit zur Reinkarnation

Wir wollen unseren Überblick zum Thema Reinkarnation mit einer Betrachtung dazu beschließen, wohin uns dieser Zyklus der Rückkehr zum Leben auf der Erde führt. Über den Gipfelpunkt dieser Reihe von Inkarnationen gewinnen wir ein klareres Bild, wenn wir uns einen Augenblick auf den Grund für die Reinkarnation konzentrieren. Erinnern wir uns daran, daß wir durch diesen Prozeß die durch den rebellierenden Gebrauch unseres Willens eingeleitete Trennung überwinden und in den Zustand der liebenden Einheit mit Gott zurückkehren können. So erfahren wir die Konsequenzen egoistischer Entscheidungen und erhalten die Möglichkeit zu lernen, wie wir der göttlichen Liebe im stofflichen Universum Ausdruck geben können. Haben wir diese Lektion erst einmal gelernt und die durch den Mißbrauch des Willens erzeugten Mängel in uns überwunden, dann hat die Reinkarnation im Physischen ihren Zweck erfüllt. An diesem Punkt ist das Individuum nicht länger der Notwendigkeit einer Wiedergeburt in einem physischen Körper unterworfen.

Es mag den Anschein haben, daß dieses Ziel weit außerhalb der Reichweite der meisten von uns liegt. Sofern uns die Cayce-Readings Hinweise geben können, erreicht in der Tat selten ein Individuum das Stadium, von dem ab es nicht mehr zu weiteren Leben auf die Erde zurückkehren muß. Von den vielen Menschen, die von Cayce ein Reading erhielten, wurde nur sehr wenigen gesagt, daß ihre gegenwärtige Inkarnation ihre letzte sein könnte. Doch bleibt die Tatsache bestehen, daß *einige* Personen die Mitteilung erhielten, daß sie die Notwendigkeit zur Reinkarnation überwunden hätten, und darin steckt für uns alle eine Hoffnung.

Im ganzen gesehen waren diese Menschen keine Individuen, die große Taten vollbracht hätten, zumindest nicht im herkömmlichen Sinn. Sie lebten ganz einfach in Einklang mit dem Geist Gottes im Innern und im liebenden Dienst an den Menschen ihrer Umgebung. Und dabei demonstrierten sie, daß die Reinkarnation ihren Zweck erfüllt, daß auch heute Seelen, die einst rebellierten, lernen, ihr physisches Leben zu nutzen, um Gottes Liebe Ausdruck zu geben. So vollendeten diese Menschen die materielle Phase ihrer Reise zurück zum Vater. Und das ist ein Zustand, den jeder von uns erreichen kann.

Dies führt uns zu der Frage, wie wir dieses Stadium erreichen können. Welche Maßnahmen können wir als Individuum ergreifen, um über die Notwendigkeit irdischer Reinkarnation hinauszuwachsen? Die Reinkarnationsphilosophie der Cayce-Readings macht deutlich, daß jede Seele für ihre eigene Rettung selbst verantwortlich ist. Unsere Trennung von Gott und unsere Erdbezogenheit waren unsere eigene Entscheidung. Und so können wir auch nur durch eigene Entscheidung unsere Verstrickung mit der Materie überwinden. Unsere Gedanken und unsere geistige Einstellung, unsere Handlungen und unsere Bereitschaft, den Geist Gottes im Umgang miteinander zu manifestieren, sind die Werkzeuge, mit deren Hilfe wir uns über die Notwendigkeit zur physischen Reinkarnation erheben können.

Da jeder von uns willentlich die Rückkehr zu Gott bewerkstelligen kann, besteht die wesentliche Voraussetzung dafür, daß wir dieses Ziel erreichen, im aufrichtigen Verlangen danach. Da wir den Weg der Rebellion gewählt haben, müssen wir auch die Rückkehr zum Weg Gottes wählen. Die Versuchungen der Selbstsucht sind allgegenwärtig. Die meisten von uns finden es äußerst schwierig, ständig zum Wohle anderer statt zum eigenen Wohl zu denken, zu sprechen und zu handeln. Wenn wir nicht wirklich danach verlangen, unser gesamtes Leben in Einklang mit dem Willen Gottes statt mit dem unseres beschränkten Egos zu leben, sind unsere Chancen, die Stärke zur Manifestierung göttlicher Liebe zu finden und somit die Bande, die uns an die Erde fesseln, zu lösen, in der Tat sehr gering.

Wenn wir diese spirituelle Reise auch allein machen müssen, so bedeutet das nicht, daß wir nur auf uns selbst gestellt sind. Gott hat uns nicht uns selbst überlassen. Seine Liebe zu uns ist unendlich und immerwährend. Er wird uns die Hilfe zukommen lassen, die wir brauchen und willens sind zu akzeptieren. Diese Liebe manifestierte sich in dieser Welt am vollkommensten im Leben Jesu, der uns den Weg zurück zum Vater zeigte und bereitsteht, uns auf unserer Reise zur Wiedervereinigung mit Gott beizustehen.

Wenn uns diese göttliche Hilfe zuteil werden soll, müssen wir uns für sie öffnen, sie im Alltag akzeptieren und nutzen und glauben, daß sie uns zur Verfügung steht. Dies verweist auf die Notwendigkeit von Glauben und Vertrauen. Wenn wir uns weigern, Gott um Hilfe anzurufen, oder wenn wir das nur formal tun, ohne Glauben, daß wir Seine Hilfe wirklich erhalten, dann verschließen wir uns vor dem Geist Gottes und begrenzen das Maß, in dem Er in unserem Leben aktiv sein kann.

Der Gedanke an Gottes Hilfe beinhaltet bei vielen von uns die Vorstellung, daß Er sich durch äußere Mittel einschaltet, unsere Lebensumstände so verändert, daß sie uns besser gefallen. Aber um die Gegenwart Gottes wahrzunehmen, braucht es solche wundersamen äußerlichen Ereignisse nicht. Um göttliche Macht und Kraft in unser Leben zu bringen, ist kein Donnerschlag des Himmels nötig, denn jeder von uns trägt in sich die Prägung Des Vaters seit dem Augenblick unserer Erschaffung. Die Fähigkeit, Gott im Gebet anzurufen und auf Seine Antwort in Meditation zu hören, ist wesentlicher Bestandteil unserer Natur. Auf diese Weise können wir so viel an göttlicher Führung erhalten, wie wir in unserem Leben zu nutzen willens und fähig sind.

Das Verlangen, Liebe Ausdruck zu geben, die Bereitschaft, Gott anzurufen und Seine Führung in uns zu suchen, der Glaube und das Vertrauen, daß diese Hilfe und Leitung in diesem Leben wirksam sein können, dies alles sind notwendige innere Elemente unseres spirituellen Wachstums. Aber was ist mit unserem äußeren Leben? Wie sollen diese inneren Merkmale und Eigenschaften unsere Lebensweise in der physischen Welt und unsere Beziehung zu anderen beeinflussen?

In Anbetracht der großen Anzahl von Entscheidungen, mit

der sich jeder von uns jeden Tag konfrontiert sieht, kann ein spezifischer Weg zurück zu Gott nicht gewiesen werden. Wir können jedoch bestimmte Merkmale erkennen, die allen positiven Entscheidungen gemeinsam sind. Immer wird hier das Wohl des anderen dem Wohl des Egos übergeordnet sein, dem Willen Gottes wird Vorrang vor dem Willen des Egos gegeben. Unsere Trennung von Gott kam zustande, weil wir gegen Seine Liebe rebellierten und beschlossen, den Weg des Egos zu gehen. Eine Wiedervereinigung mit Ihm erfordert, daß wir diese Schritte zurückverfolgen und unsere ego-bezogenen durch Handlungen ersetzen, die die göttliche, die universelle Liebe widerspiegeln.

Dem Willen Gottes statt dem des Egos Ausdruck zu verleihen bedeutet nicht, sich an einer umfangreichen Liste dessen zu orientieren, was man tun und was man nicht tun darf. Es gibt zu viele Entscheidungsmöglichkeiten unter zu vielen verschiedenen Umständen in einem kreativen Leben, um einen Satz von Regeln formulieren zu können, der alle Möglichkeiten berücksichtigt. Besser ist es, ein einziges Kriterium aufzustellen, ein Ideal, an dem wir die Alternativen, mit denen wir uns konfrontiert sehen, messen können. In Kapitel 4 dieses Buches finden sich detaillierte Vorschläge, wie ein solches Kriterium erarbeitet werden kann. Für den Moment sind die zu berücksichtigenden wesentlichen Punkte die: Für jeden von uns sollte dieses Ideal ein Ausdruck der besten Motivation sein, die wir uns vorstellen können. Wir sollten ein sehr klares Verständnis davon haben, was dieses Ideal für uns bedeutet. Und wir sollten bestrebt sein, alle unsere Gedanken und Handlungen in Übereinstimmung mit diesem Ideal zu bringen. Wenn wir unsere Entscheidungen stets nach bestem Wissen und Gewissen treffen, dann können wir sicher sein, daß wir uns zumindest in die richtige Richtung bewegen.

Eine weitere Eigenschaft, die sich als unschätzbar erweisen wird in unserem Bemühen, unser Geburtsrecht als Kinder Gottes wiederzuerlangen, ist Geduld. Geduld mit uns selbst, Geduld mit anderen und Geduld mit dem Leben an sich. Viele von uns verstehen jedoch nicht wirklich, was diese Tugend beinhaltet. Geduld, wie sie in den Cayce-Readings empfohlen wird, meint keine hilflose Unterwerfung unter das, was wir vielleicht irrtümlich als vorbestimmte Lebensumstände ansehen. Es handelt sich vielmehr um eine aktive Kraft, um »beständige Geduld, aktive Geduld – nicht nur passive«. (1968-5) Aktive Geduld ist der Drang, der uns befähigt, unser Bestes zu tun, uns auf andere liebend zu beziehen, gleich wie lange es dauert, bei ihnen eine entsprechende Reaktion hervorzurufen. Er verleiht uns die Kraft, in unserem Bemühen um das bestmögliche Leben nicht nachzulassen, wie oft wir auch straucheln mögen.

Wenn wir Einheit mit einem vollkommenen Gott erlangen wollen, dann müssen wir schließlich selbst vollkommen werden. Und wenn wir das auch nicht an einem Tag erreichen können, so soll uns das doch nicht entmutigen. Von uns wird ein ehrliches und beständiges Bemühen verlangt. Wir haben die Versicherung, daß es »der fortgesetzte und stetige ›Versuch‹ spiritueller Rechtschaffenheit oder Integrität ist, der – wie bei der Entwicklung der Seele – zählt«. (1391-1)

Wir mögen das Gefühl haben, daß es noch ein langer Weg ist bis zur Wiedervereinigung mit Gott. Aber wir haben alles zur Verfügung, was wir brauchen, um dieses Ziel zu erreichen. Wir haben den Willen, mittels dessen wir uns für Gedanken und Handlungen entscheiden können, in denen sich Selbstlosigkeit, Glaube, Vertrauen, Geduld und Aufrichtigkeit in unserem Verlangen nach der Rückkehr zu Gott manifestieren; wir haben die Fähigkeit, unsere Ideale zu formulieren und zur Anwendung zu bringen; wir haben das Versprechen von göttlicher Hilfe und Führung, die wir durch Gebet und Meditation erhalten können; und wir haben das physische Leben, die Gelegenheit, Zeugnis von der Liebe Gottes im materiellen Universum abzulegen.

Die Reinkarnation ist nicht nur ein Prozeß, in den uns unsere Trennung von unserem Schöpfer geführt hat. Sie eröffnet uns auch die Möglichkeiten für eine Rückkehr zu Gott. Mag sein, daß wir einen langen Weg vor uns haben, aber wir müssen diese Reise vollenden. Die unendliche Liebe und Geduld Des Vaters bietet uns so viele Chancen im physischen Leben, wie wir brauchen, und so lange, bis wir gelernt haben, das Richtige zu tun.

Kapitel 2
Karma

Definition

Am einfachsten läßt sich Karma als das Wirken des Gesetzes von Ursache und Wirkung definieren. Wie wir im vorangegangenen Kapitel feststellten, hat jeder Gebrauch unseres freien Willens, jede getroffene Entscheidung, seine Ursache und seine Wirkung. Wir wurden im Abbild Gottes geschaffen, sollen neben Ihm Mitschöpfer sein, und als solche verfügen wir über schöpferische Kräfte. Mit jeder Absicht und mit jeder Handlung der Seele bauen wir etwas auf, und dieses manifestiert sich durch die Handlung des Geistes in unserer physischen Welt. Die Seele ist das Leben, der Geist der Erbauer und das Physische das Resultat.

Unsere liebenden Gedanken und Handlungen schaffen Gutes, sowohl im äußeren Universum als auch in uns selbst. Das heißt, dadurch bringen wir nicht nur etwas von der Liebe Gottes in unserer Umwelt zur Manifestation, wir schaffen auch in uns ein Gewohnheitsmuster des liebevollen Handelns. So machen wir uns selbst zu Wesen, die der göttlichen Liebe leichter Ausdruck geben können. Entsprechend erschaffen unsere rebellischen Entscheidungen Übles sowohl im Innern wie im Äußeren, bringen Mißklang in die Welt und vertiefen unser Gefühl der Trennung vom Vater.

Was wir erschaffen, bestimmt unsere Erfahrungen in der physischen Welt, denn eines der unveränderlichen Gesetze des Universums lautet: Gleiches zieht Gleiches an. Was wir in uns selbst durch unsere Entscheidungen in der Vergangenheit geschaffen haben, zieht ähnliche Manifestierungen aus unserer Umwelt an. Auf diese Weise spiegeln unsere äußeren Umstände – mit anderen Worten, unser Karma – das innere Wesen wider, zu dem wir uns gemacht haben. Der folgende Auszug ist typisch für die sich in den Cayce-Readings häufig findenden Hinweise auf das Karma als Prozeß, in dessen Verlauf wir uns stets mit dem konfrontiert sehen, was wir geschaffen haben: »Denn es ist das Ich, dem man begegnen muß. Und was ihr sät – geistig, spirituell, physisch –, das werdet ihr schließlich ernten.« (257-249)

Eine Reihe hypothetischer Beispiele wird diesen Mechanismus vielleicht verdeutlichen. Nehmen wir an, eine Person macht es sich zur Gewohnheit, ihre materiellen Güter mit anderen zu teilen. Damit baut sie in sich ein Muster der Großzügigkeit auf und verschafft ihrer Umwelt ein Gefühl der Fülle. Da Gleiches Gleiches anzieht, wird diese innere Großzügigkeit auch Gesten der Großzügigkeit aus der äußeren Umwelt anziehen. Und wenn sich das vielleicht auch nicht immer innerhalb eines kurzen Zeitraums zeigen mag, auf Dauer gesehen wird die großzügige Person auch großzügiger behandelt werden als der Geizkragen.

Oder nehmen wir an, ein Mensch traut in finanziellen Dingen keinem über den Weg. Er macht sich selbst zu einem mißtrauischen Menschen, und seine Handlungen, die sich aus seiner Einstellung ergeben, erzeugen Mißtrauen in seiner Umwelt. Sein Verhalten gegenüber anderen wird sehr wahrscheinlich zu ähnlichen Reaktionen ihm gegenüber führen, und allmählich wird er vielleicht feststellen, daß nun seine eigene Ehrlichkeit von seinen Kollegen immer wieder angezweifelt wird.

Wenn das Leben manchmal nicht nach dem Gesetz, wonach wir all das auf uns ziehen, was wir selbst in der Welt erschaffen, zu funktionieren scheint, dann deshalb, weil in der Regel eine gewisse Zeitspanne zwischen Ursache und Wirkung liegt. Die Entscheidungen, die wir heute treffen, mögen sich in ihrer vollen Auswirkung erst in ferner Zukunft manifestieren. Und unter Umständen erfahren wir die Konsequenzen unserer Wahl gar nicht mehr in der jetzigen Inkarnation, sondern erst in der nächsten oder übernächsten.

Aus der Perspektive eines einzigen Lebens betrachtet, scheint es in der Welt viel Ungerechtigkeit zu geben, und die meisten Menschen erfreuen sich an oder leiden unter Verhältnissen, die sie selbst gar nicht geschaffen haben. Aber die Reinkarnationstheorie erlaubt uns einen breiteren Blickwinkel, aus dem wir die Situation jedes Menschen als eine Folge seiner Entscheidungen in der Vergangenheit, so weit diese auch zurückliegen mag, begreifen können.

Das Cayce-Material hebt gelegentlich diesen Aspekt der verzögerten Reaktion in bezug auf das Karma hervor, in dem hier ein Unterschied zu anderen Ausformungen des Gesetzes von Ursache und Wirkung festgestellt wird. »Karmisch ist das, was (aus einer früheren Inkarnation) mitgebracht wird, wohingegen das Gesetz von Ursache und Wirkung möglicherweise nur innerhalb der einen physischen Erfahrung (eines Lebens) aktiv wird.« (2981-2)

Ein Aspekt des Karmas, in Zusammenhang mit seinem langfristigen Wirken, kann als Kontinuitätsprinzip bezeichnet werden. Da wir Gottes Mitschöpfer sind, hat das, was wir erschaffen, die Tendenz, sich in seiner Auswirkung so lange fortzusetzen, bis wir etwas verändern. Dies gilt sowohl für das, was wir im Innern erschaffen, als auch für das, was wir in der äußeren Welt verwirklichen. Wir bleiben so lange das, wozu wir uns durch unsere Entscheidungen in der Vergangenheit gemacht haben, bis wir uns entschließen, uns durch eine andere Art von Entscheidung zu verändern. Unter diesem Gesichtspunkt kann Karma als *Gedächtnis* betrachtet werden. Es ist die Chronik der Seele über das, was sie in sich selbst und im äußeren Universum hat entstehen lassen.

Wenn wir Karma als das Gedächtnis der Seele ansehen, dann wird eine seiner positivsten und hoffnungsvollsten Implikationen klar: Da alle unsere Aktivitäten der Seele ihren Stempel aufdrücken, »geht das, was erreicht wurde, nie verloren«. (416-17) Keine unserer Bemühungen ist umsonst; es ist nie zu spät, kreative Entscheidungen zu treffen, die uns auf den Weg in die gewünschte Richtung bringen. Da die Chronik unserer Entscheidungen in der Seele bewahrt bleibt, werden wir zu gegebener Zeit die Früchte unserer konstruktiven Bemühungen ernten, auch wenn einige davon in unserer gegenwärtigen Inkarnation nicht zur vollen Reife gelangen sollten.

Der Sinn des Karmas

Wenn wir das Karma als gutes oder schlechtes Resultat unserer getroffener Entscheidungen betrachten, entsteht in uns vielleicht die Vorstellung, daß es hier um eine Belohnung oder Bestrafung für unsere früheren Taten geht. Eine solche Anschauung ist jedoch irreführend, denn sie läßt das Wesen des Karmas außer acht. Wie wir sahen, ist die Reinkarnation der Entwicklungsprozeß, durch den wir unser rebellierendes Verhalten aufgeben und zum Vater zurückkehren können. Das Karma ist das Instrument, mittels dessen wir die einzuschlagende Richtung für diese Rückreise bestimmen können. Und es erfüllt diese Funktion, indem es uns die Konsequenzen unserer Entscheidungen enthüllt.

Wenn wir ›gutes‹ Karma schlicht als Belohnung Gottes für korrektes Handeln ansehen, gehen wir am Kern der Sache vorbei. Unser Schöpfer liebt uns unendlich und immer, unabhängig von unserem Verhalten. Diese Liebe entspringt *Seiner* Natur, nicht unseren Handlungen. Gott hält mit einen Segnungen nicht zurück, bis wir sie uns verdient haben. Wenn wir aber durch unsere Entscheidungen zeigen, daß wir willens sind, durch unser Tun Seiner Liebe Ausdruck zu geben, dann werden uns als natürliche Folge größere Möglichkeiten gegeben, auf diesem göttlichen Weg voranzuschreiten. Das kann zum Beispiel eine Erweiterung der uns verfügbaren Mittel und Fähigkeiten bedeuten, so daß wir unsere spirituelle Entwicklung fortsetzen und Gottes Liebe in unserer Umwelt umfassender manifestieren können. Auf diese Weise lernen wir, daß uns ein Leben in Einklang mit dem Plan Des Vaters Ihm, der Quelle alles Guten, näher bringt. Und auf diese Weise werden wir lernen, daß wir dadurch, daß wir anderen geben, selbst ein Leben in Fülle führen können.

Ein möglicherweise noch größerer Fehler wäre es, wenn wir

›schlechtes‹ Karma als Bestrafung Gottes für unsere Missetaten deuten. Karmisches Unglück ist nichts weiter als ein Mittel, uns die Konsequenzen unserer lieblosen Entscheidungen vor Augen zu führen. Es zeigt uns, daß wir uns selbst von Gott und allem, womit Er uns versorgt, zurückziehen, wenn wir beschließen, gottlos zu leben. Und wir können besser verstehen, welch leidvolle Folgen unsere Taten für andere haben, wenn wir diese selbst im eigenen Leben erfahren. Das mag uns helfen, Weisheit zu entwickeln und in Zukunft derartige Handlungen zu vermeiden.

Im Grunde soll uns unerfreuliches Karma unsere Unzulänglichkeiten verstehen lassen. Wenn wir gegen Gott rebellieren, trennen wir uns von Ihm. Gäbe es keine wahrnehmbaren Folgen einer solchen Entscheidung, könnten wir nicht begreifen, was wir damit erschaffen, und somit auch keine Notwendigkeit zur Veränderung erkennen. Wir wären nicht motiviert, den Weg des Egos zu verlassen und zu Gott zurückzukehren. Negatives Karma liefert uns die notwendige Motivation, indem es uns ganz persönlich die Konsequenzen unserer Rebellion erfahren läßt.

Es zeigt sich also, daß ›gutes‹ und ›schlechtes‹ Karma irreführende Begriffe sind. Ob wir nun seine Auswirkungen als angenehm oder unangenehm erleben, das Wirken des karmischen Gesetzes befördert unsere spirituelle Erziehung und Bildung. Beide Arten von Erfahrung dienen dem Zweck, uns den Weg der Rückkehr zu unserem Schöpfer zu zeigen. Somit ist auch ›schlechtes‹ Karma ein Instrument unserer Rettung.

Und so zeigt sich in allen unseren Erfahrungen die Liebe Gottes zu uns und ruft und lockt uns zurück zu Ihm. Dieser Punkt wird im Cayce-Material wieder und wieder betont. »Das Gesetz ist Liebe. Das Gesetz ist Gott. Gott ist Liebe. Gott ist das Gesetz.« (1942-3) Als Wegweiser, der uns zurück zur Einheit mit Dem Vater führt, zeigt sich im Karma die grundsätzliche Einheit aller Kräfte. Erfreulich oder unerfreulich, bezeugt es Gottes universelle Liebe, die in unserem Leben wirkt. Wenn wir richtigen Gebrauch davon machen, sind die karmischen Lektionen mit das wichtigste Vehikel, mit dessen Hilfe wir schließlich alle wieder in liebender Einheit mit Gott verbunden sein werden.

Wie das Karma wirkt

Aus dem karmischen Gesetz geht klar hervor, daß jeder von uns für seine eigene Lebenssituation verantwortlich ist. Durch unsere vergangenen Entscheidungen haben wir uns zu dem gemacht, was wir sind, und die Lebensumstände herbeigeführt, in denen wir uns befinden. Daraus folgt auch, daß wir durch unsere gegenwärtigen Entscheidungen unsere Zukunft schaffen, die Bedingungen, mit denen wir uns in künftigen Leben konfrontiert sehen, die persönlichen Stärken und Schwächen, mit denen wir diesen Umständen begegnen werden. Das, was wir ›gutes‹ Karma nennen, entsteht aus Entscheidungen im Einklang mit Gottes Plan, und was gemeinhin als ›schlechtes‹ Karma bezeichnet wird, ist die Folge eines rebellischen Mißbrauchs unseres freien Willens. Werfen wir nun einen Blick auf den Mechanismus, durch welchen der Einsatz unseres freien Willens angenehmes oder unangenehmes Karma entstehen läßt.

Wir wir gesehen haben, birgt die Seele eine Chronik aller ihrer Erfahrungen seit dem Moment ihrer Erschaffung. Alles, was sie getan hat, und alles, was ihr geschehen ist, bleibt in ihrem Gedächtnis, wie auch alle Entscheidungen, die sie jemals getroffen hat. Mit jeder Entscheidung, jeder Ausübung des freien Willens, bauen wir uns Handlungsmuster auf, Blaupausen unserer Reaktionen in einer gegebenen Situation. Diese Muster werden mit jeder Handlung, die ihnen entspricht, stärker und können schließlich zur Gewohnheit werden. Damit beeinflussen sie unsere künftigen Entscheidungen. Sie bilden eine innere Kontinuität, bleiben Teil von uns, bis wir uns entschließen, sie durch alternierendes Verhalten zu verändern. Wie es in einem Cayce-Reading heißt: »Der Same, den ihr sät, wird zum Ich.« (261-15)

Wenn wir uns in jeder gegebenen Situation immer wieder dazu entscheiden, in Einklang mit Gottes Plan zu handeln, werden wir mit der Zeit feststellen, daß wir eine innere Stärke entwickeln, die das Fortsetzen dieses Weges leichter macht. Wenn wir uns aber dazu entscheiden, uns in bestimmten Bereichen dem Diktat des Egos immer wieder zu beugen, schaffen und bestärken wir ein

Muster, das die Tendenz zu dieser Handlungsweise vertieft, bis irgend etwas eintritt, das uns zu einer Veränderung veranlaßt. Die meisten von uns kennen an sich selbst Handlungsmuster, die wir als »schlechte Gewohnheiten« bezeichnen, und wissen, wie schwer sie zu durchbrechen sind, wenn sie erst einmal zum festen Bestandteil unseres Lebens geworden sind.

Die Muster, die wir unseren Entscheidungen nach dem Gedächtnis unserer Seele aufprägen, gehören nicht dem physischen Körper an. Deshalb verlöschen sie auch nicht mit dem physischen Tod, sondern werden von Inkarnation zu Inkarnation weitergetragen. Solche karmischen Stärken und Schwächen beeinflussen uns auf vielen Ebenen. Sie wirken sich auf die geistige Einstellung und die Emotionen aus, die wir dann gewohnheitsmäßig zum Ausdruck bringen.

Besondere Talente und Fähigkeiten, die uns zuzufliegen scheinen, sind oft das Ergebnis unserer Bemühungen in vormaligen Leben. Auf zellularer Ebene besitzt auch unser physischer Körper ein Bewußtsein von den Mustern, die wir durch unsere früheren Entscheidungen aufgebaut haben, und agiert danach.

Die in uns aufgebauten Stärken und Schwächen zeigen der Seele die Bereiche auf, in denen auf unserer Reise zurück zu Gott eine Veränderung nötig ist. Und das hilft ihr, wenn sie ihre Entscheidungen bei einer neuen physischen Inkarnation trifft. Was immer die Absichten für ein bestimmtes Leben sind, sie sind ausschlaggebend für die Umstände und Erfahrungen, denen wir dann begegnen. Der Geist, der sowohl am Spirituellen wie am Physischen teilhat, ist der Erbauer, der Aspekt des Menschen, der die spirituellen Einflüsse in der materiellen Welt zur Manifestation bringt. Er schafft die entsprechenden physischen Lebensbedingungen für die Absichten der Seele.

Das führt uns zu den Gründen für viele sich im Leben ergebende karmische Situationen. Die Seele erinnert sich an alle Entscheidungen, die sie in der Vergangenheit getroffen hat. Sie weiß, wie diese an ihrem Ideal zu messen sind. Sie weiß, welche Handlungen mit diesem Ideal in Einklang und welche dazu im Gegensatz stehen.

Entscheidungen, die mit dem Ideal übereinstimmen, lassen die

Seele eine Stärke erkennen, zeigen ihr, welche Lebensaspekte für eine positive, konstruktive Aktivität wahrscheinlich geeignet sind. Entscheidungen, die dem Ideal widersprechen, machen sie andererseits auf Schwachstellen aufmerksam. Das kann sie auf die Notwendigkeit verweisen, aus den negativen Konsequenzen solcher Handlungen zu lernen, damit künftig liebevollere Entscheidungen getroffen werden.

Aus all dem wird deutlich, daß das Karma unseren Horizont sowohl erweitern als auch verengen kann. Entscheidungen in Übereinstimmung mit unserem Ideal eröffnen uns eher Gelegenheiten, spirituelles Wachstum zu erlangen. Handlungen, die vom egoistischen Willen statt von göttlicher Liebe motiviert sind, schaffen meist Bedingungen, die uns die negativen Folgen unseres Verhaltens erfahren lassen. Diese Gegebenheiten werden oft als Einschränkung unserer Fähigkeiten erlebt. Eine Person, die sich beispielsweise im einen Leben übermäßig der Völlerei hingab, findet sich bei der nächsten Inkarnation möglicherweise von einem Körper angezogen, der Probleme mit dem Verdauungssystem hat. Das zeigt ihr nicht nur die Folgen ihrer Handlungsweise, sondern macht es ihr auch physisch unmöglich, ihre Völlerei fortzusetzen. So kann sie unter Umständen so lange von der Verstärkung eines inneren negativen Musters abgehalten werden, bis sie imstande ist, die Willenskraft für verändertes Verhalten aufzubringen. Der restriktive Aspekt vieler karmischer Umstände, der uns dazu zwingt, unsere negativen Handlungen zu beenden, zeigt uns auf neuerliche Weise die Liebe Gottes, sogar in jenen Lebenssituationen, die wir als unangenehm empfinden.

Mentales und emotionales Karma

Viele unserer mentalen und emotionalen Merkmale gründen sich auf die Erinnerung unserer Seele an die Erfahrungen in vergangenen Leben. An sich ist die Vorstellung, daß die Vergangenheit unsere gegenwärtigen geistigen und psychischen Eigenheiten beeinflußt, nicht so neu. Auch verschiedene Richtungen der herkömmlichen Psychologie versuchen den mentalen und emotionalen Zustand einer Person durch ihre Erfahrungen in der Vergangenheit zu erklären, einschließlich derer, die bewußt ›vergessen‹ wurden. Im Unterschied dazu erlaubt uns die Reinkarnationstheorie aber, die Ereignisse vieler Leben, statt nur eines einzigen, in Betracht zu ziehen.

Unsere Erinnerungen an Ereignisse aus vergangenen Leben können auf verschiedene Weise zu ungünstigen mentalen Eigenschaften in der Gegenwart führen. Die wohl augenfälligste Erklärung für eine spezifische Angst würde nach der Reinkarnationstheorie beinhalten, daß hier eine unbewußte Erinnerung an ein einschneidendes, unangenehmes Ereignis aus einer vormaligen Inkarnation vorliegt. Ein Mensch, der in einem Leben durch einen Sturz zu Tode gekommen ist, bringt vielleicht eine Höhenangst ins nächste Leben mit. Unsere starken Abneigungen könnten ähnlichen Ursprungs sein. Jemand, der eine sehr schwierige Inkarnation in einer bestimmten Region der Erde hatte, mag im nächsten Leben einen Widerwillen gegen die Kultur dieses Gebiets hegen. War das Ursprungsereignis im vergangenen Leben stark traumatisch, dann könnte die aktuelle Reaktion noch extremer ausfallen und zu Phobien oder anderen mentalen Abnormitäten führen.

Die Cayce-Readings verweisen noch auf eine andere mögliche Erklärung für solche Fälle, eine, die leicht übersehen wird. Statt sich darauf zu konzentrieren, was einer Person geschehen ist, wird in verschiedenen Lebens-Readings Betonung darauf gelegt, was die betreffende Person selbst getan hat. Die Seele mit ihrem Gedächtnis für frühere Handlungen hat sich auch alle die Entscheidungen eingeprägt, die im Gegensatz zur spirituellen Entwicklung der Person standen. Sie kennt die Lebensbereiche, in denen diese Person immer wieder versagte. Das kann dazu führen, daß die Seele in dieser Hinsicht Selbstzweifel entwickelt, mangelndes Vertrauen in ihre Fähigkeit, Entscheidungen zu treffen, die ihr Wachstum befördern. Aufgrund der engen Beziehung zwischen Körper, Geist und Seele beeinflußt dieser Zweifel natürlich die mentale Haltung auf spiritueller Ebene und die physischen Manifestationen im Leben. Zweifel führen zu Angst, wie die Readings sagen. Und der Angst können Abneigung, Haß, Wut und viele andere unliebsame Denkmuster entspringen. »Wenn sich der Zweifel eingeschlichen hat, wird er gleichsam zum Vater der Angst. Und Angst ist der Anfang des Strauchelns.« (538-33)

Natürlich sind nicht alle mentalen Eigenschaften, die wir aus früheren Inkarnationen mitbringen, negativ. Die liebende Einstellung, die wir uns zu eigen gemacht haben, bleibt Teil von uns, und wir können uns, wenn die Situation es erforderlich macht, darauf stützen, sie konstruktiv einsetzen. Ebenso sind uns oft Interessensbereiche, in denen wir uns vormals engagiert haben, auch diesmal von Nutzen, indem sie auf die Gebiete verweisen, in denen wir erfolgreich arbeiten und positive Beiträge leisten können.

Auch verschiedene andere Aspekte unserer psychischen Struktur sind unter Umständen die Folge unserer Erfahrungen in vergangenen Leben. Zum Beispiel kann Introvertiertheit oder Extravertiertheit die Fortsetzung von Tendenzen sein, die in einer früheren Inkarnation begannen. Andererseits könnte es sich auch um eine ausbalancierende Maßnahme handeln, eine Reaktion auf das Wissen der Seele, daß die betreffende Person zu weit ins andere Extrem verfallen ist. Ein jetzt introvertierter Mensch mag eine Seele sein, die nach mehreren Leben der Extravertiertheit die Notwendigkeit zu größerer Sensibilität erkannte und daher eine Situation zur Inkarnation wählte, die der Innenschau förderlich ist. Der Extravertierte wiederum könnte jemand sein, der in vergangenen Leben außerordentlich zurückgezogen gelebt hat und sich nun von Umständen angezogen fühlte, die eine offenere Lebensweise gestatten und mehr Gelegenheiten für Freundschaften bieten.

Für unsere Merkmale und Charaktereigenschaften lassen sich immer verschiedene mögliche Erklärungen aus vergangenen Leben herleiten, und es gibt kein narrensicheres Rezept, um zu bestimmen, welche der Möglichkeiten in einem bestimmten Fall dominiert. Die Reinkarnationstheorie besagt lediglich, daß diese Eigenschaften und Merkmale von *irgendwoher* kommen, sei es nun das gegenwärtige Leben oder ein früheres. Aber sie haben immer ihre Gründe, und es besteht stets die Chance, sie positiv zu nutzen, so daß sie zu spiritueller Entwicklung führen.

Physisches Karma

Wir denken uns den Menschen manchmal als aus drei getrennten Komponenten zusammengesetzt – Körper, Geist und Seele. Aber in Wirklichkeit bilden diese drei Aspekte ein Ganzes, denn sie hängen eng zusammen und reagieren aufeinander. Unsere physischen Eigenschaften sind die materielle Manifestation dessen, was wir durch unsere früheren Entscheidungen in uns geschaffen haben. Die Aussage, daß die Seele das Leben, der Geist der Erbauer und das Physische das Resultat ist, verweist darauf, daß unsere physischen Merkmale unsere spirituelle Entwicklung, geistige Einstellung und Emotionen widerspiegeln. Die Art und Weise, in der wir unseren Geist gebrauchen, bestimmt mit, welche Form und welchen Zustand unser physischer Aspekt – unser Körper – annehmen wird. In den Worten der Readings: »Ganz gewiß beeinflußt die geistige Einstellung oft den Zustand des physischen Körpers. Kein Mensch kann seinen Nachbarn hassen, ohne Magen- oder Leberprobleme zu haben. Kein Mensch kann eifersüchtig sein und sich diesem Gefühl hingeben, ohne Probleme mit der Verdauung oder dem Herzen zu haben.« (4021-1)

Um zu begreifen, wie sich Seele und Geist auf den Körper auswirken, sollten wir uns an die Aussage im Cayce-Material erinnern, daß jede Körperzelle Bewußtsein hat. Eine jede ist von den Erinnerungen der der Seele eingeprägten früheren Leben beeinflußt. Verschiedene endokrine Drüsen dienen im Körper als Kontakt-Brennpunkte von Spirituellem und Physischem. Diese Zentren, die den Chakren religiöser Überlieferungen des Ostens entsprechen, sind die Punkte, durch die die karmischen Erinnerungen der Seele zur physischen Manifestation gelangen. Diese Drüsenzentren wirken auf den ganzen Körper ein und erzeugen die, vorteilhaften oder problematischen, physischen Bedingungen persönlicher spiritueller Entwicklung.

Günstige körperliche Bedingungen können das Ergebnis physischer Bemühungen einer vorangegangenen Inkarnation sein. Wenn ein Mensch an der Entwicklung eines Aspekts seines Körpers arbeitet, schlägt sich die herausbildende Stärke nicht nur im Physischen nieder, sondern es entsteht auch ein Muster dieser Stärke auf der mentalen und spirituellen Ebene. Und wenn der Körper auch schließlich stirbt, wird dieses Muster doch von jenen Aspekten der Person weitergetragen, die den Tod überleben. So kann es ins folgende Leben eingebracht werden, wo es einen physischen Körper erschafft, der wiederum diese spezielle Stärke besitzt.

Diese Vorstellung unterscheidet sich nicht wesentlich vom herkömmlichen Denken. Es ist allgemein bekannt, daß das Trainieren eines bestimmten Körperteils zur Entwicklung und Stärkung des ganzen Körpers beiträgt. Als einzig neues Element fließt hier durch die Reinkarnationstheorie ein, daß in den Aspekten einer Person, die nicht dem physischen Tod unterworfen sind, Muster existieren, die die Übertragung von in einem Leben aufgebauten physischen Merkmalen in die nächste Inkarnation erlauben.

Hier haben wir eine mögliche Erklärung dafür, daß bei einigen schon von Geburt an günstige physische Anlagen vorhanden sind oder diese sich in frühen Jahren ganz natürlich entwickeln, ohne daß die betreffenden Personen irgend etwas dazu beizutragen scheinen, das diesen Vorteil erklärte. Der Glaube an die Reinkarnation läßt uns erkennen, daß diese Stärken nicht aus dem Nichts entstanden sind, sondern durch den Gebrauch der Willenskraft aufgebaut wurden; nur daß dies eben in einem früheren Leben geschah. Diese Entwicklung ist im Gedächtnis der Seele verzeichnet und wurde in eine andere Inkarnation übertragen.

Auch körperliche Probleme können ihre Wurzeln in den Handlungen vergangener Leben haben. Wie die positiven werden auch die negativen Muster von einem Leben ins andere übertragen, und der Körper reagiert auch hier in gleicher Weise. Wird eine Körperfunktion mißbraucht, prägt sich dieses Schwäche erzeugende Muster dem Geist ein. Und wir begegnen den physischen Folgen dieses Musters irgendwann, wenn nicht in dieser, dann in einer anderen Inkarnation.

Karmische physische Probleme sind jedoch nicht immer das direkte Ergebnis selbstzerstörerischen Verhaltens. Manchmal entstehen sie auch, weil eine Person mit ihren Entscheidungen andere schädigte und die Erfahrung physischer Probleme machen mußte, um die Konsequenzen ihres Handelns zu erleben und die Notwendigkeit von positiveren Taten zu erkennen. Oft, aber nicht immer, gleichen oder ähneln die negativen Auswirkungen, die jemand am eigenen Leibe zu spüren bekommt, jenen Problemen, die er durch sein Verhalten bei anderen verursacht hat.

In den Cayce-Readings findet sich im Zusammenhang mit physischen Problemen eine Aussage, die viele von uns wohl kaum so ohne weiteres akzeptieren können: »Was in die Stofflichkeit eingebracht wird, wird zuerst im Geiste empfangen. Von daher ist, wie wir bereits andeuteten, alle Krankheit Sünde; nicht unbedingt eine der augenblicklichen Gegenwart, so wie der Mensch in der Zeit rechnet, doch als ein Aspekt der Gesamterfahrung.« (3395-2) Welche spezielle Form die gesundheitliche Störung auch annehmen mag, sie ist entstanden, weil etwas mit der spirituellen Entwicklung oder geistigen Einstellung dieses Menschen nicht stimmt. Der Geist als Erbauer hat dem physischen Vehikel ein Muster vorgegeben, das auf irgendeine Weise mangelhaft ist. Als Folge ist auch der Körper, der sich in Reaktion auf dieses Muster manifestiert, beschädigt.

Denken Sie daran, daß Gott uns hier nicht über die Krankheit für unsere Missetaten bestraft. Vielmehr ist der problematische physische Zustand die natürliche Folge der Abkehr von Gott, der Quelle allen Lebens. Hier muß irgendeine Lektion gelernt werden. Die Seele agiert, zusammen mit dem Geist als Erbauer, über die endokrinen Drüsenzentren, um die physischen Bedingungen herzustellen, die anzeigen, daß die betreffende Person ihr Verhalten irgendwie ändern muß.

Dem Cayce-Material läßt sich entnehmen, daß die karmische Krankheit offensichtlich eine bestimmte Folgerichtigkeit aufweist. Das heißt, spezifische Mißbräuchlichkeiten des Willens führen tendenziell zu Störungen in bestimmten Körperbereichen. In den Readings wird aber auch eine Reihe von Fällen beschrieben, bei denen dies nicht zuzutreffen scheint. Manchmal ist der von Cayce beschriebene Zusammenhang zwischen einem früheren Willensmißbrauch und seiner physischen Konsequenz ganz klar, und manchmal ist diese Verbindung weniger offensichtlich.

Ohne Zweifel sind an der Entstehung von Krankheit oder irgendeiner anderen karmischen Situation viele Faktoren beteiligt. Über all das kann nur mit Sicherheit gesagt werden, daß auch die physische Manifestation eines Menschen vollkommen wäre, wenn er sich in vollkommenem Einklang mit dem universellen Gesetz der Liebe befände. Wo Störungen auftreten, wurde irgendein Fehler gemacht. Aber wer von uns ist schon ohne Fehler?

Äußere karmische Umstände

Unsere Erfahrungen aus vergangenen Leben beeinflussen sowohl unsere äußeren Lebensumstände als auch unsere mentale und physische Struktur. Unserer Lebenssituation wie unseren persönlichen Eigenschaften liegen dieselben wesentlichen Ursachen und Mechanismen zugrunde. Die Seele birgt in sich die vollständige Erinnerung an ihre Vergangenheit und weiß, welche Erfahrungen sie um ihrer Entwicklung willen machen muß. Und gewisse Lebensumstände sorgen dafür, daß diese notwendigen Erfahrungen sehr wahrscheinlich gemacht werden. Der Geist bedient sich der Informationen der Seele, um im Physischen die Bedingungen herzustellen, die ein spirituelles Wachstum befördern. Die Seele wiederum wird dann von diesen Umständen angezogen.

Diese Anziehungskraft beginnt zu wachsen, wenn eine Person bereit ist, die Erfahrung einer Geburt im Physischen zu machen. Sie beeinflußt sowohl den Körper als auch die äußeren Umstände, in die die Seele hineingeboren wird. Was den für bestimmte Erfahrungen geeigneten physischen Körper betrifft, so gehören die Vererbungsgesetze zu den Mitteln, die uns eine Konfrontation mit unserem Karma ermöglichen. Und ebenso wird unsere gesellschaftliche, wirtschaftliche, kulturelle und zwischenmenschliche Umwelt, in die wir hineingeboren werden, von den sich aus der Vergangenheit ergebenden spirituellen Bedürfnissen der Seele beeinflußt. In welche Situation die Seele sich auch begibt, es wird immer eine sein, in der sie sich entwikkeln, deren Vorteile sie konstruktiv nutzen und aus deren Nachteilen sie die nötigen Lektionen lernen kann.

Einer der wichtigsten äußeren Aspekte unserer karmischen Bedingungen, auf die wir treffen, sind die zwischenmenschlichen Beziehungen, die wir im Laufe unseres Lebens aufbauen. Die wichtigsten Verbindungen, die wir eingehen, kommen nicht zufällig zustande. »Es gibt keine zufällige Begegnung oder Verbindung, sondern stets hat sie einen Grund oder eine Bedeutung für die Entwicklung der Wesenheit oder Seele.« (1648-2)

Welchen Menschen wir begegnen und wie wir auf sie reagieren, wird stark von unseren Beziehungen in vormaligen Inkarnationen beeinflußt. Unsere unbewußten Erinnerungen an vergangene Erfahrungen mit jenen Personen wirken sich auf unsere aktuellen Reaktionen aus. Wenn wir zum Beispiel in einem früheren Leben eine enge und fruchtbare Freundschaft mit einer bestimmten Person hatten, dann wird unsere Reaktion auf sie, sollten wir ihr in diesem Leben begegnen, vermutlich positiv sein. Sollten wir jemandem begegnen, der uns in einem vormaligen Leben verraten hat, wird unsere anfängliche Reaktion auf diese Person möglicherweise von Mißtrauen, Abneigung oder Angst geprägt sein.

Eltern-Kind-Beziehungen sind häufig das Ergebnis karmischer Bindungen. In den Lebens-Readings Cayces finden sich verschiedene Fälle, in denen ein Kind denselben Eltern geboren wurde, die es schon einmal in der Vergangenheit hatte. Man geht davon aus, daß sich die Seele aus einem bestimmten Grund zu einer bestimmten Familie hingezogen fühlt. Das können zum Beispiel Bande der Zuneigung aus früheren Inkarnationen sein. Vielleicht hat die Seele Erinnerungen daran, daß sie in einem früheren Leben in diesem Familienverband Ermunterung und Unterstützung für ihre Wachstumsbestrebungen erfuhr. Oder es kann auch vormals eine sehr stürmische Beziehung bestanden haben, die noch ungelöste Probleme unter den Beteiligten hinterlassen hat. In diesem Falle möchte die Seele vielleicht in dieselbe Familie geboren werden, um nach Möglichkeit diese zwischenmenschlichen Schwierigkeiten aufzuarbeiten.

Wie Eltern-Kind-Beziehungen stellen auch die zwischen Geschwistern, Ehepartnern, Freunden und Angehörigen einer Gruppe zuweilen eine Wiederholung von Verbindungen dar, die in der Vergangenheit eingegangen wurden. Und auch hier mag es sich um eine positive Erfahrung handeln, die die Seele fortsetzen möchte, oder auch um eine unerfreuliche, die zu zwischenmenschlichen Problemen geführt hatte, welche noch einer Lösung bedürfen. Letzteres mag einige extreme Fälle von Feindseligkeit unter Geschwistern, Unverträglichkeit zwischen Ehepartnern oder persönlichen Rivalitäten erklären, die, wenn man die Reinkarnation leugnet, scheinbar aus dem Nichts entstanden sind.

An dieser Stelle sollte vielleicht vor einer fatalistischen Anschauung hinsichtlich unserer zwischenmenschlichen Beziehungen gewarnt werden. Unsere Erfahrungen in vergangenen Leben und karmische Erinnerungen mögen zwar zu unseren Begegnungen und entsprechenden Gefühlen mit beitragen, aber sie haben keine *Kontrolle* darüber, mit wem wir eine Verbindung eingehen oder wie wir darauf reagieren. *Wir* sind es, die durch den Gebrauch der Willenskraft über diese Dinge entscheiden. In den Cayce-Readings wird ausdrücklich gesagt, daß unsere Erfahrungen vergangener Leben zwar ihre Auswirkung haben, wir aber »*wissen* sollten, daß kein Drang, keine Erfahrung höher als der *Wille* der Wesenheit steht«. (1432-1)

Beispielsweise ist es uns nicht vorbestimmt, eine bestimmte Person zu heiraten, nur weil eine Anziehung aus einer früheren Inkarnation besteht. Es mag ein starker Drang danach bestehen, aber wir haben die Macht, dem nicht nachzugeben, wenn dies unserem Urteil nach eine schädliche Erfahrung wäre. Und ähnlich ist es nicht unser schicksalhaftes Los, aufgrund einer vormaligen Feindschaft auf eine bestimmte Person negativ zu reagieren. Auch wenn unsere anfängliche Reaktion negativ sein sollte, können wir das ändern. Und das könnte gut der Grund sein, warum wir dieser Person überhaupt wiederbegegneten.

In diesem Zusammenhang der Aufarbeitung einer problematischen Beziehung sollten wir daran denken, daß jede Seele für ihre Entwicklung selbst verantwortlich ist. Jede hat ihre eigene Einstellung und Handlungsweise, insofern sie lieblos sind, zu verändern, nicht die der anderen. Eine Frau fragte Cayce, ob möglicherweise eine »karmische Schuld« zwischen ihr und ihren Familienangehörigen zu begleichen wäre, und bekam zur Antwort, daß Karma nicht die Angelegenheit einer zu begleichenden Schuld zwischen Menschen ist. Vielmehr geht es um die Entwicklung jeder einzelnen Seele, wobei zwischenmenschliche Beziehungen eine Gelegenheit bieten, die Unzulänglichkeiten des Selbst zu überwinden: »Es ist lediglich das Selbst, dem wir in unseren Beziehungen BEGEGNEN, so daß wir an UNS SELBST arbeiten... nicht an einer ZWISCHEN uns bestehenden karmischen Schuld, sondern an einer *karmischen* Schuld des SELBST, die durch die gegenwärtig existierenden Verbindungen und Beziehungen aufgearbeitet werden kann!« (1436-3)

Es ist nicht unsere Aufgabe, die andere Person in jemanden umzuformen, den wir unserem Empfinden nach lieben könnten. Vielmehr sollen wir uns dahin bringen, daß wir sie lieben können, auch wenn sie noch Groll hegen und uns weiterhin zu verletzen suchen sollte. So können wir unser Leben zum Ausdruck von Gottes *universeller* Liebe werden lassen.

Ein weiterer Lebensbereich, in dem unsere karmischen Erinnerungen eine Rolle spielen, betrifft die Wahl unseres Berufs und unserer Hobbys. Die Fähigkeiten und Interessen, die wir in vergangenen Leben entwickelten, gehen mit dem physischen Tod nicht verloren. Die in der Seele bewahrten Erinnerungen können uns für unsere Lebensarbeit und Freizeitaktivitäten nützliche Fähigkeiten und die entsprechenden Motivationen mitgeben. Im Cayce-Material finden sich viele Beispiele von Menschen, die sich in diesem Leben im gleichen Arbeitsbereich betätigten wie in einer vorangegangenen Inkarnation, was oft auch beinhaltete, daß ihr gegenwärtiger Erfolg zumindest zum Teil auf ihre früheren Bemühungen zurückzuführen war. Wie unsere Charaktereigenschaften werden uns auch die Fähigkeiten, die wir aus einem früheren Leben mitbringen, zur konstruktiven Nutzung gegeben, so daß sie zu unserer spirituellen Entwicklung beitragen können.

Hier haben wir nun ein paar Lebensaspekte, die von unseren früheren Erfahrungen beeinflußt werden können, angesprochen. Wir wollten nicht alle Bereiche, die karmischen Einflüssen unterliegen, aufzeigen, sondern nur eine gewisse allgemeine Vorstellung vermitteln.

Jeder wichtige Faktor jedes Aspekts unserer Existenz hat seine Ursachen, und häufig sind diese in früheren Inkarnationen zu finden. Jede Situation, der wir begegnen, hat ihren Grund. Und in welchen Umständen wir uns auch immer befinden, wir selbst haben sie erschaffen, und sie können dem Wachstum unserer Seele dienen. Wo immer wir auch sind, wir können sicher sein, daß es der richtige Ort ist, von dem aus wir unsere Reise zurück zu Gott fortsetzen können.

Karma und Gnade

Wie wir sahen, ist unser Karma das Ergebnis dessen, was wir in Anwendung unseres freien Willens aufgebaut haben. Die Entscheidungen, die wir in Einklang mit Gottes Willen getroffen haben, gaben uns die Stärken, die wir zur Manifestierung der Liebe Des Vaters und der Rückkehr zu Ihm nutzen können.

Unsere rebellischen Entscheidungen führten zu Schwierigkeiten, mit denen wir uns in Verfolgung unserer Schritte zurück zu unserem Schöpfer zu konfrontieren haben. Aber auch diese Schwierigkeiten haben ihren Sinn. Jede Prüfung, der wir uns ausgesetzt sehen, fordert uns zur Besserung heraus. Jede kann positiv genutzt werden, bietet uns die Gelegenheit, spirituell zu wachsen, indem wir unsere egoistischen Tendenzen überwinden. Wie Cayce jemandem einmal sagte: Widersprüchliche Neigungen »können als Sprungbrett genutzt werden, statt Stolpersteine zu sein, wenn der Glaube an das innere Selbst – in seinen Beziehungen zu den Schöpferischen Kräften oder zu Gott – zu einer konstruktiven Erfahrung gemacht wird, statt zu einer des Sichgehenlassens oder der Selbstverherrlichung ...« (1494-1)

Die Überwindung unserer Schwierigkeiten beinhaltet, daß wir unseren Willen zu liebenden Entscheidungen im Sinne Gottes einsetzen, wo wir vormals eine egoistische Wahl getroffen haben. Das ist unsere Aufgabe. Wir haben unsere Unzulänglichkeiten geschaffen, also müssen sie auch von uns überwunden werden. Unser Werkzeug ist unser Wille, der stärker und mächtiger ist als die beschränkten karmischen Gewohnheitsmuster, die wir in uns aufgebaut haben. Damit können wir unsere geistige Einstellung und die Dinge ändern, denen wir in unserem physischen Leben Ausdruck geben.

Wir müssen uns mit unserer Vergangenheit konfrontieren und unsere Mängel ausmerzen. Aber dabei sind wir nicht auf uns allein gestellt. In Seiner grenzenlosen Liebe zu uns läßt uns Der Vater nicht allein, an unserer Erlösung zu arbeiten. Wir haben Seine Hilfe in Seiner uns immer zugänglichen Gnade. Und weil das so ist, müssen wir nicht unbedingt alle unerfreulichen Resultate eines jeden Mißbrauchs unseres freien Willens durchleiden. Denn wenn wir uns auch mit allen vergangenen Fehlern auseinanderzusetzen haben, so können wir ihnen doch in der Gnade Gottes begegnen, statt unter dem karmischen Gesetz von Ursache und Wirkung.

Wir sprechen manchmal davon, daß wir vom Gesetz des Karmas zum Gesetz der Gnade übergehen. Da aber sowohl Karma wie auch Gnade als Instrumente unserer Rückkehr zu Gott genutzt werden können, sollten wir sie vielleicht besser zwei Aspekte des einen Gesetzes der göttlichen Liebe nennen. Karma gibt uns die Gelegenheit, den Auswirkungen dessen, was wir geschaffen haben, zu begegnen und die Muster zu korrigieren, die nicht im Sinne Gottes sind, so daß wir unsere Einheit mit Dem Vater wiedererlangen können. Gnade ist der Aspekt von Gottes Liebe, der uns Vergebung und Beistand verspricht. Es ist das – unverdiente – Geschenk Seiner Hilfe bei unseren Bemühungen, die lieblosen Seiten in uns zu überwinden. Wenn wir dieses Angebot göttlichen Beistands annehmen und es uns in unserem Leben zunutze machen, dann werden wir unter dem Gesetz der Gnade statt dem von Ursache und Wirkung leben. Beide Straßen können uns zu Gott zurückführen. Welche wir wählen, bleibt uns überlassen.

Der folgende Auszug aus den Readings mag die Beziehung zwischen Karma und Gnade verständlicher machen. Hier wurde einer Person gesagt, daß dem karmischen Einfluß zwar Rechnung getragen werden müsse, man aber auch daran denken sollte, daß »dies unter dem Gesetz der Gnade nicht mehr als ein Impuls zu sein bräuchte, und wenn man den Willen des Selbst mit dem Weg zu Gott eins werden lasse, könnte dadurch einiges verhindert, bewältigt, eine Wahl getroffen werden, die zu Leben, Liebe, Freude, Glücklichsein führt, statt zum Wirken des Gesetzes, das ... die harte Konfrontation mit allem und jedem herbeiführt«. (1771-2) Offensichtlich bleibt in uns die Auswirkung vergangener rebellischer Entscheidungen als Impuls vorhanden, mit dem man sich auseinandersetzen und den man bewältigen muß. Aber durch die Gnade kann dies im Innern stattfinden, sofern man seinen Willen mit Gott eins werden läßt. Wenn eine solche innere Transformation möglich ist, hebt das die Notwendigkeit auf, die unerfreulichen äußerlichen Resultate eines Mißbrauchs des Willens im Physischen zu erleben; eine Begegnung mit dem, was so geschaffen wurde, muß nicht mehr auf ›die harte Tour‹ erfolgen.

Der Schlüssel, uns dieser Gnade zu versichern, liegt darin, daß wir unseren Willen mit dem Willen Gottes eins werden lassen. Wir müssen die in uns geschaffenen unvollkommenen karmischen Muster durch das vollkommene Muster göttlicher Liebe ersetzen. Erinnern wir uns daran, daß dieses Muster immer Teil von uns war, uns von Anfang an von unserem Schöpfer gegeben wurde. Wenn wir es zur Grundlage unserer Handlungen in jeder gegebenen Situation machen, verwandeln wir uns selbst zu einem vollkommeneren Ausdruck der Liebe Gottes. Auf diese Weise hat dann die jeweilige Situation ihren Zweck hinsichtlich unserer spirituellen Entwicklung erfüllt. Was es bedeutet, im Einklang mit dem göttlichen Muster zu handeln, wird vielleicht am besten von Jesus ausgedrückt: »Du sollst den Herrn, deinen Gott, lieben mit ganzem Herzen, mit ganzer Seele und mit allen deinen Gedanken ... Du sollst deinen Nächsten lieben wie dich selbst.« (Matthäus 22; 37, 39)

Ein Aspekt des Lebens nach dem Gesetz der Gnade verdient besondere Erwähnung: die Vergebung. Wenn wir Gottes Vergebung erhalten wollen, dann müssen wir auch willens sein, anderen zu vergeben. Dies wird in den Worten des Vaterunser angedeutet, wenn wir Gott bitten: »Und vergib uns unsere Schuld, wie auch wir vergeben unsern Schuldnern.«

Wenn wir im Umgang mit anderen das Gesetz der Strafe anwenden, so werden auch wir gestraft; wenn wir uns für die Vergebung entscheiden, so wird auch uns vergeben. Der Geist Gottes in uns, den zu verherrlichen wir in unserem Leben bestrebt sind, ist der gleiche, der auch in unseren Mitmenschen wohnt. Wir können uns nicht im Innern Ihm nähern und uns gleichzeitig von Ihm in anderen abwenden. Wie es in einem Reading heißt: »Hast du denn, wenn dein Bruder ein Abbild deines Schöpfers ist, je das Recht, an ihm etwas auszusetzen? Oder unfreundlich zu sprechen? Oder gar ungerecht?« (262-109) Wir können Gottes Hilfe immer beanspruchen, aber wenn wir auch die in Seiner Liebe enthaltene Vergebung erfahren wollen, müssen wir sie im Umgang mit unseren Mitmenschen zum Ausdruck bringen.

Es gibt keinen Allzweck-Maßnahmekatalog für ein Leben in Gnade. Aber die Cayce-Readings verweisen auf ein paar hilfreiche allgemeine Prinzipien, wenn wir uns diesen Aspekt der Liebe Gottes zunutze machen wollen. Auf spiritueller Ebene ist es außerordentlich wichtig, daß wir unser Ideal kennen und ihm gemäß leben. Das beinhaltet im wesentlichen eine Konzipierung und Aneignung der besten und vollkommensten Lebensweise, die wir uns vorstellen können. Unser Ideal kann uns als Leitfaden bei unseren Meditationen dienen, wenn wir versuchen, uns auf den Geist Gottes im Innern einzustimmen. Es liefert uns einen Standard, an dem wir unsere Motive, Wünsche und geistige Einstellung messen können. Und es kann uns leiten, wenn wir Entscheidungen treffen über das, was wir durch physisches Handeln manifestieren wollen, da es eine Alternative zur Wiederholung der unvollkommenen karmischen Muster und zu den widersprüchlichen Impulsen, die wir vielleicht aus anderen Leben mitgebracht haben, aufzeigt. Wenn wir gewohnheitsmäßig die Einstellung und die Emotionen und Handlungsweisen wählen, die mit unserem Ideal vereinbar sind, wird unser Leben zu einem vollkommeneren Ausdruck der Liebe Gottes werden.

Auf der mentalen Ebene bedeutet ein Leben unter dem Gesetz der Gnade, daß wir zu damit übereinstimmenden Einstellungen finden. Wenn wir wollen, daß Gottes Liebe in unserem Leben wirksam ist, können wir nicht anderen gegenüber lieblos sein, denn »ein Empfangen ohne Geben gibt es nicht; denn der, der Leben haben will, muß Leben geben, der, der Freude haben will, muß Freude in das Leben anderer bringen, der, der Friede und Harmonie haben will, muß in sich und in der Beziehung zu anderen Friede und Harmonie schaffen. Das ist das Gesetz, denn Gleiches bringt Gleiches hervor ...« (349-17)

Wir wollen nun einen kurzen Blick auf die mentalen Eigenschaften werfen, die uns ein Leben in Gnade erlauben. Wie wichtig eine vergebende Haltung ist, wurde bereits erwähnt. Der Glaube und das Vertrauen, daß die Gnade uns wirklich zugänglich ist und unser Sein beeinflussen kann, sind notwendig, denn wir können uns wohl kaum etwas zunutze machen, an dessen Existenz wir nicht glauben. Wir brauchen auch Vertrauen in uns selbst, ein Wissen davon, daß wir Fortschritte machen können. Auch Geduld ist sehr wichtig – Geduld mit uns selbst, wenn wir straucheln, und Geduld mit anderen, wenn sie unsere Erwartungen nicht erfüllen. Und wir müssen, wenn uns die Gnade Gottes bei der Auseinandersetzung mit unseren karmischen Einflüssen wirklich helfen soll, dem Karma gegenüber eine angstfreie Haltung einnehmen; es muß uns klar sein, daß auch Härten hilfreich sein können, wenn wir ihnen in richtiger Weise begegnen, denn sie lehren uns, in Zukunft bessere Entscheidungen zu treffen und so Gott näher zu kommen.

Auf der physischen Ebene besteht die Herausforderung darin, daß wir unserer ideellen Motivation und liebenden Einstellung im Handeln Ausdruck geben. Liebe ist die Erfüllung des ganzen Gesetzes. Wenn wir unser Leben in Einklang mit dem Gesetz der Liebe bringen, werden wir der Gnade Gottes teilhaftig, die dieses Gesetz hervorbringt. Ein guter Leitfaden für ein Leben nach dem Gesetz der Liebe wird uns mit folgender goldenen Regel gegeben: »Und so, wie ihr wollt, daß euch die Menschen tun sollen, genauso tut ihr auch ihnen.« (Lukas 6,31) Wenn wir nach diesem Prinzip leben, werden wir Liebe, Geduld, Kooperationsbereitschaft, Freundlichkeit und Hilfsbereitschaft im Umgang mit anderen bezeigen. Im Cayce-Material werden diese Manifestationen des Geistes der Liebe oft als »Früchte« bezeichnet, und von ihnen heißt es in einem Reading: »Gegen sie gibt es kein Gesetz; sie sind das Gesetz – Liebe und Leben.« (2716-1) Unsere gegenwärtigen Lebensumstände sind das Ergebnis dessen, wie gut wir in der Vergangenheit das Gesetz der Liebe angewandt haben. Es mag seine Zeit dauern, aber wenn wir dieses Prinzip im jetzigen Leben anwenden, dann können wir sicher sein, uns selbst eine künftige Existenz aufzubauen, die eine Widerspiegelung göttlicher Liebe ist.

Eine Umgestaltung unseres Lebens in so gewaltigem Ausmaß mag sich wie eine kaum zu bewältigende Aufgabe ausnehmen, aber bei diesem Unternehmen haben wir alle Hilfe, die wir brauchen. Unser Vater gibt uns nicht nur die Möglichkeiten, Seine grenzenlose Liebe in unserem Leben zu manifestieren, Er hat uns auch den Weg dazu gewiesen. Der Weg ist Jesus von Nazareth, durch den jedem von uns das Angebot göttlicher Vergebung gemacht wird. Sein Leben war die vollkommene Verkörperung der Liebe Gottes zum Menschen. So wurde er zum Gesetz der Liebe, und indem er das Gesetz wurde, erfüllte er es. Dies ist etwas, das jeder von uns tun kann, wenn wir nur willens sind, dem Weg zu folgen, den er uns gezeigt hat.

Indem er das Gesetz göttlicher Liebe zur vollkommenen Manifestation auf Erden brachte, machte Jesus uns allen dieses Gesetz zugänglich. Durch ihn kann jeder von uns die Gnade Gottes beanspruchen. Er hat die Notwendigkeit von uns genommen, das Gesetz von Ursache und Wirkung zwangsläufig in unseren äußeren Lebensumständen erfahren zu müssen, denn er brachte das Gesetz der Liebe in unser Blickfeld. Wenn wir dieses Gesetz leben, können wir, wie er, zum vollkommenen Ausdruck der Liebe Des Schöpfers werden. Und diese Liebe erfüllt das ganze Gesetz, denn es *ist* das ganze Gesetz.

An uns ist es, den Weg zu leben, den er uns gezeigt hat, und auch hier haben wir einen Beistand. Der folgende Auszug aus den Readings erinnert uns an ein gewisses Versprechen Jesu und verdeutlicht die Art von Hilfe, die wir von ihm erhalten, wenn wir uns bemühen, Herz und Geist und somit unser Leben mit dem seinen in Übereinstimmung zu bringen: »›Wenn du mich liebst, so halte meine Gebote, und ich will kommen und in deinem Herzen wohnen.‹ Das heißt: ›Ich will deinen Sinn, *deine Geisteskräfte* so sehr *mit dem Guten erfüllen*, daß alles andere daraus entweicht.‹« (294-71) Jesus hat uns nicht nur das Modell gegeben, den Weg gezeigt; er hilft uns auch, am Weg festzuhalten, damit wir unsere Einheit mit Dem Vater wiedererlangen können.

Kapitel 3
Mediale Fähigkeiten und Erforschung vergangener Leben

Die Ebenen des Bewußtseins

Wir gehen, wenn wir hier über Reinkarnation und ihre Mechanismen sprechen, von der Annahme aus, daß die uns durch Edgar Cayce gegebenen Informationen Gültigkeit besitzen. Und wenn das der Fall ist, dann bezeugen seine Lebens-Readings, daß wir heute Kenntnis von Ereignissen aus vergangenen Leben erhalten können. »Schön und gut«, mag hier jemand sagen, »Cayce verfügte über diese spezielle Fähigkeit, in die ferne Vergangenheit zu blicken, aber er war ein außergewöhnlicher Mensch, und ein normaler Sterblicher wie ich kann nicht hoffen, es ihm gleichzutun.«

Eine solche Einstellung widerspricht jedoch der generellen Linie des Cayce-Materials in bezug auf mediale Informationen, nach der ganz ›gewöhnliche‹ Leute immer wieder dazu ermuntert wurden, ihre eigenen medialen Fähigkeiten zu entwickeln. Die Readings bestätigen häufig, daß wir alle diese Gaben haben. So heißt es zum Beispiel in einer Passage, daß »es in jedem physischen Individuum diesen Kanal gibt, durch den die medialen oder spirituellen Kräfte… operieren *könnten*«. (294-141) Richtig, Edgar Cayce war insofern ein besonderer Mensch, als seine mediale Fähigkeit weitaus entwickelter war als bei den meisten von uns. Aber jeder von uns hat das Potential, seine eigenen Fähigkeiten ähnlich zu kultivieren.

Gehen wir etwas darauf ein, wie Edgar Cayces Talent, anderer

Leute vergangene Leben zu erforschen, funktioniert, und auf die Informationsquellen, die er anzapfte. Das sollte uns eine gewisse Vorstellung davon geben, wie wir unsere eigene Fähigkeit, mit unseren früheren Inkarnationen in Berührung zu kommen, entwickeln können. Und eine nochmalige rasche Übersicht über unsere verschiedenen Bewußtseinseben ist wohl ein guter Anfang.

Im Zentrum unseres Wesens und Seins befindet sich das Über-Bewußtsein, das unmittelbare Bewußtsein von Gott, das allen Seelen im Moment ihrer Erschaffung gegeben wurde. Und weil diese Geistesebene den Kontakt mit Dem allwissenden, unfehlbaren Schöpfer bewahrt und aufrechterhält, ist sie selbst allwissend und unfehlbar. Aufgrund unserer vergangenen Entscheidungen für die Rebellion und Trennung von Gott bekamen wir das Gefühl, auch von unserem eigenen Über-Bewußtsein abgeschnitten zu sein. Aber wir haben diesen Aspekt unseres Wesens nicht zerstört, denn er ist von Gott und kann nicht zerstört werden. Er bleibt in uns als wesentlicher Bestandteil unserer Natur. Sein grenzenloses, unfehlbares Wissen steht uns zur Verfügung, wenn wir nur unsere Fähigkeit wiedererlangen, daraus zu schöpfen.

Die zweite wesentliche Geistesebene ist das Unterbewußte oder Unbewußte. Dieses wurde von uns aus den Erfahrungen entwickelt, die wir nach unserer Erschaffung machten. Es besteht aus mehreren Schichten. In den tieferen Bereichen sind wir nicht auf unsere individuellen Erinnerungen beschränkt, denn »was das eine Unbewußte weiß, ist auch dem anderen Unbewußten bekannt, gleich ob es sich dieser Tatsache bewußt ist oder nicht«. (254-2) Die Vorstellung, daß alle Geister auf unterbewußter Ebene miteinander in Kontakt stehen, findet sich nicht nur bei Cayce. Sie läßt sich mit Jungs Theorie vom kollektiven Unbewußten vereinbaren, der Gesamtheit an Bildern und Symbolen, an der die ganze Menschheit teilhat. Und verschiedene Forscher gehen von einem unterbewußten Kontakt zwischen Personen aus, um das Phänomen der Telepathie zu erklären, der Gedankenübertragung ohne äußere Hilfsmittel. Und da diese tiefere Schicht des Unterbewußten in uns allen existiert, haben wir auch alle Zugang zu ihren Informationen.

Doch dieses Unterbewußte oder Unbewußte jeder Person hat auch seine individuellen Schichten. Hier sind jene Eindrücke aus der Vergangenheit des einzelnen Menschen gespeichert, an die er sich nicht mehr bewußt erinnert. Einige dieser Eindrücke betreffen natürlich Ereignisse aus dem gegenwärtigen Leben. Auf tieferer Ebene aber bewahrt dieses persönliche Unbewußte die Erinnerungen der Seele an Geschehnisse aus vergangenen Leben. Alle diese unterbewußten oder unbewußten Erinnerungen aus der gegenwärtigen Inkarnation oder aus früheren Leben bleiben Bestandteil der Seele.

Die dritte Gewahrseinsebene ist die des Normalbewußtseins, das man sich als Informationsspeicher all dessen, was wir in jedem gegebenen Augenblick wissen und wahrnehmen, vorstellen kann. Dieses Bewußtsein läßt uns im physischen Leben funktionieren. Auf dieser Ebene agieren wir bei den Ereignissen unseres Alltagslebens im Wachzustand. Und da wir soviel von unserer Zeit auf dieser Ebene verbringen, meinen wir manchmal, das Bewußtsein und das persönliche Unbewußte seien unsere einzigen Bewußtseinsebenen.

Wenn wir ein bißchen darüber nachdenken, zeigt sich, daß wir mit Hilfe des Bewußtseins unsere unterbewußten Erinnerungen zurückholen können. Die Grenze zwischen diesen beiden Ebenen ist fließend, und die Informationen gehen stetig hin und her. Um hier nur ein Beispiel zu geben: Vor Beginn dieses Satzes hatten Sie wahrscheinlich nicht im Kopf, was Sie gestern abend gegessen haben. Diese Information wechselte kurz nach Beendigung der Mahlzeit vom Bewußtsein ins Unterbewußte über. Aber sie kann ganz leicht zurückgeholt werden, wenn die Aufmerksamkeit in die richtige Richtung gelenkt wird.

Andere unbewußte Informationen sind weniger leicht zurückzuholen, so zum Beispiel die, was Sie gestern vor einem Jahr gegessen haben. Wie leicht eine bestimmte Erinnerung wieder ins Bewußtsein gebracht werden kann, hängt von vielen Faktoren ab. So spielt es eine Rolle, wie weit das Ereignis zurückliegt, wie wichtig es damals war, wieviel seither geschehen ist, und wie geübt jemand darin ist, Erinnerungen aus dem Unterbewußten heraufzuholen. Aber wie schwer das auch im einzelnen Fall sein mag, die Informationen bleiben uns letztlich immer zugänglich, wir müssen nur lernen, wie wir an sie herankommen.

Aufzeichnung unserer vergangenen Erfahrungen

Es ist ja recht einleuchtend, wenn wir sagen, daß wir uns die Erinnerung an vergangene Ereignisse dieses Lebens zurückrufen können. Aber das gilt nicht für Erinnerungen aus früheren Inkarnationen. Dazu braucht es ein Vehikel, das nicht mit dem physischen Tod vergeht und somit die Erinnerungen von einem Leben ins andere tragen kann. Dieses Vehikel ist die Seele, die aus Geist, Gemüt und Wille besteht. Die Seele ist das, als was jedes Individuum erschaffen wurde und was es noch immer ist. Und obwohl sie sich einer Reihe von Körpern bedient, um sich auf Erden auszudrücken, so ist sie doch nicht auf diese physischen Manifestationen beschränkt.

Die Seele ist unsterblich und bildet ein Kontinuum des Lebens und des Gewahrseins oder Bewußtseins. In ihr ist alles verzeichnet, was wir jemals getan haben. Diese Erinnerungen finden sich in den tieferen Schichten des persönlichen Unterbewußten, das, wie die Seele selbst, den physischen Tod überlebt. Zu diesen verzeichneten Erinnerungen gehören Vorfälle, Talente, Interessen, Impulse und Blockierungen, die im Laufe vergangener Leben einen Eindruck in uns hinterlassen haben. Alles Wissen unserer vergangenen Erfahrungen kommt als Aspekt der Seele zum Tragen.

Dies führt zu einer Frage, die sich zweifellos schon die meisten, wenn nicht alle, stellten, die die Möglichkeit von Reinkarnation ernsthaft in Betracht gezogen haben: Warum kann ich mich, wenn ich schon zuvor auf Erden gelebt habe, nicht daran erinnern? Und warum kann ich mich nicht meiner vergangenen Erfahrungen, wenn sie in der Seele als Erinnerung fortleben, bewußt entsinnen?

Vielleicht leuchtet der Grund für dieses Vergessen ein, wenn wir uns den Ursprung und die Absicht des ›normalen‹ Bewußtseins vor Augen führen. Dieser Aspekt von uns wurde entwikkelt, damit wir in der physischen Welt und mit den Bedingungen des gegenwärtigen Lebens zurechtkommen. Er hat die Tendenz, sich mit dem physischen Körper zu identifzieren und sich mit Lebensumständen zu befassen, die auf diesen Körper einwirken. Und wegen dieses normalerweise beschränkten Bewußtseinsfokus nimmt er jene Einflüsse kaum wahr, die außerhalb der Grenzen eines einzigen physischen Lebens wirken.

In gewisser Hinsicht haben wir uns entschlossen, unsere ferne Vergangenheit zu vergessen, wenn wir unseren Wesenskern mit unserem physischen Sein identifizieren. Es ist die Seele, die sich reinkarniert. Wenn wir unser Gewahrsein der Seele verlieren, wenn wir unser Alltagsleben so leben, als sei das Physische alles, was zählt, dann verschließen wir uns vor den Erinnerungen, die in den nichtphysischen Aspekten von uns bewahrt sind. Wenn es eine Wand zwischen unserem Bewußtsein und den Erinnerungen der Seele gibt, dann ist es eine, die wir selbst errichtet haben.

Und das läßt es möglich erscheinen, daß wir wieder bewußten Zugang zu den Erinnerungen aus vergangenen Leben gewinnen können. Denn wenn wir uns selbst durch unsere Einstellung und Verhalten vor diesen Erfahrungen verschlossen haben, dann sollte uns eine andere Art von Entscheidung wieder für sie öffnen. In einer Wendung nach innen können wir die Existenz der Seele bekräftigen und unsere Bereitschaft, auf ihre Eingebungen zu hören und danach zu handeln. An dieser Stelle wollen wir nun auf einige entsprechende Techniken dazu eingehen. Jede davon kann uns zu einem tieferen Bewußtsein von der Seele und zu größerer Bereitschaft führen, sie in unserem Alltag zunehmend aktiver werden zu lassen. Auf diese Weise werden die in ihr bewahrten Erinnerungen, einschließlich derer aus vormaligen Inkarnationen, unserem Bewußtsein leichter zugänglich sein.

Die Erfahrungen der vergangenen Leben sind allerdings nicht nur in der einzelnen Seele verzeichnet. Im Cayce-Material wird uns auch von der Akascha-Chronik berichtet, die in den Readings auch das »Buch des Lebens« und das »Erinnerungsbuch Gottes« genannt wird. In der Akascha-Chronik ist alles aufgezeichnet, was jedes Einzelwesen von Anbeginn der Zeit gedacht oder getan hat. In einem Reading wird die Chronik beschrieben als »der Bericht, den die einzelne Wesenheit selbst in das Gewebe von Zeit und Raum schreibt...« (2533-8). Die Akascha-Chronik ist universell und als solche ewig und umfassend, das heißt nicht beschränkt auf die Erfahrungen und das Bewußtsein der einzelnen Wesen. Man kann sie sich als eine Manifestation von Gottes Allwissenheit vorstellen. Sie kann von jedem, der sein Selbst auf das Bewußtsein des Unendlichen – oder anders ausgedrückt, auf das innere Über-Bewußte – eingestimmt hat, geöffnet und gelesen werden.

Somit gibt es zwei mögliche Informationsquellen in bezug auf die individuellen Erfahrungen vergangener Leben: die Erinnerungen der Seele im persönlichen Unbewußten eines Menschen und die Akascha-Chronik. Und es gibt zwei Wege, diese Informationen zu erhalten. Wir können uns in das Unterbewußte der Person einklinken, deren vergangene Erfahrungen wir aufdecken möchten. Oder wir klinken uns ins Über-Bewußte, das All-Bewußtsein, ein und holen uns die gewünschten Informationen aus der Akascha-Chronik.

Edgar Cayce konnte beide Quellen anzapfen. Um in dieses All-Bewußtsein oder auch das Unterbewußte einer Person zu gelangen, müssen die Grenzen der eigenen Persönlichkeit und die individuellen Bewußtseinsebenen überschritten werden. Ganz offensichtlich ist dies der Grund für die Besonderheit von Edgar Cayces Gabe, denn er hatte die Fähigkeit entwickelt, »sich in den Zustand zu begeben, in dem das physische Selbst beiseite tritt...« (294-202) Wenn wir dazu imstande wären und die richtigen Quellen anzapften, dann hätten auch wir Zugang zu der Art von Information, wie sie Edgar Cayce in seinen Lebens-Readings übermittelt.

An dieser Stelle wäre vielleicht eine Mahnung zur Vorsicht angebracht. Die Tatsache, daß es zwei mögliche Informationsquellen über vergangene Leben gibt, bedeutet nicht, daß sie gleichwertig sind. Manche, an medialen Phänomenen interessierte Leute neigen dazu, alle Informationen, die nicht durch den üblichen Prozeß bewußter Wahrnehmung erhalten werden, für die absolute Wahrheit zu halten. Aber das im Cayce-Material vermittelte Modell menschlichen Bewußtseins und Wahrnehmens zeigt deutlich, daß das ein Irrtum ist. Einige Menschen wurden in ihren Readings ähnlich gewarnt wie jene Person, der gesagt wurde: »Ein Aufenthalt außerhalb des materiellen Bereichs bedeutet nicht unbedingt ... Einfluß der Engel!« (314-1)

Über-bewußtes Gewahrsein, das von Gott ist, ist liebend, allwissend und unfehlbar. Das Unterbewußtsein hingegen wurde von Menschen geschaffen. Menschen sind fehlbar und nicht unbedingt immer wohlwollend. Von daher enthalten die unter- oder unbewußten Ebenen viel, das nicht von Gott ist.

Wir können in diese Tiefenschichten eintauchen und auf persönliche Eindrücke stoßen, die außerhalb des normalen Bewußtseinsbereichs liegen – Erinnerungen an vormalige Inkarnationen zum Beispiel und geistige Bilder und Einstellungen, die wir im Zusammenhang mit diesen Erfahrungen entwickelt haben. Aber mit großer Wahrscheinlichkeit war nicht jeder Gedanke, den wir in früheren Leben hatten, von Wert und nicht jede unserer Einstellungen hilfreich. Und wir können noch ein bißchen tiefer gehen, in Kontakt mit anderen Geistern kommen und Informationen aus Quellen erhalten, die außerhalb unseres individuellen Erfahrungsspektrums liegen. Aber nicht jeder Geist, mit dem wir auf diese Weise in Berührung kommen, ist unfehlbar, und nicht jede dieser Quellen wird bei dem, was sie preisgibt, unser bestes Interesse im Auge haben. Nur dann, wenn wir die überbewußte Ebene erreichen, das Gewahrsein Gottes im Innern, können wir sicher sein, daß die erhaltenen Informationen von Wert und wahrhaft hilfreich sind.

Der Unterschied zwischen den Informationen aus dem Über-Bewußtsein und jenen, die wir über den Kontakt mit einem anderen Wesen auf unterbewußter Ebene erhalten, wird im Cayce-Material so zusammengefaßt: »Wenn sie von einem Geistführer personalisiert werden, werden sie beschränkt; sind sie hingegen universeller Natur, dann sind sie in den Händen von Ihm, von Gott, Dem Geber, Dem Schöpfer.« (254-95)

Damit ist nicht gemeint, daß die Informationen aus dem Unterbewußten oder Unbewußten einfach abzutun sind, denn in einigen Fällen können sie sehr zutreffend und nützlich sein. So ist es vor allem wahrscheinlich bei Material über uns selbst, das wir direkt aus unseren eigenen Tiefenschichten erhalten haben, da hier die Gefahr der Verzerrung oder Täuschung durch äußere Einflüsse relativ gering ist. Aber auch eine solche Information sollte nicht blind akzeptiert und verwertet werden. Wenn wir über nichtphysische Mittel um Führung ersuchen, sollten wir von der liebevollsten Absicht motiviert sein, damit das, was wir erhalten, aus der gottähnlichsten Quelle kommt, die zu kontaktieren wir in der Lage sind. Und wir sollten jegliche Information stets überprüfen, um sicher zu sein, daß sie mit göttlicher Liebe und Weisheit vereinbar ist.

Wie wir mit den Quellen medialer Information in Berührung kommen

Die Existenz der über-bewußten und unterbewußten Gewahrseinsebenen macht es möglich, daß wir mediale Informationen erhalten. Aber ist dies auch eine realistische Möglichkeit, eine, die ganz normalen Menschen zugänglich ist? Dem Cayce-Material zufolge ist uns die Verwirklichung unseres medialen Potentials weitaus näher, als wir vielleicht denken. Der Grund dafür liegt im Wesen medialer Fähigkeit: »Medial bedeutet Dem Geist und der Seele zugehörig.« (3744-1)

Jeder von uns ist eine Seele, und somit wohnen jedem von uns mediale Fähigkeiten inne. Die Seele folgt einem von Gott gegebenen Impuls, sich zu manifestieren. Wenn wir uns dessen gewahr wären, was sie auszudrücken versucht, wäre die verwirklichte mediale Fähigkeit die natürliche Folge. Wenn wir uns um die Entwicklung dieser Fähigkeit bemühen, dann müssen wir unsere Identifikation mit dem Physischen überwinden, unser gewahrendes Bewußtsein erhöhen und auf den inneren Geist einstimmen, auf seine Eingebungen hören und sein Wirken zum wesentlichen Bestandteil unseres Alltagslebens werden lassen.

Beginnen wir damit, daß wir uns einigen Methoden zuwenden, mittels derer wir für Informationen aus unserem eigenen Unterbewußten sensibler werden. Wir befassen uns hier mit von der Seele bewahrten persönlichen Erinnerungen, Erinnerungen aus früheren Inkarnationen eingeschlossen. Wie wir an diese herankommen, haben wir vergessen, weil wir uns zu einem zu starken Engagement im bewußten Leben entschieden und unsere Aufmerksamkeit von den tieferen Schichten unseres Selbst abzogen. Bei diesem Unternehmen, und daran sollten wir denken, werden wir uns nicht nach außen wenden, um Informationen zu erhalten, denn alles, wonach wir suchen, ist im Innern zu finden. Wir werden lediglich versuchen, die Barriere zwischen zwei verschiedenen Aspekten unseres Wesens zu entfernen.

Die erste Technik, der wir uns zur Kontaktierung unserer tieferen Schichten zuwenden, besteht in einer Eigenbestandsaufnahme und in der Analyse. Sie nimmt in Teil III des Buches, wo sich eine Anleitung zur Entdeckung unserer vergangenen Leben findet, einen breiten Raum ein. Eigenbestandsaufnahme und Analyse beinhalten ganz einfach, daß wir mit Hilfe unseres geistigen Bewußtseins Fragen über unser gegenwärtiges Leben stellen und die Antworten interpretieren.

Das kann uns aus zwei Gründen etwas über unsere vormaligen Inkarnationen entdecken lassen. Der eine Grund: Unsere unbewußten Erinnerungen beeinflussen unsere bewußte Einstellung und Handlungsweise, und deshalb kann uns eine Untersuchung unserer Gefühle und unseres Verhaltens Hinweise auf die Art von vergangenen Erfahrungen liefern, die zu unseren jetzigen Charakterzügen und Merkmalen führten.

Der andere Grund hängt damit zusammen, daß der Geist der Erbauer ist. Er erschafft die Lebenssituationen im Physischen, die uns die Gelegenheit geben, unsere in der Vergangenheit entwickelten Stärken zu nutzen und uns die nötigen spirituellen Lektionen zu erarbeiten. Wenn wir also unsere gegenwärtigen Umstände erforschen und sehen, wo unsere Stärken und Schwächen liegen, dann können wir eine Theorie über mögliche Erfahrungen in der Vergangenheit aufstellen, die unseren aktuellen Status begründeten.

Wer und was wir gegenwärtig sind, wurde durch unsere vergangenen Entscheidungen und Erfahrungen geschaffen. Zu welchem Typus wir uns gemacht haben und welche Art von Erfahrungen wohl dazu geführt hat, das können wir bis zu einem gewissen Grad erfahren, wenn wir gewisse Aspekte unserer Persönlichkeitsstruktur ansehen wie: die Regionen der Welt, die wir faszinierend oder abstoßend finden; Bücher und Filme, die uns stark beeindruckt haben; Gegenstände in unserer Umwelt, in denen sich Einflüsse aus anderen Zeiten oder Kulturen widerspiegeln; der Körper, in den wir bei der Geburt eingingen; unsere frühen Kindheitserinnerungen; die Art von Menschen, Gegenständen und Situationen, die uns anziehen, abstoßen oder ängstigen; unsere Talente und Hobbys; die Muster, die sich in unseren zwischenmenschlichen Beziehungen zeigen. Um uns herum finden sich überall Hinweise auf unsere Erfahrungen vergangener Leben, wenn wir uns nur die Zeit lassen und die Mühe ertragen, sie zu erkennen und zu deuten.

Eine andere Methode, Material aus den unterbewußten Schichten ins Bewußtsein zu holen, ist das Träumen. Diese Technik, auf die in Sitzung 2 in Teil III ausführlicher eingegangen wird, besteht in einem innerlichen Stillwerden, das das Aufsteigen von Bildern aus dem Unterbewußten erlaubt. Man bleibt bewußt, aber die logisch-analytischen Geistesfunktionen werden zeitweise außer Kraft gesetzt, und die imaginativen Kräfte kommen zum Zug. Diese Art von Träumen ist dem gewöhnlichen Tagträumen sehr ähnlich. Der Hauptunterschied besteht darin, daß es sich hier um ein gerichtetes Träumen handelt, das zu bestimmten erwünschten Informationen führen soll, daß wir Fragen stellen, um unsere Aufmerksamkeit auf diese Informationen zu konzentrieren, damit wir sie auch wirklich bekommen.

Der Erhalt von Bildern aus dem Unterbewußten sollte uns vertraut sein, denn das erleben wir in allen unseren ›gewöhnlichen‹ Träumen. Beim Träumen ist das normale Bewußtsein ausgeschaltet, und das Gewahrsein verlagert sich auf die Aktivitäten des Unterbewußten. Wissenschaftliche Forschungen haben ergeben, daß wir alle träumen, auch wenn es uns nicht so scheint, weil wir uns nicht daran erinnern. Das reiche Material aus dem Unterbewußten, das uns die Träume bieten, kann also auch eine wertvolle Informationsquelle über vergangene Leben sein.

Das Studium der Träume, das unsere Fähigkeit, diese Bilder zu erinnern und zu deuten, sehr befördern kann, spielt in unserem Kursus ebenfalls eine große Rolle. Es hilft uns nicht nur, uns diese Trauminformationen zunutze zu machen, mit der Zeit kann es diesen Materialfluß auch stimulieren, und zwar weil wir durch das Traumstudium dem Unterbewußten signalisieren, daß wir seine Botschaften ernst genug nehmen, um Zeit und Mühe darauf zu verwenden. In Kapitel 5 dieses Buches finden sich einige Hinweise, wie wir Träume stimulieren, erinnern und deuten und wie wir mögliche Spuren vergangener Leben erkennen können.

Auch die Meditation ist eine Möglichkeit, an Informationen aus dem Unterbewußten zu kommen. In der Meditation, die im Kapitel 6 genauer erklärt wird, versuchen wir, uns in den Geist Gottes einzustimmen, indem wir unser Bewußtsein zur Ruhe bringen und zentrieren. Das heißt, das normale Bewußtsein ist herabgesetzt, und wir wenden uns anderen Aspekten von uns zu, zu denen auch das Unterbewußte bzw. das Unbewußte gehören.

Und doch ist das eigentlich nicht die Ebene, die wir in der Meditation erreichen sollten. Unser wahres Ziel ist hier die Einstimmung in das Göttliche, das Über-Bewußte. Erinnern wir uns daran, daß die Informationen aus dem Unterbewußtsein fehlbar sein können und wir nur im Über-Bewußtsein mit Sicherheit Liebe und Wahrheit empfangen.

Sehen wir uns nun an, wie dieses über-bewußte Gewahrsein eine unmittelbarere Rolle in unserem Leben und bei unserer spirituellen Entwicklung spielen kann. Das Über-Bewußtsein, das allwissend ist, verfügt auch über Kenntnisse, die nicht im Bereich unserer persönlichen Erfahrungen liegen – und damit sind auch die Ereignisse in unseren früheren Inkarnationen gemeint. Wir alle haben Zugang zu diesem grenzenlosen Informationsspeicher. Er ist Teil unseres göttlichen Erbes, entstanden aus der Berührung unseres Schöpfers, mit der Er uns ins Sein rief.

Ein Einklinken ins Über-Bewußte kann uns die Akascha-

Chronik zugänglich machen, die Aufzeichnung von allem, was je in Zeit und Raum vonstatten ging. Aber auch das ist nicht unsere vorrangige Absicht, wenn wir nach Einheit mit dem göttlichen Geist streben. Der wichtigste Grund, Gott näher kommen zu wollen, ist der, dann Gott näher sein zu können. Gefährten Des Vaters zu sein, das war einer der wesentlichen Gründe für unsere Erschaffung, der keiner äußeren Rechtfertigung bedarf.

Trotzdem können wir, wenn wir Seinen liebenden Geist in unserem Leben aktivieren, darauf vertrauen, daß Er uns mit aller Information versorgt, die wir brauchen und nutzen können. Edgar Cayce bediente sich in einem Reading einer rhetorischen Frage, um diesen Punkt zu klären: »Wird denn irgend etwas an Wissen, Weisheit oder Verständnis zurückgehalten, wenn du dich in jene Schöpferische Macht und Kraft eingestimmt hast, die die Welten und alle in ihr manifestierten Kräfte erschuf?« (294-202)

An diesem Punkt wäre es vielleicht hilfreich, sich einige allgemeine Richtlinien für den Kontakt mit der über-bewußten Ebene anzusehen. Als erstes sollten wir daran denken, daß das über-bewußte Gewahrsein als natürliche Folge des Wachstums der Seele entsteht. Ein Merkmal des Geistes Gottes in uns ist der Impuls, sich auszudrücken. Wenn wir aufrichtig bestrebt sind, den Willen Gottes zu erkennen und ihn in unserem Leben zu manifestieren, dann wird uns dieser Geist mit jeglicher Ermunterung und Führung versorgen, die wir zur Fortsetzung dieses Weges brauchen.

Geduld und Beharrungsvermögen sind ebenfalls nötig, denn wohl für keinen von uns wird dieser Prozeß der Einstimmung auf den Geist sozusagen über Nacht ablaufen. Weiter brauchen wir Vertrauen, Vertrauen darauf, daß Gott im Innern existiert und daß Er, wenn wir aufrichtig versuchen, nach Seinem Willen zu leben, uns nichts, was hilfreich ist, vorenthalten wird. Diese Versicherung wird in den Cayce-Readings immer wieder gegeben: »Suchet wie Kinder *Seine* Liebe, Sein Gesetz, Sein Gebot zu erkennen, und so ihr sucht, werdet ihr finden.«

Was wir in unserem Bemühen um mediale – das heißt spirituelle – Entwicklung erhalten, hängt von unserer Motivation und

Lebensweise ab. Wir können uns nicht erfolgreich um Kontakt mit dem Geist Gottes, dem Geist der Liebe, bemühen, wenn unsere Absichten egoistisch und lieblos sind. Wenn unsere Motive wirklich von Liebe geprägt sind, dann wird unser Sein auf bestimmte Weise auch als Kanal des Wohls für andere dienen. Wir müssen das, was wir erhalten, im Geist der Liebe anwenden, und Liebe muß sich im aktiven Wirken für andere ausdrücken.

Es gibt verschiedene Möglichkeiten, Informationen aus dem Über-Bewußten zu erhalten. Träume sind eine davon. Wie schon gesagt, wir können, wenn das normale Bewußtsein im Schlaf ruht, Bilder aus dem Unterbewußten empfangen. Aber nicht alle Bilder entspringen diesen Schichten. Das tiefe Bewußtsein der Seele zieht sich im Schlaf aus dem physischen Körper zurück. Damit ist es nicht länger den Beschränkungen unterworfen, die sich aus der Identifikation mit einer einzigen Person ergeben, und kann Informationen aus Quellen erhalten, die diese individuellen Grenzen übersteigen. Eine dieser Quellen ist das Über-Bewußte. Das Unterbewußtsein kann hier also als Zwischenträger fungieren und dem Bewußtsein Botschaften aus dem Über-Bewußten übermitteln. Mit einiger Übung läßt sich lernen, wie wir uns an diese Botschaften erinnern. Und je aufrichtiger und beharrlicher wir um den Kontakt mit dem Über-Bewußten durch Träume bemüht sind, desto wahrscheinlicher werden wir Informationen aus dieser unfehlbaren Quelle bekommen.

Wir haben bereits erwähnt, daß sich das Über-Bewußte auch über die Meditation erreichen läßt und daß dies auch das wahre Ziel der Meditation ist. In ihr suchen wir uns in unser inneres Christus-Bewußtsein einzustimmen. Und je mehr uns dieses gelingt, desto besser werden wir die göttliche Liebe in unserem Leben ausdrücken können. Da das ›Mediale‹ der Seele zugehörig ist, steigern sich mit der Entwicklung der Seele ganz natürlich die medialen Fähigkeiten.

Ein möglicher Aspekt dieses Prozesses ist der Erhalt von Material über vergangene Leben. Was aber nicht heißt, daß dies Ziel unserer Meditation ist. Wenn wir Kontakt mit dem Göttlichen suchen, dann ist es nur angemessen, Gott die Entscheidung zu überlassen, was an Hilfe oder Führung wir bekommen sollen.

In Seiner liebenden Weisheit vermag Er weitaus besser zu beurteilen, welche Informationen für uns wirklich hilfreich sind, als es unser Bewußtsein je könnte. Und wenn wir den Geist Gottes im Innern wirklich erreichen, dann wird uns alles an nötiger Hilfe und Information gegeben, ob dies nun Erkenntnisse über unsere früheren Inkarnationen mit einschließt oder nicht.

Bei Träumen und Meditation, die uns Material aus dem Unterbewußten wie dem Über-Bewußten bringen können, ist Stetigkeit wichtig. Mit zunehmender Übung in der Einstimmung ins Über-Bewußte werden wir es auch leichter erreichen. Und mit wachsender Erfahrung werden wir versierter im Erkennen von Botschaften aus dem Über-Bewußten. Mit der Zeit entwickeln wir ein Gefühl dafür, bei welchen Botschaften es sich wirklich um Führung aus dem Gottes-Bewußtsein handelt und welche lediglich Bilder aus dem Unterbewußten sind, die möglicherweise, aber nicht unbedingt, von Wert und nützlich sind.

Wenn wir Träume und Meditation als Kontaktmöglichkeiten mit dem Über-Bewußten ansehen, dann mag das den Anschein erwecken, daß wir, um an ein solches Wissen zu kommen, unser normales Bewußtsein ausschalten müssen. Das ist aber nicht unbedingt notwendig, denn der Geist Gottes verfügt über unbegrenzte Kommunikations- und Handlungsmöglichkeiten. Und so kann das Bewußtsein Botschaften aus dem Über-Bewußten unter anderem in Form von intuitiven Eingebungen, spontanen Erleuchtungen (man weiß einfach, daß etwas wahr ist) und Déja-vu-Erlebnissen auffangen. Alle Erfahrungen dieser Art können der über-bewußten Ebene entspringen, und jede von ihnen kann uns Kenntnis von Ereignissen aus früheren Leben geben. Und wie schon gesagt, sind sie eine natürliche Folge seelischer Weiterentwicklung und des Drangs des Geistes, sich auszudrücken. Solchen Eingebungen des Über-Bewußten muß man nicht auf besondere Weise ›nachjagen‹, sondern sie werden durch den aufrichtigen Wunsch, Gottes Willen zu erkennen, durch Meditation und ähnliche Praktiken und durch liebevolle Anwendung aller Kenntnisse, die wir im täglichen Leben erhalten, stimuliert.

Wenn Sie mediale Informationen durch äußere Quellen erhalten wollen

Bisher haben wir uns, was den Erhalt von medialen Informationen angeht, auf die innere Suche nach eigenen Antworten konzentriert. Natürlich ist es auch möglich, derartige Informationen mit Hilfe äußerer Quellen zu bekommen. So versuchen beispielsweise manche Leute in Hypnose über eine Rückführung in vergangene Leben an solche Erkenntnisse zu gelangen, was heißt, daß ihr normales Bewußtsein von einem Hypnotiseur zur Ruhe gebracht wird und sie so an die tieferen Erinnerungen der Seele herankommen. Andere suchen ein Medium auf, eine Person, die dem Fragesteller Botschaften von Wesen übermittelt, die derzeit keinen physischen Körper bewohnen. Channeling, bei dem die nicht inkarnierte Wesenheit den physischen Apparat der kanalisierenden Person benutzt, um direkt mit dem Betreffenden zu kommunizieren, ist eine weitere Möglichkeit.

Ein Versuch, auf diese Weise an Informationen über unsere vergangenen Leben zu kommen, mag sehr verführerisch sein, denn zuweilen kann sich die Entwicklung unserer eigenen medialen Fähigkeiten als ein sehr langsamer und schwieriger Prozeß ausnehmen. Und scheinbar ginge alles sehr viel schneller, wenn wir die Antworten auf unsere Fragen von einer Person erhielten, die diese Fähigkeiten bereits entwickelt hat.

Die Edgar-Cayce-Readings mahnen hier aber im allgemeinen zur Vorsicht. Wir haben bereits von den möglichen Irrtümern, die die Informationen aus dem Unterbewußten enthalten können, gesprochen. Und es ist schwierig, wenn nicht unmöglich, festzustellen, in welche Gewahrseinsebene sich beispielsweise das Medium eingeklinkt hat. Wenn es nicht das Über-Bewußte ist, können wir nicht sicher sein, daß die so erhaltenen Informationen korrekt und in unserm besten Interesse sind. Die Möglichkeit, daß das Material dieser äußeren Quelle Irrtümer enthält oder daß wir absichtlich getäuscht oder manipuliert werden, ist nicht auszuschließen, und deshalb müssen wir alles, was wir auf diese Weise erhalten, sehr sorgfältig prüfen.

Edgar Cayce hatte das Gefühl, daß das durch ihn übermittelte Material zum größten Teil aus dem Über-Bewußten kam. Aber niemals hat er, wach oder im Trancezustand, gefordert, man solle seinen Rat unkritisch befolgen. Die vorherrschende Einstellung der Readings in bezug auf ihre eigene Zuverlässigkeit findet sich in einer Passage zusammengefaßt, in der Cayce dazu ermahnt, daß die durch die Readings übermittelten Informationen »niemals als Lehrsätze bezeichnet, sondern *immer* (weitergegeben werden) sollen als das, was erfahrungesgemäß von den einzelnen Personen erprobt worden ist und ihrer Erfahrung nach *zu etwas geführt* hat«. (294-197) So wurde jede Person aufgefordert, nur das Material aus den Readings weiterzuverbreiten, das sie erprobt und für ihr Leben als nützlich befunden hat. In einem anderen Reading wurde der Betreffende dazu ermuntert, »das Gesagte zu analysieren... Und solltest du es für gut befunden haben, dann behalte es im täglichen Leben bei«. (294-197) Die Richtigkeit der medialen Informationen, die Tatsache, daß sie auf den Geist Gottes in jeder Person antworteten, bestimmte darüber, ob man sich im Leben daran halten sollte oder nicht – nicht der Fakt, daß sie durch Edgar Cayce übermittelt wurden.

Wir erwähnten bereits einen der Nachteile, der sich bei den verschiedenen Methoden, durch äußere Quellen an Informationen über frühere Leben zu kommen, ergibt: die Möglichkeit, daß sich die andere Person nicht auf das Über-Bewußte eingestimmt hat, was dazu führen kann, daß das übermittelte Material Irrtümer enthält oder für die betreffende Person zeitlich gesehen unangemessen ist. Ein zweites mögliches Problem betrifft die Gefahr der absichtlichen oder unabsichtlichen Verzerrung, wenn die Informationen durch die unbewußten und bewußten Schichten einer Person gefiltert werden, deren Motive und Genauigkeit nicht ganz einwandfrei feststehen. Diese Nachteile können sich ergeben, gleich ob es sich bei der äußeren Quelle um eine Wesenheit handelt, die schon lange nicht mehr inkarniert war, um eine kürzlich verstorbene Person oder um eine, die noch in einem physischen Körper lebt.

Die Wahrscheinlichkeit, daß diese Probleme auftreten, verringert sich stark, wenn Sie sich, um Informationen zu ihren eigenen früheren Inkarnationen zu erhalten, auf sich selbst verlassen. Ob Sie sich nun ins Über-Bewußte einklinken oder in Ihre eigenen unbewußten Erinnerungen, die Informationen kommen durch die Fähigkeiten Ihrer Seele aus Ihrem eigenen Innern. Das bedeutet, daß das Material aller Wahrscheinlichkeit nach für Sie sehr viel hilfreicher ist, da Sie selbst auf über-bewußter oder unbewußter Ebene entschieden haben, was übermittelt werden soll. Und wenn Sie zufällig etwas erhalten, wofür Sie im Moment keine Verwendung sehen, bleibt es doch Ihrer Entscheidung überlassen, ob Sie es annehmen, ablehnen oder für den Augenblick beiseite lassen wollen, um später darauf zurückzukommen.

Auch die Wahrscheinlichkeit der Verzerrung verringert sich, wenn Sie Ihr eigenes Medium sind. Bedenken Sie, daß die Information, die eine Person eventuell aus Ihrem Unterbewußten erhält, zunächst von Ihrem Unterbewußten zu deren Unterbewußten, von da in deren Bewußtsein und schließlich wieder in Ihr Bewußtsein gelangen muß, wenn sie Ihnen das Material übermittelt. Das sind ziemlich viele Bewußtseinsebenen, die hier durchreist werden, von denen eine jede die erhaltenen Botschaften mißdeuten oder verstümmeln kann. Und die Angelegenheit wird noch komplizierter, wenn eine dritte Person an der Übermittlung des Materials beteiligt ist, wie das bei der Arbeit einiger Medien der Fall ist. Wenn Sie sich aber selbst an Ihr Inneres wenden, wird das Material direkt von den tieferen Bewußtseinsschichten in Ihr Bewußtsein gehoben, was die Möglichkeiten einer starken Verzerrung einschränkt.

Es gibt noch einen dritten Faktor, den Sie bei der Überlegung, ob Sie sich für Informationen über vergangene Leben an eine andere Person wenden sollen, in Betracht ziehen müssen. Wenn Sie sich um den Kontakt mit Ihren tieferen Bewußtseinsschichten bemühen, Zeit und Mühe auf das Studium der Träume, auf die Meditation verwenden, dann kultivieren Sie Ihre Fähigkeit, sich in das Unterbewußte und Über-Bewußte einzuklinken. Sie werden sich entwickeln und lernen, wie Sie diese Aspekte Ihres Selbst erreichen und konstruktiv nutzen können. Und wie bei jeder Fähigkeit, die Sie üben, werden Sie immer besser werden. Mit der Zeit werden Sie vermutlich eine Steigerung Ihrer medialen Fähigkeiten feststellen. Und was noch wichtiger ist, diese Entwicklung wird zum natürlichen Bestandteil Ihres allgemeinen spirituellen Wachstums werden.

Wenn Sie sich auf äußere Hilfe verlassen, bekommen Sie Ihre Informationen über vergangene Leben zwar schneller, aber das bietet Ihnen nicht die gleiche Möglichkeit, Ihr inneres mediales Potential zu entfalten. Letztendlich sind immer Sie selbst die einzige Autorität, wenn es um Ihre vergangenen Leben geht.

Beurteilung medialer Informationen

In den vergangenen Abschnitten sprachen wir über die Zuverlässigkeit von medialem Material, vor allem in bezug auf unsere vergangenen Leben. Ob Sie nun eine bestimmte Information über eigene innere oder mit Hilfe einer äußeren Quelle erhalten haben, immer sollten bestimmte Fragen gestellt werden, um ihre Genauigkeit und Nützlichkeit zu überprüfen. Dazu gehören folgende Fragen: Kommt diese Information aus dem Über-Bewußten oder aus einer fehlbaren Quelle wie dem Unterbewußten? Ist sie, wenn sie aus letzterem kommt, richtig oder falsch? Wenn sie richtig ist, ist sie hilfreich oder nutzlos oder etwas, das ich vielleicht besser noch nicht wissen sollte? Wie auch immer, wie soll ich damit umgehen?

Der erste Test betrifft die Gültigkeit des Materials. Hier sollten Sie sich auf Ihr Ideal konzentrieren und sich ehrlich fragen, ob die erhaltene Information mit dem übereinstimmt, was für Sie nach bestem Wissen Wahrheit ist. Hier kann Ihnen Ihr analytischer Verstand nützlich sein. Aber auch dem Unterbewußten sollte Gelegenheit gegeben werden, seinen Beitrag zu leisten, in Träumen, in der Meditation oder in intuitiven Eingebungen – durch Ihr intuitives Gefühl in bezug auf die Richtigkeit des Materials.

Wenn Sie beschließen, die Informationen mit Hilfe von Meditationen zu beurteilen, dann ist es besser, sich dabei auf eine Einstimmung ins Über-Bewußtsein zu konzentrieren, als sich direkt mit dem medialen Material zu befassen. Wenn Sie Ihre Meditation beendet und Ihr Bestes getan haben, sich dem Geist Gottes im Innern zu nähern, dann wenden Sie Ihre Aufmerksamkeit der fraglichen Information zu und warten Sie auf Ihre innere Reaktion.

Kommen Sie, wenn Sie ehrlich sind, zu dem Schluß, daß das erhaltene Material mit Ihrem Ideal nicht vereinbar ist, dann wären Sie gut beraten, wenn Sie es, zumindest für eine Weile, auf sich beruhen lassen, bis Sie es in einem anderen Licht betrachten können. Wenn Sie aber zu dem Schluß kommen, daß es sich um gültiges Material handelt, dann bleibt es Ihnen überlassen, wie Sie das Beste daraus machen.

Und hier kommen wir zum zweiten Punkt bei der Beurteilung medialer Informationen – ihrer Nützlichkeit. Auch wenn das erhaltene Material wahr und mit Ihrem Ideal vereinbar ist, darüber nur zu verfügen reicht nicht. Wissen wird uns aus einem Grund gegeben: um es anzuwenden. Wie uns in vielen Readings gesagt wird: »Zu wissen und nichts zu tun ist Sünde.« (900-429) Fragen Sie sich also, ob Ihnen die erhaltene Information hilft, Ihr Leben bestmöglich zu leben. Hilft Ihnen dieses Wissen, Liebe umfassender auszudrücken? Wenn ja, dann müssen Sie als nächstes über das Wie entscheiden.

Schließlich, und das ist sehr wichtig, tun Sie etwas und achten Sie auf die Resultate Ihres Handelns. Wie Cayce in einem Reading sagte, die Verläßlichkeit und Nützlichkeit medialer Information sollte beurteilt werden »nach den letztlich erzielten Resultaten«. (3744-2) Es erfüllt mit den Sinn unserer Existenz, wenn wir die erhaltenen Informationen konstruktiv anwenden, weil Wissen eines unserer wertvollsten Instrumente sein kann, um Liebe in unser Leben und in die Welt zu bringen – aber nur, wenn wir dieses Instrument auch nutzen.

Kapitel 4
Ziele und Ideale bei der Erforschung vergangener Leben

Persönliche Gründe, sich um Informationen über vergangene Leben zu bemühen

Menschen, die an Reinkarnation glauben und etwas über ihre vergangenen Leben herausfinden wollen, haben zweifellos ganz unterschiedliche Gründe dafür. Und auch bei einer einzelnen Person würden wir wahrscheinlich mehrere Motive entdecken. Einige der Gründe, warum man etwas über seine früheren Inkarnationen in Erfahrung bringen will, sind möglicherweise eher nebensächlicher Natur. So mag sich jemand wichtig vorkommen, weil er glaubt, in einem vormaligen Leben eine historische Persönlichkeit gewesen zu sein. Jemand anders möchte damit seine Bekannten beeindrucken. Das wahrscheinlich verbreitetste Motiv aber ist ganz schlicht eine natürliche Neugier. Die meisten von uns wollen wissen, wer und was wir sind und warum wir die Eigenschaften haben, die wir haben. Und diese Fragen erstrekken sich bei denen, die an Reinkarnation glauben, nicht nur auf dieses, sondern natürlich auch auf frühere Leben. Etwas über unsere vergangenen Leben zu wissen, würde vielen von uns einfach eine gewisse Befriedigung verschaffen. Doch ab einem bestimmten Punkt würde eine Person, die sich ernsthaft mit der Reinkarnation befaßt, spüren, daß es einen tieferen Grund für ihre Bemühungen, ihre Vergangenheit zu entdecken, geben muß. »Und jetzt, da ich diese Information habe«, so mag sie sich fragen, »was fange ich damit an?«

Tatsächlich gibt es viele Möglichkeiten, wie das Wissen um unsere früheren Inkarnationen genutzt werden kann. Einige günstige Auswirkungen mögen sich allein schon dadurch ergeben, daß wir an Reinkarnation glauben; andere zeigen sich, wenn wir allmählich Einzelheiten über unsere früheren Erfahrungen auf Erden herausfinden. In diesem Kapitel befassen wir uns mit einigen der Möglichkeiten, wie uns die Reinkarnationstheorie und Informationen über unsere vergangenen Leben hilfreich sein und wie wir diese Kenntnisse für ein bestmögliches Leben in der Gegenwart anwenden können. Wir wollen hier niemanden davon überzeugen, daß er sich aus bestimmten Gründen um Informationen über vergangene Leben bemühen oder sie auf eine ganz bestimmte Weise einsetzen soll. Wir wollen nur eine gewisse Vorstellung von den Möglichkeiten eines solchen Prozesses vermitteln, um den Lesern zu helfen, sich darüber klar zu werden, warum sie sich auf diese Suche begeben haben.

Wenn wir nämlich ein wohlbegründetes Motiv für unseren Versuch, einiges über unsere früheren Leben zu erfahren, haben, kann uns das in verschiedener Hinsicht nützlich sein. Zum einen mag das den Materialfluß aus dem Unterbewußten und dem Über-Bewußten stimulieren. Das Mediale ist der Seele zugehörig. Wenn wir bestrebt sind, unsere medialen Fähigkeiten, in welcher Richtung auch immer, zu steigern, dann wollen wir in Wirklichkeit, daß die Seele eine aktivere Rolle in unserem Leben spielt. Da Gleiches aus Gleichem entsteht, ist unser Bemühen darum, daß sich die Seele ausdrücken kann, effektiver, wenn wir ein spirituelles Ziel haben, eines, das uns ein besseres Leben leben läßt. Je näher wir einer Manifestation unseres über-bewußten Gewahrseins von Gott kommen, desto wahrscheinlicher werden wir Material aus dieser unfehlbaren Quelle erhalten. Und deshalb hängt die Zuverlässigkeit unserer medialen Informationen sehr stark von den Gründen ab, aus denen wir sie zu erhalten suchen.

Eine weitere Maßnahme, mittels derer wir uns versichern können, daß die erhaltenen Informationen aus dem Geist Gottes im Innern kommen, besteht darin, daß wir sie im Einklang mit den Gründen, aus denen Er uns erschuf, nutzen. Wir wurden geschaffen, um Ihm Gefährten zu sein und Seiner Liebe Ausdruck zu geben. Welche Kenntnisse uns auch über unsere früheren Inkarnationen vermittelt werden, wir sollen sie in Seinem Sinne und in Liebe anwenden. Wenn wir wollen, daß wir bei unserer Suche nach uns selbst vom Geist Gottes geführt werden, müssen wir das uns gegebene Wissen zu Früchten Des Geistes in unserem Leben werden lassen, indem wir anderen helfen. Denn alles Wissen, das wir erlangen, damit es zu Weisheit und seelischem Wachstum führt (und die Cayce-Readings unterscheiden deutlich zwischen Wissen und Weisheit), muß konstruktiv zur Anwendung kommen.

Die spirituelle Absicht bei der Suche nach Informationen über vergangene Leben kann uns auch bei der Einschätzung des erhaltenen Materials behilflich sein. Der Mensch, der nur andere mit der berühmten Persönlichkeit, die er mal war, beeindrucken möchte, mag glücklich sein, zu entdecken, daß er im letzten Leben George Washington war (zumindest scheinen die meisten George Washingtons mit dieser Identität sehr zufrieden zu sein). Eine Person, deren Motive etwas tiefgründiger sind, wird aber sehr viel weniger leicht von Informationen irregeführt, die nicht zu wachsender Weisheit beitragen. Ist unsere Absicht im Wunsch begründet, Gott in unserem Leben zu manifestieren, und helfen die erhaltenen Informationen bei der Erfüllung dieser Absicht, dann wissen wir, daß sie dem Geist der Wahrheit entspringen.

Vorteile und Anwendung der Informationen über vergangene Leben

Auch wenn wir noch keine Einzelheiten über unsere vergangenen Leben entdeckt haben, so findet sich doch schon in der Reinkarnationstheorie ein gewisses Maß an Hilfe und Trost. Eine ihrer wichtigsten Implikationen ist die Versicherung, daß der Tod nichts Endgültiges ist, daß wir ihn in der Tat über-leben und zu künftigen physischen Leben zurückkehren können. Auch macht sie uns den Glauben leichter, daß Gott voller Liebe und keineswegs launisch ist. Geht man davon aus, daß es nur **ein** Leben gibt, dann erscheint vieles unfair. Unter dem Gesichtspunkt der Reinkarnation hingegen erkennen wir, daß die Ungerechtigkeiten nur scheinbar existieren, daß das, was sich so unfair ausnimmt, seinen Grund hat und genutzt werden kann.

Der Glaube an die Reinkarnation kann uns zu der Erkenntnis bringen, daß wir alle selbst für unser Leben verantwortlich sind. Was immer wir erleben, wir selbst haben es geschaffen. Und dieses Verantwortungsgefühl ist keineswegs belastend, sondern es gibt uns Hoffnung. Denn so können wir erkennen, daß alle Situationen und Umstände, wie unangenehm sie auch sein mögen, ihren Grund haben; und wenn wir ihnen auf die richtige Weise begegnen, können sie dazu beitragen, daß wir unser letztliches Ziel der Wiedervereinigung mit Dem Vater erreichen.

Wenn uns klar ist, daß unsere Entscheidungen der Vergangenheit unsere jetzigen Umstände geschaffen haben, verstehen wir unsere Gegenwart und die Möglichkeiten, die sie bietet, besser. Und da sich die Folgen unserer Entscheidungen im allgemeinen nicht sofort im physischen Leben manifestieren, kann hier die Kenntnis von bestimmten Erfahrungen in früheren Leben außerordentlich hilfreich sein. Denn so können wir sehen, welche vormaligen Entscheidungen zu welchen gegenwärtigen Umständen führten. Und dies wiederum läßt uns erkennen, welche Entscheidungen konstruktiv und welche Fehler waren. Wir wissen dann, bei welcher Handlungsweise wir bleiben sollten und wo wir Muster verändern müssen, um eine bessere Zukunft aufzubauen.

Besondere Details der Informationen über vergangene Leben können uns in vielfältiger Hinsicht hilfreich sein. Und wir werden uns nun einige Möglichkeiten ansehen. Die folgenden Beispiele sind rein hypothetisch. Sie können nicht alle Möglichkeiten aufzeigen, wie solches Material genutzt werden kann, und auch nicht als die einzig ›richtige‹ Reaktion auf die beschriebenen Situationen angesehen werden. Wichtig ist hier, daß jede Person zur Erfüllung ihrer Ziele und Ideale den besten Nutzen aus ihrem Wissen zieht. Die Beispiele sollen nur ein paar Anregungen geben.

Wollen wir von unseren Kenntnissen über unsere vergangenen Leben Gebrauch machen, dann sind unsere persönlichen Eigenschaften in früheren Inkarnationen wichtiger als gewisse Einzelheiten unserer Identitäten. Es mag Ihre Neugier befriedigen, wenn Sie wissen, wie Ihr Name war und wann und wo Sie einmal lebten. Aber das ist, was die Gegenwart angeht, weniger hilfreich als das Wissen um Talente, Einstellungen, gefühlsmäßige Neigungen und Unzulänglichkeiten, die Sie aus anderen Leben in diese Inkarnation mitbrachten. Die Entdeckung, daß Sie im 15. Jahrhundert in Italien lebten, mag vergnüglich sein. Nützlicher ist es aber, wenn Sie herausfinden, daß Sie in einer der letzten Inkarnationen eine große Begabung als Lehrer hatten, mit Geld jedoch überhaupt nicht umgehen konnten.

Beispiel 1

Nehmen wir an, ein Mann hatte in seinem jetzigen Leben immer wieder den Drang, die Malerei zu seinem Hobby zu machen, hat das aber nie verwirklicht. Er begann sich für die Reinkarnation zu interessieren, und nachdem er eine Weile mit seinen Träumen gearbeitet hatte, träumte er, daß er in einem früheren Leben ein Künstler war. Der Traum lieferte auch Erklärungen für einige andere Dinge, die er an sich beobachtet hatte, und nach einer Meditation hatte er weiterhin das Gefühl, daß es sich um günstiges Material handelte. So beschloß er, es zumindest vorläufig zu akzeptieren, und ging nun fest davon aus, daß er in einem vergangenen Leben ein Künstler gewesen war. Wie kann er nun diese Information in seinem jetzigen Leben nutzen?

Auf geistiger Ebene kann sie ihn davon überzeugen, daß es für seinen Drang zur Malerei sehr wohl einen Grund gibt, daß es sich nicht nur um ein Luftschloß handelt. Sie kann ihm das Vertrauen geben, daß er etwas Sinnvolles daraus machen kann, vorausgesetzt, er gibt sich den nötigen Ruck und versucht, seine latente Begabung zu entwickeln. So könnte diese Kenntnis von einer früheren Inkarnation sein jetziges Leben bereichern und kreativer machen.

Beispiel 2

Nehmen wir an, ein Mann ist in seinem jetzigen Leben in seinen Aktivitäten durch eine chronische physische Behinderung immer stark eingeschränkt gewesen. Dies und andere Hinweise, die er entdeckte, brachten ihn zu der Erkenntnis, daß er in einer früheren Inkarnation andere auf eine Weise physisch geschädigt hatte, die sich in seinem jetzigen Zustand widerspiegelte.

Auch hier könnte eine Verbesserung im gegenwärtigen Leben dieses Mannes wahrscheinlich bei seiner geistigen Einstellung anfangen. Allein schon das Wissen, daß es einen Grund für seine Behinderung gibt, könnte ihn mögliche Gefühle der Bitterkeit überwinden lassen, die Vorstellung, daß das Leben gegen ihn ist. Er findet vielleicht den Mut, von den Fähigkeiten, die er zur Verfügung hat, umfassenderen Gebrauch zu machen. In jedem Falle sollte ihn diese Information den Fehler erkennen lassen, den er gemacht hat, und ihm die Gelegenheit geben, sein negatives Muster zu verändern, indem er eine größere Sensibilität für das physische Wohlergehen anderer entwickelt. Dann könnte er anfangen, sich geeignete Aktivitäten auf physischer Ebene auszusuchen, die dieser verbesserten geistigen Perspektive Ausdruck verleihen.

Hier ist es wichtig zu betonen, daß die Kenntnis von jenem früheren Leben diesem Menschen nur hilft, seiner karmischen Situation erfolgreich zu begegnen, wenn er sie dann auch nutzt. Auch nachdem wir gültige Informationen über unsere Vergangenheit entdeckt haben, ist immer noch einiges an Arbeit zu leisten, wenn sich unsere Reinkarnationsforschung wirklich lohnen soll. Oft kann, wie bei diesem Beispiel, die Aufgabe der Transformierung von geistigen Einstellungen und Mustern sehr schwach sein. Aber das ist ein entscheidender Bestandteil des spirituellen Wachstums und kann uns eine Zukunft erschaffen lassen, die von unseren vergangenen Fehlern karmisch weniger beeinträchtigt ist.

Beispiel 3

Eine Frau hat in ihrem jetzigen Leben stets einen Überfluß an materiellen Dingen genossen. Verschiedene Hinweise lassen sie darauf schließen, daß sie in einem früheren Leben immer viel von dem, was sie hatte, abgab, um zu helfen, den materiellen Bedürfnissen anderer Rechnung zu tragen.

Die Lektion hier zeigt die Kehrseite des vorangegangenen Beispiels. Der Person zeigt sich ein Muster vergangener Entscheidungen, das von Liebe geprägt war und deshalb fortgesetzt werden sollte. Auf geistiger Ebene könnte ihr diese Information über ein vergangenes Leben die Sicherheit geben, daß man im Einklang mit Gottes Plan verwendetes Geld zu seiner Zeit mit reichlichen Zinsen wiedererhält. Sollte sie gegenwärtig irgendwelche Ängste haben, daß ihre finanziellen Mittel zur Neige gehen, wenn sie sie nicht hortet, dann kann ihr diese Information die Angst vor Armut überwinden helfen. Und so könnte sie ihr großzügiges Handlungsmuster, das sie in einem früheren Leben entwickelt hat, aufrechterhalten.

Beispiel 4

Eine Frau muß sich, wenn sie es auch nicht gern zugibt, eingestehen, daß sie Vorurteile gegen eine bestimmte Glaubensrichtung hat. Ihre Reinkarnationsarbeit führt sie zur Annahme, daß sie in einem früheren Leben von Angehörigen dieser Glaubensgemeinschaft verfolgt wurde und dabei umkam.

Hier gibt es mehrere Möglichkeiten, wie diese Information zur Wandlung der geistigen Perspektiven der Frau beitragen kann. Kennt man den Grund für eine negative Einstellung, kann das schon ein erster wichtiger Schritt zur Veränderung sein. Denn das ermöglicht es, mit dem Verstand an das Problem heranzugehen. In diesem Fall könnte die Frau nun erkennen, daß sie auf eine Situation in der Vergangenheit reagiert. Sie kann sich klarmachen, daß der Grund für ihre Reaktion bei ihr selbst zu finden ist und daß sie nicht die heutigen Angehörigen dieser Glaubensgemeinschaft für ihr Problem verantwortlich machen muß. Was aber vielleicht am wichtigsten ist, es kann ihr die Notwendigkeit zur Vergebung aufzeigen. Dann kann sie Schritte unternehmen, die diesen Prozeß unterstützen, ob das nun ein Gebet ist oder eine positivere Haltung gegenüber dieser Glaubensrichtung in Worten und Taten, oder was immer sie in ihrem Fall am wirksamsten findet.

Der Punkt, der allen Beispielen gemeinsam ist, ist die Notwendigkeit, mit den erhaltenen Informationen etwas anzufangen. Wie faszinierend die Aussicht, unsere früheren Inkarnationen zu entdecken, auch sein mag, wir können nicht in der Vergangenheit leben. Wir alle müssen hier und heute, im jetzigen Leben, funktionieren. Sollen sie bestmöglichen Nutzen bringen, dürfen Erkenntnisse über frühere Leben nicht Selbstzweck sein. Sie sind lediglich ein Hilfsmittel zum umfassenderen Verständnis unserer Gegenwart, so daß wir das Beste aus unserer aktuellen Inkarnation machen können. Unsere Chance zu seelischem Wachstum liegt nicht in der Vergangenheit, sie bietet sich hier und jetzt.

Definition und Bedeutung von Idealen

Wir haben bereits mehrere Male vom Ideal gesprochen, und es ist nun an der Zeit, sich anzusehen, was genau mit diesem Begriff gemeint ist. Die Cayce-Readings definieren ein Ideal als »das, zu dem eine Wesenheit selbst immer aufblicken mag, im Wissen, daß sie allmählich ein Teil davon wird, aber daß sie *nie* das Ganze werden kann. Etwas, zu dem man aufblicken kann oder zu dem man *gelangen* möchte; nicht eine Idee (etwas, das man ausführen möchte), denn dann erreicht man sein Ziel! Ein Ideal ist das, wonach man strebt, zu dem man sich hinentwickelt, in Einswerdung damit, als Teil davon, aber nie als das Ganze.« (256-2)

Das Ideal ist unsere persönliche Formulierung eines Standards, der uns hilft, das Beste und Höchste, das wir uns im Leben vorstellen können, zur Manifestation zu bringen. Es ist nicht irgend *etwas*, das wir bekommen möchten, und auch keine Situation, die wir zu erreichen hoffen. Es ist vielmehr eine *Art und Weise* des Denkens und Handelns. Das Ideal betrifft das Warum und Wie unseres Tuns. Es hängt eng mit der Absicht der Seele in jedwelcher Inkarnation zusammen und sollte deshalb mit dem vereinbar sein, was wir als Gottes Absicht, als Er uns Leben gab, begreifen.

Haben wir ein Ideal, einen Standard, so gibt das unserem Leben eine Richtung. Wir können unsere Handlungen daran messen, um sicherzugehen, daß sie uns dahin führen, wohin wir wollen. Das ist wichtig, wenn wir erst einmal die Vorstellung akzeptiert haben, daß jede unserer Handlungen eine Auswirkung hat. Nur wenn wir wissen, in welche Richtung wir gehen und wem wir uns verpflichten wollen, können wir auch beurteilen, welche Schritte wir dazu unternehmen müssen. Ein Ideal kann als das persönliche Bild eines Menschen von seinem bestmöglichen Selbst betrachtet werden. Und je höher entwickelt dieses Bild ist, desto mehr wird dieser Mensch wohl erreichen. In den Cayce-Readings heißt es: »Das, wohin (eine Person) gelangen möchte, wird nur durch das Selbst beschränkt und durch das, (was) das Selbst sich als Ideal setzt...«. (1510-1) Das Ideal und die von uns gemachten Anstrengungen, ihm zu folgen, sind in ihrem Einfluß auf unser Leben so wichtig, daß einer Person gesagt wurde: »Die wichtigste Erfahrung dieser oder jeder Wesenheit besteht darin, erst einmal zu wissen, was das *Ideal* ist – spirituell gesehen.« (357-13)

Erinnern wir uns kurz an jene bereits angeführte Formel aus dem Cayce-Material: Die Seele ist das Leben, der Geist der Erbauer, das Physische das Resultat. Die Ideale arbeiten, auf allen drei Ebenen, in gleicher Richtung. Das spirituelle Ideal ist die Quelle oder das Motiv, das unsere Gedanken und Handlungen leiten soll. Das geistige Ideal hängt mit der Einstellung zusammen, die wir aufrechterhalten wollen, um dieses spirituelle Ideal in unserem Leben zur Manifestation zu bringen. Das physische Ideal betrifft die Handlungen, mit dem wir ihm in der materiellen Welt Ausdruck geben. Da es darauf ankommt, daß wir Körper, Geist und Seele von diesem spirituellen Ideal erfüllt sein lassen, sollte es auf allen drei Ebenen unserer Wahrnehmung des Geistes Gottes entspringen. Es sollte soweit wie möglich unser über-bewußtes Gewahrsein von göttlicher Liebe widerspiegeln.

Das von uns anerkannte Ideal ist nichts Statisches. Mit unserer spirituellen Entwicklung verändern sich auch unsere Wahrnehmung und unser Verständnis vom Weg Gottes. Und damit wandelt sich auch unsere Anschauung von einer bestmöglichen Lebensweise. Die Readings empfehlen, unsere Formulierung des Ideals immer mal wieder zu überprüfen, um dieser Veränderung Rechnung zu tragen. Im Laufe unserer Weiterentwicklung, die sich daraus ergibt, daß wir das, was wir als das Ideal betrachten, zur Anwendung bringen, wird uns mehr von Gottes Plan für uns erhellt. »Nutze das, was du weißt, zum Tun, und Der Herr wird dir den nächsten Schritt weisen.« (3654-1)

Es mag so aussehen, als hätten wir uns ein wenig von unserem Thema entfernt, der Entdeckung unserer früheren Inkarnationen. Natürlich ist es möglich, mittels verschiedener Methoden an Informationen über vergangene Leben zu kommen, ohne sich im geringsten um die Definition von oder Treue zu einem Ideal zu kümmern. Doch denken Sie daran, daß, nach Anschauung des Cayce-Materials, Informationen über vergangene Leben, wie jegliche Manifestation unserer inneren medialen Fähigkeiten, sich ganz natürlich als Teil unserer spirituellen Gesamtentwicklung ergeben sollten. Das Ideal, die Quelle unserer Motivation und das Muster, nach dem wir zu leben versuchen, ist eines der mächtigsten Instrumente, mit dessen Hilfe wir die Wiedervereinigung mit unserem Schöpfer erreichen können.

Die Formulierung eines spirituellen Ideals ist der erste Schritt zur Erweckung des inneren göttlichen Musters, der Einprägung Gottes, die unsere Seele am Anfang erhielt. Bringen wir das Ideal, wie wir es formulieren, zur Anwendung, erhalten wir ein klareres Bild vom göttlichen Ideal. Das Muster, das wir zu manifestieren suchen, nimmt immer weniger vom Ego und immer mehr von Gott an. Mit der Zeit wird es uns durch die Kraft Christi und unsere Bemühungen um das Ideal möglich sein, unser spirituelles Wesen und unsere Beziehung zum Vater zu erkennen. Und als Bestandteil dieses Erkennens werden wir uns auch unserer gesamten Vergangenheit bewußt werden.

Die Formulierung Ihres Ideals

Die Readings empfehlen verschiedene Möglichkeiten zur Formulierung unseres Ideals. Im allgemeinen braucht man dazu Papier und Bleistift, denn es soll als eine konkrete Definition festgehalten werden, mit einer ganz klaren Bedeutung für uns. Hier geht es um mehr als nur um die nebulöse Entschließung,

»gut zu sein«. Wie einer Person mitgeteilt wurde: »Vermenge nicht das Ego mit deinen Aktivitäten ... sondern analysiere erst dich selbst, deine Absichten, deine Hoffnungen, deine Ideale. Nicht nur im Kopf, sondern laß sie konkret werden. Schreib sie auf. Schau sie dir an. Du wirst vielleicht mit Überraschung feststellen, wie wenige es sein und einen wie großen Raum sie doch in deinen Erfahrungen einnehmen können«. (3062-2)

Ein einfaches Blatt Papier wird in drei Spalten unterteilt. Die erste wird überschrieben mit »spirituelles Ideal«, die zweite mit »geistige Ideale«, die dritte mit »physische Ideale«. Dann werden in jeder Spalte die entsprechenden Eintragungen, auf die wir gleich zurückkommen werden, gemacht.

Manche Leute finden eine kreisförmige Anordnung besser, weil sich so leichter aufzeigen läßt, wie das spirituelle Ideal in bestimmten Lebensbereichen geistig und physisch angewandt werden kann. Ein solches Schaubild besteht aus drei konzentrischen Kreisen. Die beiden äußeren sind in Segmente unterteilt. In den inneren Kreis wird das spirituelle Ideal geschrieben; der mittlere Kreis ist für die geistigen Ideale, und der äußere für die physischen Ideale bestimmt. Am Rande des äußeren Kreises und in Übereinstimmung mit den Segmenten des äußeren und mittleren Kreises sind die Lebensbereiche verzeichnet, auf die man sich in bezug auf die Ideale konzentrieren möchte. Wie viele und welche Bereiche das sind, bleibt der persönlichen Entscheidung überlassen. Die hier in der graphischen Darstellung aufgeführten Aspekte sollen lediglich als Anregung dienen.

Wie immer Sie auch vorgehen wollen, fangen Sie mit der Formulierung Ihres spirituellen Ideals an. Dies ist die Quelle, das Grundmotiv, das Ihre Gedanken und Handlungen in allen Lebensbereichen leiten soll. Es sollte ein Ausdruck des Ihnen vorstellbaren höchsten Guts sein. Wählen Sie ein Wort oder einen kurzen Satz, in dem diese Qualität bezeichnet wird, und tragen Sie das an entsprechender Stelle ein.

Wenden Sie sich nun Ihren geistigen Idealen zu, und zwar geht es hier um die Einstellungen und geistigen und emotionalen Eigenschaften, die Ihnen eine Verwirklichung des spirituellen Ideals erlauben und die deshalb damit in Einklang stehen. Wenn

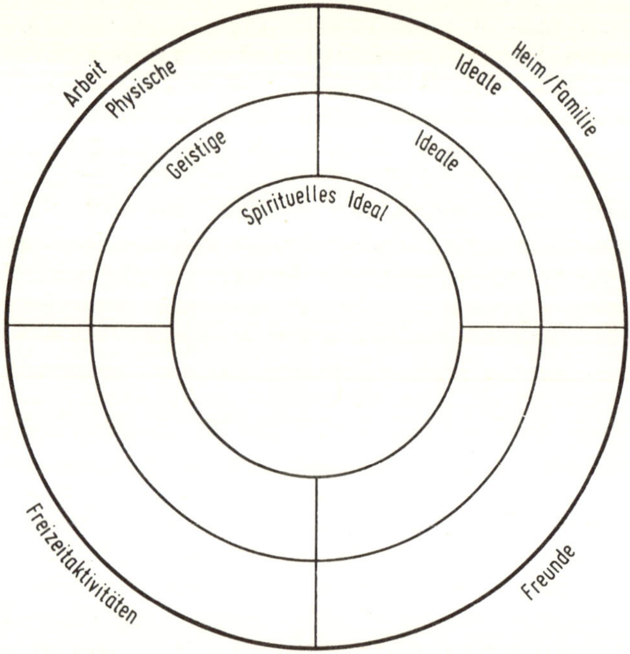

Sie mit dem Kreis arbeiten, dann wählen Sie für jeden Lebensbereich, den Sie mit einbeziehen wollen, ein paar geistige Einstellungen, die in diesem Bezug Ihr spirituelles Ideal ausdrücken. Beschreiben Sie diese Einstellungen mit ein oder zwei Worten und tragen Sie diese an entsprechender Stelle im mittleren Kreis ein. Wenn Sie mit Spalten arbeiten, dann haben Sie keine Unterteilungen nach Lebensbereichen. Schreiben Sie einfach in die mittlere Spalte die Worte oder Sätze, die Ihre geistigen Ideale bezeichnen.

Formulieren Sie schließlich Ihre physischen Ideale. Das sind die Aktivitäten, die Ihr spirituelles Ideal auf materieller Ebene ausdrücken. Wenn Sie mit dem Kreis arbeiten, dann wählen Sie eine kleine Anzahl geeigneter Aktivitäten für jeden genannten

Lebensbereich aus. Fassen Sie sie in ein paar Worte zusammen und tragen Sie sie an entsprechender Stelle im äußeren Kreis ein. Arbeiten Sie mit Spalten, dann tragen Sie diese Aktivitäten in der dritten Spalte ein.

Nehmen wir zum Beispiel an, Sie benutzen den Kreis und konzentrieren sich auf die in der graphischen Darstellung genannten Lebensbereiche. Klären Sie zuerst Ihr spirituelles Ideal. Das bedarf sehr sorgfältigen Nachdenkens, möglicherweise auch der Meditation. Nehmen wir an, daß Sie nach reiflicher Überlegung entschieden haben, daß die Ihrem Leben zugrundeliegende bestmögliche Motivation derzeit im Aufbau von harmonischen Beziehungen zu allen Menschen Ihrer Umgebung besteht. Sie haben also das Wort »Harmonie« zur Bezeichnung Ihres spirituellen Ideals gewählt und können es nun in den inneren Kreis eintragen.

Sehen Sie sich nun einen der Lebensbereiche an – Heim/Familie zum Beispiel –, und entscheiden Sie, welche geistigen Einstellungen und Denkmuster diese Harmonie in Heim und Familie bringen würden. Dies wären dann Ihre geistigen Ideale in bezug auf diesen Lebensbereich. Sagen wir, Sie kommen auf Kooperationsbereitschaft, Wertschätzung und Geduld als geeignete Eigenschaften. Diese drei Worte tragen Sie dann im Segment Heim/Familie im mittleren Kreis ein.

Wenden Sie sich nun Ihren physischen Idealen im Bereich Heim/Familie zu. Sehen Sie sich Ihre diesbezüglichen geistigen Ideale an und entscheiden Sie, durch welche Handlungen Sie ihnen Ausdruck geben können. »Kooperationsbereitschaft« könnte vielleicht heißen, daß Sie mehr Haushaltspflichten übernehmen; »Wertschätzung« könnte bedeuten, daß Sie Ihren Familienmitgliedern häufiger etwas Nettes sagen und Ihren Ehepartner einmal in der Woche zum Essen ausführen, um Ihre Dankbarkeit zu zeigen; »Geduld« könnte beinhalten, daß Sie sich mehr bemühen, den Kindern gegenüber nicht gereizt zu sein. Sie könnten dann zum Beispiel im äußeren Kreis im Segment Heim/Familie »Haushaltspflichten«, »Essen gehen« und »Bis zehn zählen« eintragen.

Danach gehen Sie zum nächsten Lebensbereich über – sagen

wir, »Freunde« – und entscheiden über die geistigen Muster und physischen Aktivitäten, die in diesem Bereich Harmonie, Ihr spirituelles Ideal, zur Verwirklichung bringen.

Wie Sie Ihre Ideale zur Anwendung bringen

Ideale herauszufinden und zu formulieren ist ein wichtiger Schritt für spirituelles Wachstum. Aber wenn er wirklich zu Veränderungen in unserem Leben führen soll, dann müssen unsere Ideale auch zur Anwendung kommen. Sie sollen uns dahin bringen, so viel von Gott auszudrücken, wie wir nur irgend begreifen können. Sie liefern uns einen Standard für die Auswahl unserer Motive, Gedanken und Handlungen. Sie sind auf spiritueller, geistiger und physischer Ebene anzuwenden und helfen uns so, unser Selbst transformierende Entscheidungen zu treffen, die vom Geist Gottes im Innern geleitet sind.

Auf spiritueller Ebene kann unser Ideal dazu beitragen, daß unsere Gebete und Meditationen fruchtbarer werden. Das spirituelle Ideal, das wir annehmen, sollte uns auf irgendeine Weise dazu motivieren, in Einklang mit Gottes Willen zu leben. Und um Seinen Willen zu erkennen, müssen wir uns auf den inneren göttlichen Geist einstimmen. Hier kann uns unser Ideal helfen, indem es einen Konzentrationspunkt zur Meditation liefert, der in Einklang mit unserem besten Wissen steht. Und wenn wir auf diese Weise versuchen, dem näher zu kommen, was wir unter Gott verstehen, wird Er uns mehr und mehr von sich enthüllen. Wir werden immer besser imstande sein, unseren Willen und unsere Absichten mit Seinen Plänen eins werden, uns von Seinem Geist durchströmen und diesen sich in unserem Leben manifestieren zu lassen.

Auf geistiger Ebene kann unser Ideal dazu beitragen, daß wir den Sinn unseres Lebens erkennen. Unser Verständnis von Gottes Absicht, als Er uns Leben gab, wird sich vertiefen, wenn wir in Einklang mit und durch Anwendung dessen, was wir wissen, wachsen. Und damit können wir Einstellungen, Gedanken und

Emotionen erkennen und wählen, die mit dieser Absicht übereinstimmen. Da der Geist der Erbauer ist, können wir davon ausgehen, daß mit der Zeit auch unsere äußeren Lebensumstände Gottes liebenden Willen in bezug auf uns widerspiegeln.

Unsere Herausforderung auf physischer Ebene besteht darin, daß wir unser Ideal leben, uns für Handlungen entscheiden, die unseren spirituellen und geistigen Standard widerspiegeln. Das mag beinhalten, daß wir uns und unsere Verhaltensmuster in gewisser Weise verändern müssen, damit unser bestes Wissen umfassender zum Ausdruck kommen kann. Eine solche Veränderung wird sich wohl nur allmählich vollziehen, und sie erfordert Beharrlichkeit und aktive Geduld, jene Eigenschaften, die es uns immer wieder versuchen lassen, auch wenn die anfänglichen Resultate unserer Bemühungen nicht unbedingt das sind, was wir erhofften. So können wir über stetige kleine Verbesserungen in unserer Lebensweise zu einer spirituellen Entwicklung gelangen. Ein kleiner Schritt jeden Tag wird uns schließlich ans gewünschte Ziel bringen – vorausgesetzt, die Schritte werden in die richtige Richtung gelenkt.

Wie wir die Ideale bei der Erforschung vergangener Leben einsetzen können

Es gibt verschiedene Möglichkeiten, wie unsere Ideale unserem allgemeinen Forschungsansatz und dem Gebrauch der Informationen über frühere Inkarnationen eine Richtung geben können. Auf spiritueller Ebene mögen sie unsere Forschungsmotive klären und leiten, so daß unsere Arbeit nicht nur zu einer Übung in müßiger Neugier ausartet. Auf geistiger Ebene können sie uns bei der Einschätzung der erhaltenen Informationen helfen. Sie liefern uns einen Maßstab, einen Standard, der sicherstellt, daß wir mit dem erlangten Wissen jene geistigen Qualitäten entwikkeln, die wir befördern wollen. Auf physischer Ebene geben sie uns die Möglichkeit abzuwägen, welchen Gebrauch wir von den Informationen machen sollten, damit die Anwendung unserer

Kenntnisse in Einklang mit unseren wahren Ausdrucksbestrebungen steht.

Unsere Ideale können uns helfen, unsere karmischen Stärken bestmöglich zu nutzen und unseren karmischen Schwächen zu begegnen. Sie können uns anleiten, unsere Begabungen und Möglichkeiten nach bestem Wissen einzusetzen. Und in Fällen, wo wir widerprüchliche Impulse aus früheren Leben mitgebracht haben, können sie die Konflikte lösen helfen, indem wir unseren Entscheidungen den höchsten Standard zugrunde legen. Sie mögen helfen, karmische mentale Blockierungen wie Verwirrung, Zweifel und Ängste aufzulösen. Wenn wir ein klares Bild von unseren Idealen haben und uns an sie halten, werden wir ein starkes Gefühl von Lebenssinn entwickeln, das uns die Kraft gibt, uns von Verwirrung und Selbstzweifel frei zu machen. Das wiederum versetzt uns in die Lage, uns mit unseren Ängsten erfolgreich auseinanderzusetzen. Zweifel, erinnern wir uns daran, ist der Vater der Angst. Und ist der Zweifel durch unser Wissen beseitigt, daß wir uns in die Richtung bewegen, in der sich die Absicht unserer Seele erfüllen wird, dann wird der Einfluß der Angst auf unser Leben mit der Zeit immer geringer werden.

Unsere Ideale können außerordentlich starke Helfer bei unseren Bemühungen sein, den in uns aufgebauten karmischen Mustern zu begegnen. Konfrontieren müssen wir uns mit allen diesen Mustern, doch dies kann entweder unter dem Gesetz von Ursache und Wirkung oder unter dem Gesetz der Gnade geschehen. Gelingt es uns, unsere spirituelle Motivation, unsere geistigen Einstellungen und Handlungen auf physischer Ebene in tiefere Übereinstimmung mit unserem Ideal zu bringen, wird unser Leben ein umfassenderer Ausdruck von Gott. Das Muster, in dem wir unseren Lebensumständen begegnen, nähert sich mehr und mehr dem Christus-Muster, dem Modell vollkommener göttlicher Liebe. Wir entwickeln die Fähigkeit, in Einklang mit diesem Muster der Liebe zu leben, uns dem Einfluß der karmischen Muster, die wir aufgebaut haben, zu entziehen. Und in dieser Liebe liegt die Erfüllung des ganzen Gesetzes. So können wir durch die Kraft des inneren Christus dem, was wir geschaffen haben, unter dem Gesetz der Gnade begegnen, statt dem von Ursache und Wirkung.

Sehen wir uns dazu ein paar hypothetische Beispiele an. Hier soll keinesfalls diktiert werden, welches Ideal man auf dieser oder jener Ebene haben sollte oder wie es anzuwenden sei. Es soll lediglich eine Vorstellung davon vermittelt werden, wie uns unsere Ideale bei der Begegnung mit den karmischen Folgen unserer früheren Entscheidungen leiten können. Stellen Sie sich vor, daß die beschriebenen Personen bei der Formulierung ihrer Ideale mit der graphischen Darstellung des Kreises arbeiten, und daß einer der gewählten Lebensbereiche die karmische Situation repräsentiert, mit der sie sich auseinandersetzten.

Beispiel 1

Nehmen wir an, eine Frau hat als ihr spirituelles Ideal die »Einheit mit Gott« gewählt. Sie hat eine schwere, schon lange bestehende physische Behinderung, die ihrem Gefühl nach die Folge von Handlungen in früheren Inkarnationen ist. Sie beschließt, sich mit Hilfe ihrer Ideale mit dieser Situation auseinanderzusetzen.

Über Meditation und Nachdenken kommt sie zu dem Schluß, daß Geduld, Vertrauen, Hoffnung und Freude ihr spirituelles Ideal der Einheit mit Gott widerspiegeln, wenn sie diese Qualitäten in ihrem Problembereich zur Anwendung bringt. So vermerkt sie diese als ihre geistigen Ideale an entsprechender Stelle im Kreis.

Um nun ihre physischen Ideale zu bestimmen, fragt sie sich, welche Handlungen hinsichtlich ihrer Situation diese geistigen Ideale am besten zum Ausdruck bringen würde. Sie entscheidet, daß Gebet, eine intensivere Nutzung ihrer Fähigkeiten, Ermunterung anderer, die physische Probleme haben, und öfters lächeln die passenden Aktivitäten wären, und so trägt sie das als ihre physischen Ideale ein.

Nachdem sie nun ihre Ideale formuliert hat, bemüht sie sich beharrlich, an dieser geistigen Einstellung festzuhalten und ihr in bezug auf ihre Behinderung handelnd Ausdruck zu geben, dies alles im Geist der Einheit mit Gott. So erfüllt und entwickelt die Absicht ihrer Seele sich mehr zu der Person, die sie sein will.

Ihre Behinderung wird dadurch nicht unbedingt beseitigt. Aber indem diese Frau ihre Ideale zur Anwendung bringt, hat sie die Probleme ihrer karmischen Situation in eine Chance zu seelischem Wachstum verwandelt. Und somit wird die Absicht, die hinter der Erfahrung einer solchen Lebenssituation steht, erfüllt. Indem sie ihrer Behinderung auf konstruktive Weise begegnet, benutzt sie sie als Hilfe in ihrem Bestreben, die Einheit mit Gott wiederzuerlangen. Sie hat ihren potentiellen Stolperstein in ein Sprungbrett verwandelt.

Beispiel 2

Stellen wir uns einen Mann vor, der Brüderlichkeit als sein spirituelles Ideal gewählt hat. Er ist sein Leben lang ziemlich reich gewesen und hat nun beschlossen, daß seine Ideale ihm helfen sollen, seine Einstellung und Aktivitäten in bezug auf sein Geld zu klären. Er möchte sichergehen, daß diese Umstände, eine Folge dessen, was er in früheren Inkarnationen aufgebaut hat, in diesem Leben zu einer spirituellen Weiterentwicklung führen.

Er kommt zu dem Schluß, daß Großzügigkeit und Mitgefühl gegenüber anderen, weniger Begünstigten die Einstellungen sind, die ihm helfen werden, seinen materiellen Überfluß im Sinne seines Ideals, Brüderlichkeit, einzusetzen, und notiert diese beiden geistigen Ideale an entsprechender Stelle.

Diese geistigen Ideale führen ihn zu den folgenden physischen Idealen: Er wird seine finanziellen Mittel seinen Freunden zugänglich machen, indem er ihnen, wenn sie es brauchen, Darlehen gibt, und er wird einen festen Teil seines Einkommens Bedürftigen spenden.

Wenn dieser Mann an seinen gewählten geistigen und physischen Idealen festhält, dann nutzt er seinen Reichtum tatsächlich zur Verwirklichung von Brüderlichkeit. Und indem er seinem spirituellen Ideal treu bleibt, wird er sich weiterentwickeln und sein Leben zum Ausdruck seines besten Wissens und Verstehens machen.

Beispiel 3

Stellen wir uns hier einen Mann vor, der Liebe als sein spirituelles Ideal gewählt hat, einem Arbeitskollegen gegenüber aber sehr starke Rivalitätsgefühle hegt. Seine Inkarnationsforschungen führen zu der Erkenntnis, daß seine Gefühle gegenüber diesem Kollegen aus einem früheren Leben herrühren, in dem sie beide Geschäftskonkurrenten waren. Dieses Wissen ist zwar hilfreich, versetzt aber für sich genommen diesen Mann noch nicht in die Lage, seine negativen Gefühle gegenüber dem anderen abzulegen. So beschließt er, mit Hilfe seiner Ideale seine in ihm aufgebaute Feindseligkeit zu überwinden.

Er meditiert, um sich in sein spirituelles Ideal einzustimmen, betrachtet dann die Situation mit seinem logischen Verstand und kommt zu dem Schluß, daß Freundlichkeit und Kooperationsbereitschaft die beiden geistigen Ideale sind, mit deren Hilfe er gegenüber der anderen Person Liebe manifestieren kann.

Dies führt ihn zu folgenden physischen Idealen: Er wird den Betreffenden zum Mittagessen einladen, anderen gegenüber sich nur positiv über ihn äußern und ihm Hilfe bei der Arbeit anbieten.

Wenn dieser Mann seine Einstellung aufrichtig beibehält und im Geist der Liebe handelt, unternimmt er einen wichtigen Schritt in Richtung Erweckung des inneren Christus-Musters und setzt es an die Stelle des von ihm aufgebauten karmischen Musters der Rivalität. Auch wenn die andere Person nicht freundlich auf seine Bemühungen reagieren sollte, wird unser Mann doch mit der Zeit diese karmische Situation, die Teil von ihm selbst war, überwinden. Er mag seine innere Feindseligkeit durch Liebe ersetzen, bevor diese sich im physischen Leben in einem ernsthaften Streit manifestiert. Und so hat er sich mit sich selbst unter dem Gesetz der Gnade statt dem der Ursache und Wirkung auseinandergesetzt.

Der Einsatz unserer Ideale bei der Auseinandersetzung mit dem, was wir in der Vergangenheit geschaffen haben, impliziert wichtige Arbeit auf allen drei Ebenen. Unser spirituelles Ideal muß unsere Grundabsicht und -richtung bestimmen. Und wir müssen bestrebt sein, uns daran zu halten. So vollständig wie möglich müssen wir uns immer wieder für die Einstellungen und Denkmuster entscheiden, die uns unsere geistigen Ideale vorgeben. Und wenn sich unser spirituelles Ideal in unserem Leben manifestieren soll, haben wir in Einklang mit unseren physischen Idealen zu handeln. Alle drei Aspekte müssen zusammenwirken, wenn wir die erlangten Kenntnisse über unsere vergangenen Leben dazu nutzen wollen, aus unserem gegenwärtigen Leben das Bestmögliche zu machen.

Teil II
Allgemeine praktische Übungen

Kapitel 5
Träume und Traum-Journal

Sinn und Vorgang des Träumens

Träumen ist, wie die meisten von uns wissen, eine völlig natürliche Aktivität. Wissenschaftliche Experimente haben ergeben, daß wir alle nicht nur schlafen, sondern auch träumen müssen. Doch die Tatsache, daß das Träumen selbstverständlich und natürlich ist, bedeutet nicht, daß es nur eine prosaische Angelegenheit ist. Das Land unserer Träume erstreckt sich weit über die Grenzen unserer physischen Alltagsexistenz hinaus. In den Edgar-Cayce-Readings wird sowohl auf die gewöhnlichen wie auch auf die besonderen Aspekte des Träumens eingegangen, wenn es heißt: »Es ist nicht unnatürlich! Suche darin nicht Unnatürliches oder Übernatürliches! Es... ist Natur – es ist Gottes Aktivität! Seine Verbindungen mit dem Menschen, Sein Wunsch, dem Menschen einen Weg zum Verstehen zu bahnen!« (5754-3)

Sehen wir uns, um zu begreifen, warum unsere Träume eine natürliche und zugleich eine göttliche Aktivität sein können, an, was beim Schlafen geschieht. Im Schlaf haben wir kein Bewußtsein von unserer physischen Umgebung. Die Wahrnehmung, die im Wachzustand normalerweise von der Tätigkeit unserer fünf Sinne abhängt, wird diffus. Tritt das physische Bewußtsein in den Hintergrund, können andere Aspekte unseres Wesens deutlich aktiver werden. Der Grund dafür ist der, daß die Sinnesreize aus der physischen Welt nicht mehr unsere Aufmerksamkeit monopolisieren, wie das im Wachzustand häufig der Fall ist.

Einer unserer Aspekte, der beim Träumen außerordentlich aktiv ist, wird in den Readings als der »sechste Sinn« bezeichnet. Er gehört zu den intuitiven Kräften und ist eine Eigenschaft der Seele. Und deshalb ist er auch nicht der Begrenztheit unseres geistigen Bewußtseins und physischen Körpers unterworfen. Er hat Zugang zu den Erinnerungen unserer Seele und zum universellen Bewußtsein oder den unter- und über-bewußten Ebenen. Wenn wir schlafen, erhält der sechste Sinn Informationen aus diesen beiden Quellen, und sie bilden die Grundlage unserer Träume.

Dieser Vorgang soll uns, wie aus der oben zitierten Passage eines Readings hervorgeht, eine von Gott gegebene Möglichkeit bieten, unser Verstehen zu erweitern und zu vertiefen. Damit wird betont, daß die Träume ihrem Wesen nach eine Quelle der Information und Wegweisung sind. Wie es in einem anderen Reading heißt: »Alle Visionen und Träume sind zum Nutzen der jeweiligen Person da, wenn sie nur richtig gedeutet werden ...« (294-15) Das Traummaterial kann sich auf Zustände des physischen Körpers beziehen, auf mentale Prozesse der bewußten Ebene oder der unbewußten Ebenen, oder es kann sich um Projektionen der spirituellen Kräfte in die unterbewußten Schichten handeln; mit anderen Worten, unsere Träume können uns über jeglichen unserer Aspekte, mit dem wir gerade befaßt sind, informieren.

Wollen wir uns diese Hilfe zunutze machen, dann müssen wir für sie empfänglich werden. Die Herausforderung liegt nicht darin, daß wir Führung erhalten, denn die ist uns im Innern immer zugänglich. Vielmehr scheint die Schwierigkeit im bewußten Erfassen der uns gegebenen Informationen zu bestehen. Und das erfordert, daß wir uns auf jene Fähigkeit der Seele, den sechsten Sinn, einstimmen, ihr unsere Aufmerksamkeit zuwenden. Eine Einstimmung auf die inneren seelischen Kräfte kann sowohl das Material vermehren, das über die Träume unsere bewußte Ebene erreicht, als auch unter Umständen die Qualität der Informationen verbessern. Ein Traum mag uns unterweisen oder auch irreführen. Das hängt von der Gewahrseinsebene ab, aus der er kommt, und davon, wie wir ihn deuten und nutzen.

Träume können sich auf Eindrücke aus dem allwissenden und liebenden Über-Bewußtsein gründen oder auf die der unterbewußten Schichten, in denen sich auch Fehlinformationen finden. Eine Einstimmung auf den inneren Geist Gottes sowie die ehrliche Absicht, bestmöglichen Gebrauch von den besten verfügbaren Informationen zu machen, helfen uns, unsere höchsten Aspekte zu erreichen und über unsere Träume außerordentlich wertvolles Material zu erhalten.

Auch in Fällen sehr präziser Traumbotschaften besteht die Möglichkeit, sie auf der Verstandesebene zu mißdeuten. Hier kann eine Einstimmung auf die inneren intuitiven und spirituellen Kräfte – sozusagen ein größeres Vertrautwerden mit diesen Aspekten von uns – den Verstand unterweisen, die wahre Bedeutung der Träume besser zu erschließen. Und schließlich kann auch die Ausrichtung an unserem Ideal bei der Einschätzung und Deutung unseres Traummaterials eine wichtige Rolle spielen. Wenn wir uns beharrlich auf unser bestes Wissen konzentrieren, werden wir versierter in unseren Entscheidungen, welche mögliche Deutung der Traumbotschaften in Einklang mit Gottes Willen steht und uns so zu leben hilft.

Die Rolle der Träume bei der Erforschung vergangener Leben

Beim Träumen bringt uns der sechste Sinn Material aus den unter- und über-bewußten Ebenen. Die Tiefenschichten unseres Bewußtseins enthalten unter anderem die Erinnerungen unserer Seele an Erfahrungen vergangener Leben, und das Über-Bewußtsein ist allwissend und hat Zugang zur Akascha-Chronik, in der alles Geschehen in Zeit und Raum verzeichnet ist. Beide Traumquellen können uns also mit medialer Information versorgen, einschließlich der Erinnerungen an frühere Inkarnationen.

Da viele von uns nicht allzu häufig erkennbare Träume über vergangene Leben haben, denken wir vielleicht, daß der sechste Sinn relativ selten derartiges Material erhält. Dem Cayce-Material zufolge stimmt das nicht. Wenn wir schlafen, besteht eine der Hauptfunktionen des sechsten Sinns darin, unsere Aktivitäten des Tages mit den Idealen zu vergleichen, die unsere Seele im Laufe vieler Leben aufgebaut hat, und unsere Träume sind Darstellungen dieses Vorgangs. Somit nimmt unser sechster Sinn Informationen aus vergangenen Leben sozusagen in nächtlicher Routine auf.

Sicher wird die Darstellung eines Ideals aus einer früheren Inkarnation wohl nicht so einfach als Traum über ein vergangenes Leben erkannt werden wie etwa die Schilderung eines vormaligen Ereignisses. Aber die Tatsache, daß wir nächtliche Botschaften von einem unserer Aspekte erhalten, der Zugang zu solchen Kenntnissen hat, beweist, daß uns unsere Träume potentiell mehr von unseren früheren Inkarnationen zeigen können, als allgemein angenommen wird, könnten wir nur dieses Material bewußt erinnern und als solches erkennen.

Wir erwähnten bereits, daß die Einstimmung auf den inneren Geist uns helfen kann, aus dem Traumleben soviel wie möglich herauszuholen. Das stimmt auch umgekehrt: Wenn wir unsere Träume verstehen, kann das jene Einstimmung befördern. Da hier Vergleiche zwischen unseren gegenwärtigen Aktivitäten und unseren Idealen angestellt werden, liefern sie uns wichtige Hinweise auf unsere aktuelle Anwendung dieser Prinzipien. Das mag uns begreifen lassen, wie wichtig es ist, nach unserem besten Wissen zu leben. Und es kann unseren Entschluß festigen, unser Ideal zu erkennen und ihm treu zu bleiben. Die im Traum erhaltenen Hinweise auf frühere Inkarnationen mögen uns zudem die Kontinuität unserer Existenz und unsere spirituelle Identität stärker bewußt machen und uns unsere Beziehung zu Gott besser verstehen lassen.

Das Träumen ist eine der sichersten und natürlichsten Methoden, durch die wir zuverlässige und relevante Kenntnisse über unsere früheren Leben erhalten können. Indem Träume uns Informationen über vergangene Leben liefern und innere Führung anbieten, erfüllen sie nur ihre natürliche Funktion; es geht dabei nicht um irgendwelche besonderen Ereignisse. Die Zugänglichkeit dieses Materials ist das natürliche Resultat der Arbeit des sechsten Sinns, mit den persönlichen Erinnerungen unserer Seele und dem Über-Bewußtsein in Kontakt zu kommen.

Wenn einige Träume auf unterbewußter Ebene auch Mitteilungen äußerer Quellen enthalten mögen, so ist das Träumen doch vor allem ein innerlicher Prozeß. Unterbewußte Aspekte Ihres Selbst wählen das Material aus und präsentieren es Ihrem Bewußtsein. Damit sind Träume vor Verzerrungen von außen relativ gefeit. Und da Träume weitgehend aus einem Vergleich zwischen Ihrem gegenwärtigen Verhalten und Ihrem Ideal bestehen, können Sie sicher sein, daß sie für die Gegenwart relevant sind. Sie wählen das Material, das für Ihre jetzige Situation vermutlich am hilfreichsten ist, und übermitteln es sich selbst zu einer Zeit, da Sie es am besten verstehen und nutzen können.

Unter welchen Bedingungen kommt es nun wohl am wahrscheinlichsten zu einem Traum über ein vergangenes Leben? Einer der stärksten Auslöser ist das aktuelle Bedürfnis nach solchen Informationen. Der tiefere Sinn der Träume ist es, uns *verstehen zu lassen.* Und wenn dieses notwendige Verstehen am ehesten mit Hilfe von Material über ein vergangenes Leben erreicht werden kann, dann besteht auch die größte Chance, dieses zu erhalten, vorausgesetzt, wir sind dafür offen.

Ein weiterer Auslöser kann ein Ereignis sein, in dem ein Erlebnis einer früheren Inkarnation widerhallt. Die Begegnung mit einer Person, die wir schon früher kannten, eine Situation, die einer aus ferner Vergangenheit gleicht, Orte, an denen wir schon einmal gelebt haben, sind Beispiele für Ereignisse, die die fernen Erinnerungen der Seele wachrufen können. Vergleichbares geschieht in dem uns wohl allen vertrauten Fall, da ein Erlebnis uns plötzlich ein früheres Ereignis dieses Lebens ins Gedächtnis ruft, an das wir schon sehr lange nicht mehr gedacht hatten. Offensichtlich können die Erinnerungen unserer Seele an frühere Inkarnationen auf ähnliche Weise aktiviert werden. Denken Sie daran, daß ein so ausgelöster Traum sehr wahrscheinlich für die gegenwärtige Situation relevant und nützlich ist. Unsere Erinnerungen an frühere, ähnliche Umstände, unsere Reaktion darauf und deren Folgen können uns Hinweise auf die bestmögliche Reaktion oder Entscheidung in der Gegenwart liefern.

Traummaterial über vergangene Leben als solches zu erkennen kann schwierig sein. Manche Leute mögen zwar zuweilen ein ganzes Inkarnationsdrama in ihren Träumen dargestellt finden, aber normalerweise sind derartige Informationen nicht so deutlich, und deshalb mögen ein paar Hinweise, worauf man achten soll, ganz nützlich sein.

Normalerweise wird die träumende Person in der Lage sein, sich mit einer Figur in irgendeinem Traum zu identifizieren. Wenn sich diese Gestalt von der gegenwärtigen Persönlichkeit des Träumers durch solche Merkmale wie Rasse, Nationalität oder Geschlecht unterscheidet, ist das ein Hinweis darauf, daß sich der Traum eventuell auf ein anderes Leben bezieht.

Manchmal spielt sich ein ganzer Traum in einer anderen Zeit oder Umgebung ab, was ebenfalls ein deutlicher Anhaltspunkt für einen Inhalt ist, der mit vergangenen Leben zu tun hat. Weitaus häufiger aber wird der Hinweis nur aus einem einzigen Element der Szenerie bestehen, wie etwa Architektur, Kleidung oder auch ein Gegenstand aus der Gegenwart, den die träumende Person mit einer anderen Örtlichkeit oder Zeit assoziiert. Solche Einzelheiten sind leicht zu übersehen, aber mit ein wenig Übung und Achtsamkeitstraining werden wir sie leichter ausfindig machen können.

Ein weiterer möglicher Anhaltspunkt ist das intuitive Gefühl der träumenden Person, daß es hier um eine frühere Inkarnation geht. In diesem Fall sollte man sich den Trauminhalt ganz besonders sorgfältig anschauen, um festzustellen, ob noch andere Elemente diesen Eindruck bestätigen.

Was das Studium der Träume und seelisches Wachstum im allgemeineren angeht, so wäre es gut, das Empfangen von Material über vergangene Leben als Instrument, nicht als Ziel an sich anzufassen. Das Hauptziel bei der Arbeit mit jedem Traum besteht in der Entwicklung eines wachsenden Selbst-Verständnisses und der Fähigkeit, unser gegenwärtiges Leben so gut wie möglich zu leben. Informationen über frühere Leben können oft sehr viel zur Selbsterkenntnis und zur Führung, die uns ein Traum anbietet, beitragen, und deshalb sollten wir uns alle Mühe geben, solches Material, wenn es hochkommt, zu erkennen und zu nutzen. Trotzdem bleibt noch die wesentliche Frage: Wie kann mir dieser Traum helfen, jetzt das Beste aus meiner Situation zu machen? Die Beantwortung dieser Frage und die konstruktive Nutzung der Antwort werden sicherstellen, daß die zentrale Absicht eines jeglichen Traumes erfüllt wird.

Die Bedeutung eines Traum-Journals

Wir wollen nun einen Blick auf einige spezifische Methoden werfen, die Quantität und Qualität der durch Träume erhaltenen Informationen befördern und uns dabei helfen, sie im Alltag bestmöglich anzuwenden. Die folgenden Hinweise sind sicherlich keine vollständige Aufzählung dessen, was zu einer effektiven Traumarbeit beitragen kann, sie werden Sie aber zumindest in die richtige Richtung führen.

Im folgenden Abschnitt konzentrieren wir uns darauf, wie wir Träume erinnern, aufzeichnen, deuten und ihre Botschaften nutzen. Für alle vier Aspekte dieser Traumarbeit ist das Führen eines Traum-Journals außerordentlich wichtig. Es sollte praktisch angelegt sein, so daß Sie Ihre Eintragungen bequem machen können, und an einem bestimmten Ort aufgehoben werden, damit Sie jeder Zeit danach greifen können. Für die meisten Leute bietet sich hier ein Heft nur für diesen Zweck an.

Ein solches Journal ist für die Traumarbeit in verschiedener Hinsicht nützlich. Schon die Tatsache, daß Sie es haben, wird Sie mehr Träume erinnern lassen, denn dadurch, daß Sie sich eines besorgen, signalisieren Sie Ihrem Unterbewußten, daß Sie sich ernsthaft anhören wollen, was es zu sagen hat.

Das Journal wird Ihnen auch helfen, die nötige Selbstdisziplin aufzubringen. Wenn Sie nämlich aufwachen und nur über Ihre Träume nachdenken, werden Sie möglicherweise über wichtige Einzelheiten flüchtig hinweggehen oder Ihre eigentliche Traumarbeit ›auf später‹ verschieben. Wenn Sie sich die Zeit nehmen, Ihre Träume beim Aufwachen aufzuschreiben, werden Ihre Bemühungen auf diesem Gebiet lohnender sein.

Vor allem in Fällen, in denen die Bedeutung eines Traums nicht unmittelbar ersichtlich ist, kann das Aufschreiben eine große Hilfe sein. Eine taugliche Interpretation wäre später, wenn Sie sich nur auf Ihr Gedächtnis verlassen würden, sehr erschwert. Haben Sie den Traum aber schriftlich festgehalten, können Sie ihn sich leichter wieder vergegenwärtigen, indem Sie Ihre Aufzeichnungen nochmals durchlesen und nach einigem logischen und intuitiven Nachdenken zu Schlußfolgerungen über seine Botschaft kommen.

In vielen Fällen haben wir eine ganze Reihe von Träumen zum selben Grundthema entweder in einer Nacht oder über mehrere Nächte verteilt. Hier kann unser Traum-Journal von unschätzbarem Wert sein, denn es erlaubt uns einen Vergleich zwischen einem früheren und einem späteren Traum zu einem gegebenen Thema, und jeder dieser Träume verhilft uns zu tieferen Einsichten in die Bedeutung des jeweils anderen.

Und ganz besonders nützlich ist das Traum-Journal in Verbindung mit der Erforschung vergangener Leben. Wie wir schon erwähnten, haben die meisten Leute relativ selten einen Traum, der ein umfassendes Bild von einer früheren Inkarnation vermittelt. Weitaus häufiger erhalten wir solche Informationen Stück für Stück, wobei die verschiedenen Details einer Erfahrung aus einem anderen Leben über mehrere Träume verstreut sein können, manchmal über einen Zeitraum von Wochen, Monaten oder Jahren. Wenn wir hoffen, diese Mosaiksteinchen irgendwie zusammensetzen zu können, dann brauchen wir Aufzeichnungen, auf deren Genauigkeit wir uns verlassen können.

Wie wir unser Erinnerungsvermögen in bezug auf Träume steigern können

Setzen wir nun voraus, daß Sie mit Ihren Träumen arbeiten wollen und sich auch ein eigenes Journal zugelegt haben – was können Sie nun zunächst tun, um nützliches Traummaterial zu erhalten und sich auch daran zu erinnern:

1. Bewahren Sie sich eine forschende und aufgeschlossene Einstellung. Seien Sie so aufrichtig und umfassend wie möglich aufnahmebereit für das, was Ihnen Ihr Unterbewußtsein und Ihr Über-Bewußtsein zu zeigen und anzubieten haben. Sie können nicht erwarten, daß Ihnen diese tieferen Schichten Ihres Selbst Führung zukommen lassen, wenn Sie nicht bereit sind, ihr zu folgen.
2. Machen Sie es sich zur Gwohnheit, sich meditativ in den inneren Geist einzustimmen. Dadurch werden Sie seine Stimme allmählich besser erkennen, und das wiederum wird Ihr Wahrnehmungsvermögen für seine Eingebungen in Träumen wie auch im Wachzustand schärfen.
3. Geben Sie sich vor dem Einschlafen die Suggestion, daß Sie sich an Ihre Träume erinnern werden. Versuchen Sie hier nicht, ihren Inhalt vorzuprogrammieren; bekräftigen Sie nur, daß Sie sich beim Aufwachen an das, was Sie geträumt haben, erinnern werden.
4. Bewahren Sie Ihr Journal und einen Stift neben dem Bett auf. Ihrem Unterbewußten prägt sich damit ein, daß Sie es mit Ihrer Traumarbeit ernst meinen. Außerdem ist es so am einfachsten, gleich nach dem Erwachen die Träume aufzuschreiben.
5. Bleiben Sie nach dem Aufwachen einen Augenblick ruhig liegen und gehen Sie in Gedanken die Einzelheiten Ihrer Träume durch. Eines der größten Hindernisse bei der Erinnerung an Träume ist die Aktivierung des Körpers. Wenn Sie herumlaufen, bevor Sie sich Ihren Traum fest eingeprägt haben, empfängt Ihr Gehirn zu viele Sinnesinformationen, die dann Ihre Traumeindrücke aus dem Bewußtsein verdrängen können.
6. Schreiben Sie dann den Traum oder die Träume sofort auf. Auch hier geht es darum, daß Sie das Material möglichst genau zu Papier bringen, bevor Ihr Bewußtsein von Umständen und Ereignissen Ihrer physischen Umwelt abgelenkt wird.
7. Wenn Sie nicht die Zeit haben, Ihre Träume aufzuschreiben, dann sprechen Sie sie auf Tonband. Sie können sie später in Ihr Journal übertragen. Wenn Sie sich dieser Methode sehr häufig bedienen, stellen Sie Ihr Tonbandgerät ans Bett.

8. Bleiben Sie beharrlich bei Ihrer Traumarbeit. Auch auf diese Weise prägt sich Ihrem Gesamtselbst ein, daß Sie es mit Ihrer Arbeit ernst meinen.
9. Was immer Sie an Führung durch Ihre Träume erhalten, nutzen Sie sie im Alltag. Wenn Sie das neuerworbene Wissen einsetzen, wird Ihnen weiteres zugänglich sein: »Die Anwendung erkannter Wahrheiten mag zur Erkenntnis größerer Wahrheiten führen ...« (97-2)

Wie Sie Ihre Träume aufzeichnen

Wenn Sie sich beim Aufwachen an einen Traum erinnern, dann ist Ihr erster Arbeitsschritt sein Festhalten in Ihrem Journal. Es folgen nun einige Vorschläge, wie Sie diese Eintragungen so sinnvoll wie möglich gestalten können. Nach einiger Zeit stellen Sie vielleicht fest, daß Sie leichte Änderungen vornehmen wollen, um besser damit arbeiten können. Fühlen Sie sich in einem solchen Fall völlig frei und richten Sie sich nach Ihren individuellen Bedürfnissen. Die folgenden Empfehlungen sollen nur hilfreiche Hinweise sein, keine eisernen Regeln.

1. Fangen Sie mit dem äußeren Rahmen Ihres Traums an, beschreiben Sie Zeit und Ort des Geschehens.
2. Schreiben Sie zusammenfassend die Hauptsequenzen der Ereignisse auf, identifizieren und beschreiben Sie die Hauptcharaktere und vermerken Sie, wer was tut.
3. Notieren Sie individuelle Symbole, die Ihnen auffallen.
4. Beschreiben Sie die Gefühle und Emotionen, die Sie im Traum hatten. Vermerken Sie, welcher Art und wie intensiv sie waren, und alle Umstände, Ereignisse oder Personen des Traums, die in Ihnen diese Gefühle am stärksten hervorzurufen schienen. Dies ist ein sehr wichtiger Teil Ihrer Journaleintragungen, denn die durch ein bestimmtes Symbol oder einen bestimmten Vorfall ausgelösten Empfindungen können Ihnen viel über ihre Bedeutung sagen.

5. Datieren Sie jede Eintragung. Sollten Sie nämlich eine Reihe von Träumen zu einem bestimmten Thema oder einer bestimmten Situation in Ihrem Leben haben, dann können Sie anhand der Datierung erkennen, welchen Entwicklungsverlauf diese Umstände und Ihre Wahrnehmung davon nahmen, was Ihnen wiederum helfen kann, mit der ganzen Situation besser fertigzuwerden.
   Ein weiterer Grund für eine solche Datierung ist der, daß unsere Träume zuweilen künftige Ereignisse unseres Alltagslebens ankündigen. Tatsächlich wird uns in den Cayce-Readings gesagt: »Jede Situation, die zur Realität wird, wird zuerst geträumt.« (136-7) Die datierte Eintragung in Ihrem Journal wird Ihnen in diesem Fall helfen, die präkognitive Natur eines Traumes zu verifizieren. Und das kann zu einem besseren Verständnis Ihrer eigenen medialen Fähigkeiten beitragen.
6. Notieren Sie jeweilige besondere Probleme oder Umstände, die zum Zeitpunkt des Traumes existieren. Einer der wichtigsten Faktoren, die den Inhalt eines Traums bestimmen, ist die gegenwärtige Situation des Träumenden. Wenn Sie den Traum zu den größeren Problemen oder Themen, die Sie bewegen, in Beziehung setzen, zeigt das Ihnen manchmal auf einen Blick den Lebensbereich, auf den sich der Traum insgesamt bezieht, und das macht die Deutung seiner Einzelelemente sehr viel leichter.
7. Wenn Sie bei der Interpretation Ihres Traums wie angegeben vorgehen wollen, dann schreiben Sie alle Einsichten, die Ihnen zur Bedeutung des Traumes kommen, auf.
8. Vielleicht wollen Sie auch alle Elemente von Führung vermerken, die Ihnen ein Traum Ihrem Gefühl nach zukommen ließ, die Handlungen, die sich daraus ergaben, und deren Resultate.

Dies bringt uns zu jenem Schritt bei der Traumarbeit, der viele Leute am meisten einschüchtert – die Interpretation eines Traumes. »Ich weiß nichts über Psychologie«, so mögen manche sagen. »Wie soll ich denn herausfinden, was dieser Traum bedeutet?« Diese Person übersieht eines. Sie mag vielleicht keine akademischen Grade in Psychologie haben, aber sie ist der Welt größter Experte in dem Bereich, der hier am meisten zählt – die eigene Person. Träume sind Botschaften von uns selbst an uns selbst über uns selbst. Die Cayce-Readings geben immer wieder der Anschauung Ausdruck, daß die zur Interpretation eines Traums bestqualifizierte Person der Mensch ist, der ihn träumt, denn er weiß am meisten über sein eigenes Leben. Selbstvertrauen ist nicht nur außerordentlich hilfreich, sondern auch absolut angemessen, wenn wir uns daranmachen, die Bedeutung unserer eigenen Träume zu entschlüsseln.

Aufgeschlossenheit und Objektivität sind hier ebenfalls sehr wichtig. Wir müssen offen sein für jedwede Hinweise und Ratschläge, die unsere Träume enthalten mögen, wenn wir ihre wahre Bedeutung verstehen wollen. Und wir müssen objektiv sein und nicht nur nach dem suchen, was wir gern sehen möchten; wir müssen bereit sein zu erkennen und zu akzeptieren, was die tieferen Schichten unseres Selbst entschieden haben, uns wissen zu lassen, auch wenn diese Botschaften zuweilen unserem Bewußtsein nicht ganz lieb sein sollten.

Haben wir uns auf diese Herangehensweise eingerichtet, dann ist der nächste Schritt die Entdeckung der allgemeinen Bedeutung eines Traums. Dazu lesen Sie in Ihrem Journal den Abschnitt durch, der Ihre Zusammenfassung des Traums enthält; versuchen Sie, festzustellen, auf welchen Lebensbereich er sich bezieht. In einigen Fällen mag das recht deutlich aus dem Trauminhalt hervorgehen – in anderen Fällen kann das schwieriger werden.

Sie müssen sich vielleicht eine Reihe verschiedener Lebensaspekte vergegenwärtigen, auf die sich der Traum beziehen könnte. Denken Sie über jede dieser Möglichkeiten einen Augenblick nach und wenden Sie sich dann Ihrem intuitiven Selbst zu. Werden Sie innerlich still, konzentrieren Sie sich auf einen der Bereiche, die der Traum ansprechen könnte, und achten Sie dann auf Ihre innere Reaktion: Ist dies wirklich das Thema des Traums? Gehen Sie auf diese Weise alle Alternativen durch. Ihr spontanes Gefühl ist hier vermutlich genauer als eine logische Schlußfolgerung des Verstands. Mit einiger Übung werden Sie für Ihre inneren Eingebungen in bezug auf Ihre Träume zunehmend sensibler werden und deren wesentliche Themen genauer bestimmen können.

Nachdem Sie herausgefunden haben, auf welchen Lebensaspekt sich Ihr Traum bezieht, wenden Sie sich den Gefühlen zu, die er in Ihnen ausgelöst hat. Das kann Sie die generelle Tendenz der Traumbotschaft erkennen lassen – ob sie Sie zum Beispiel ermahnt, ein destruktives Denk- oder Handlungsmuster zu verändern, ermuntert, ein positives Muster beizubehalten, oder Sie vor einem auf Sie zukommenden Problem warnt. Wenn Sie die Grundabsicht eines Traums verstehen, wird Ihnen das bei der späteren Entscheidung, wie Sie reagieren sollen, helfen.

Haben Sie über das allgemeine Thema und die Absicht des Traumes entschieden, dann sehen Sie sich als nächstes die besonderen Symbole an, die hier wichtig erscheinen. Sie werden feststellen, daß die Zuordnung des Traumes zu einem bestimmten Lebensbereich diese Aufgabe erleichtert, weil auch die Bedeutung der Symbole mit dem gegebenen Thema zu tun haben wird. Schauen Sie sich an, wie die einzelnen Bilder und Gestalten des Traums zueinander in Beziehung stehen, und achten Sie besonders auf Elemente aus jenem Bereich Ihres Lebens, mit dem sich der Traum generell befaßt. Wir suchen hier nach Bezügen zwischen dem Traum und Ihrem Alltag, und deshalb kann jede Ihnen im Wachzustand bewußte Information über den angesprochenen Bereich dienlich sein, die diesbezügliche Bedeutung des Traumes zu entschlüsseln.

An eines sollten Sie dabei denken: Es sind *Ihre* Symbole. Sie sollen *Ihnen* eine Botschaft übermitteln. Was die Traumbilder für einen anderen Menschen bedeuten, ist unwesentlich; was sie für Sie bedeuten, ist dagegen alles. Lassen Sie sich nicht allzu sehr darauf ein, das ›Traumwörterbuch‹ von jemand anderem durchzugehen, um für ein bestimmtes Symbol eine genormte Bedeutung zu finden. Suchen Sie in sich selbst nach der persönlichen Bedeutung, und bedienen Sie sich dabei Ihres analytischen Verstands und Ihrer Intuition.

Hier noch ein weiterer Hinweis für die Entschlüsselung von Traumsymbolen. So wie sich manchmal Träume Nacht für Nacht wiederholen, tauchen gelegentlich auch Symbole in einer Reihe von Träumen immer wieder auf. Wenn das der Fall sein sollte, dann ist es möglich – aber nicht unbedingt sicher –, daß das Symbol in diesen Träumen eine ganz bestimmte Bedeutung hat. Wenn Sie dessen Bedeutung in einem der Träume zu erkennen glauben, dann überprüfen Sie, ob sie auch für die anderen zutreffen könnte.

Wenn Sie Probleme haben, die Botschaft eines Traums zu verstehen, können Sie Verschiedenes tun. Sie können zum Beispiel beten. Sie erhielten den Traum ja über den sechsten Sinn, der der Seele angehört. Durch das Gebet drücken wir den Wunsch aus, die seelischen Kräfte und der Geist Gottes mögen in unserem Leben aktiver werden. Und damit stimulieren wir den natürlichen Drang der Seele, mit uns zu kommunizieren, und werden gleichzeitig sensibler für das Material, das sie uns zukommen läßt. Das kann dazu führen, daß wir entweder in der Meditation oder als intuitive Einsicht oder in einem weiteren Traum nochmals die gleiche Botschaft erhalten, diesmal aber in einer für uns verständlicheren Form.

Wir können aber auch auf unser Journal zurückgreifen und die Eintragungen über die anderen Träume, die wir etwa zur gleichen Zeit hatten, nachlesen. Da Traumbotschaften manchmal über eine gewisse Zeit hinweg immer wiederholt werden, mag uns das auf ein gegenwärtig vorherrschendes Thema aufmerksam machen. Wir können so vielleicht die Träume ausfindig machen, die mit dem für uns problematischen Traum in Beziehung stehen, und mit deren Hilfe den Sinn diesesTraumes entschlüsseln.

Wenn schließlich gar nichts helfen sollte, dann lassen Sie einen solchen Traum für eine Weile auf sich beruhen. Mag sich Ihr

Unterbewußtsein ein paar Tage damit befassen, bevor Sie darauf zurückkommen. Unter Umständen werden Sie feststellen, daß sich Ihre Perspektive so weit verändert hat, daß Sie nun bei neuerlicher Betrachtung die Bedeutung des Traums erkennen können. Oder Sie hatten vielleicht inzwischen einen weiteren, verständlicheren Traum zum selben Thema und können nun begreifen, was der erste Traum Ihnen sagen wollte.

Wie Sie Ihre Träume praktisch anwenden

Manche Leute, die sich für Träume interessieren, neigen dazu, mit der Interpretation ihrer Träume die Arbeit als beendet zu betrachten. Eine solche Einstellung stellt aber keine sonderliche Ermunterung zur bestmöglichen und konstruktiven Nutzung unserer Träume dar. Was immer an Botschaft ein Traum auch beinhalten mag, sie hat ihren Grund. In bestimmter Hinsicht soll sie auch zur Qualität unseres Lebens im Wachzustand beitragen. Und hier wird sich kein sonderlicher Unterschied zeigen, wenn wir uns an die Träume erinnern, sie aufschreiben und interpretieren, unsere neu erworbenen Kenntnisse aber nicht anwenden.

Um nun darüber zu entscheiden, wie das gegebene Material angewandt werden soll, konzentrieren Sie sich zuerst auf den Lebensaspekt, auf den sich der Traum bezieht. Bedenken Sie, wenn möglich, die alternativen Handlungsweisen in Ihrem Alltagsleben, auf die die verschiedenen Traumereignisse hinweisen. Gehen Sie die verschiedenen möglichen Alternativen in diesem speziellen Lebensbereich durch, setzen Sie jede zum Trauminhalt in Beziehung, und schauen Sie sich an, was der Traum Ihnen über das wahrscheinliche Resultat zu sagen hat. Achten Sie auf die Gefühle, die der Traum in Ihnen hervorrief, denn über sie können Sie erfahren, ob eine bestimmte Reaktion auf die gegebene Situation wünschenswert ist oder vermieden werden sollte.

Wenn Sie sich auf der Grundlage Ihrer Trauminterpretation für eine bestimmte Handlungsweise entschieden haben, dann überprüfen Sie sie mit Ihrem logischen Verstand und stellen Sie fest, ob sie sich mit dem, was Sie auf bewußter Ebene über diese Situation wissen, verträgt. Messen Sie sie dann an Ihrem Ideal. Wird ein solches Handeln wirklich Ihrem spirituellen Standard, Ihrem leitenden Lebensmotiv Ausdruck verleihen? Vielleicht wollen Sie meditieren, sich in Ihr Ideal einstimmen, um hier zu richtigen Schlußfolgerungen zu kommen. Sollte sich herausstellen, daß die von Ihnen in Betracht gezogene Handlungsweise diesem Maßstab nicht genügt, dann wenden Sie sich den anderen Alternativen zu, und stellen Sie fest, ob eine von Ihnen zu positiveren Resultaten führt.

Und schließlich: Unternehmen Sie etwas mit den Hinweisen, die Sie bekommen haben! Auch wenn Ihre Interpretation nicht ganz korrekt sein sollte, werden Sie nicht allzu sehr fehlgehen können, wenn Sie sich an Ihr Ideal, Ihr bestes Wissen halten. Und wir haben die Versicherung, daß uns umfassenderes Verstehen zuteil werden wird, wenn wir entsprechend unserer bestmöglichen Vorstellung handeln.

Beispiel

Der ganze Vorgang – den Traum erinnern, aufschreiben, interpretieren und etwas damit anfangen – mag an diesem Punkt extrem langwierig und kompliziert erscheinen. In Wirklichkeit aber werden Sie häufig weniger Zeit zum Aufschreiben und Interpretieren eines Traums brauchen als zum Lesen dieses Kapitels. Schauen wir uns zur Verdeutlichung dessen, was eine Eintragung in Ihr Traum-Journal beinhalten mag, an, wie ein sehr kurzer, einfacher Traum aufgeschrieben, interpretiert und angewandt werden kann. Denken Sie daran, daß die Interpretation unseres hypothetischen Träumers nicht unbedingt mit dem übereinstimmt, wie Sie oder jemand anders es sehen würden. Stets zählt aber die individuelle Bedeutung, die ein Traum für die Person hat, die ihn träumt.

(Datum):
Szenerie: In meinem Auto, auf der Straße, Abenddämmerung.
Handlung: Ich fahre die Straße entlang, allein. Draußen wird es

dunkel. Ich merke, daß einer meiner Scheinwerfer sehr trübe wird.
Symbole: Auto, Scheinwerfer.
Gefühle: Vage Unsicherheit, Vorahnung; keine starke Angst, aber ich habe das Gefühl, wenn ich nichts wegen des Scheinwerfers unternehme, könnte etwas Ernsthaftes passieren.
Situation im Wachzustand: Angst, daß ich meinen Terminplan bei der Arbeit nicht einhalten kann; fühle mich physisch etwas abgeschlafft.
(Der Rest der Eintragungen muß nicht gleich nach dem Aufwachen erfolgen. Aber es wäre gut, wenn Sie sie machen, solange der Traum noch einigermaßen frisch im Gedächtnis ist.)
Interpretation:
Allgemeiner Bereich: Machte eine Mini-Meditation, um festzustellen, ob sich der Traum auf meinen Job bezieht – schien nichts zu klingeln; stärkstes Gefühl, daß er sich auf meine Gesundheit bezieht; Annahme, es könnte sich auch direkt um das Auto handeln.
Gefühle: Wegen dieser Vorahnung, es stimmt vielleicht etwas mit meiner Gesundheit oder mit dem Auto nicht: Sollte das besser überprüfen, bevor etwas Ernsthaftes passiert.
Symbole: Wenn es um die Gesundheit geht: Auto – Körper; Scheinwerfer – Auge. Geht es um das Auto: klare Sache.
Mögliche Anwendung: Augen überprüfen lassen, Scheinwerfer überprüfen.
Resultat: Überprüfte Scheinwerfer – scheinen o.k. zu sein; habe für morgen einen Termin beim Augenarzt vereinbart.

Wichtig an diesem Beispiel ist, daß der Träumer in bezug auf seine Botschaft etwas unternommen hat. In gewisser Hinsicht sind die Erinnerung, das Aufschreiben und die Interpretation eines Traums nur Zwischenschritte, die uns zum Punkt bringen, an dem wir aktiv auf die erhaltene Information reagieren. Unabhängig von ihrem spezifischen Inhalt sind unsere Träume zu unserem Nutzen da, geben uns Ratschläge und Hinweise. Was wir damit anfangen, bestimmt, in welchem Umfang sie ihren Sinn erfüllen.

Kapitel 6
Meditation

Sinn der Meditation

Es gibt eine Reihe von Meditationsschulen, die alle ihr eigene zentrale Absicht verfolgen. Sie unterscheiden sich auch in ihren Techniken, die auf das jeweils angestrebte Ziel abgestimmt sind. Für einige stellt die Meditation eine Methode des Rückzugs aus den Belangen des physischen Lebens dar. Hier werden im Normalfall Praktiken angewandt, die die Aktivitäten des denkenden Bewußtseins vorübergehend abstellen sollen. Andere wollen über die Meditation bestimmte Fähigkeiten entwickeln, häufig solche medialer oder okkulter Natur. Deshalb konzentrieren sie sich in der Meditation auf diese Anlagen und benutzen zu ihrer Beförderung zum Beispiel die Visualisierung.

Die in den Edgar-Cayce-Readings verfolgte Absicht der Meditation ist ganz einfach die, uns Gott näherzubringen. »Du hast die Meditation zur Verfügung, weil du dich in die Schöpferischen Kräfte einstimmen möchtest. Du hast die Meditation nicht... weil du dich besser fühlen, sondern weil du dein Selbst mit dem Unendlichen in Einklang bringen willst!« (1861-18). Hier ist es nicht das Ziel, Körper und Intellekt zu entfliehen, sondern beide sollen mit ihrer spirituellen Quelle in Übereinstimmung gebracht werden. Diese Meditationsform besteht nicht im Sinnen oder Tagträumen oder darin, daß wir den Kopf leer machen. Hier bringen wir uns innerlich zur Ruhe und konzentrieren uns auf den inneren Geist Gottes. Dann kann Seine Energie uns durchströmen und sich in allen unseren Lebensaspekten ausdrücken.

Eine Meditation dieser Art wird nicht unternommen, um irgendwelche speziellen Vorteile oder besonderen Fähigkeiten, gleich ob medialer oder anderer Natur, zu erlangen. Es geht nicht ums Bekommen, sondern ums *Werden*. Es geht um das Bestreben, Gott näher zu sein, eine bessere Manifestation Seiner Liebe zu werden. Wenn wir uns diesem Ziel zuwenden, werden wir zum effektiveren Kanal der göttlichen Energie des Geistes. Wir werden uns dessen Aktivität in unserem Leben bewußter, sind uns unserer Seele mehr gewahr. Und wenn das geschieht, entwickeln sich unsere medialen Fähigkeiten ganz natürlich, denn das Mediale gehört der Seele an.

Hier können wir sehen, warum die Meditation eine so wichtige Rolle bei der Steigerung unseres Erinnerungsvermögens an frühere Inkarnationen spielt. Sie schärft unser Wahrnehmungsvermögen für die Botschaften des Geistes im Innern. Nach Anschauung der Cayce-Readings meditieren wir nicht mit dem direkten Ziel, uns an vergangene Leben zu erinnern oder irgendwelche medialen Kräfte zu entfalten; wir versuchen nicht, unsere Meditation vorzuprogrammieren, um derartige Informationen abzurufen. Aber wenn wir die Meditation zur beständigen Praxis machen, wird sich unser Erinnerungsvermögen an frühere Leben ganz natürlich als Aspekt des seelischen Wachstums entfalten. Wenn wir uns der inneren Quelle göttlicher Weisheit nähern, erhalten wir alle nötigen Informationen, wann immer wir sie brauchen und nutzen können.

Die große Bedeutung der Meditation bei unserer spirituellen Suche ergibt sich aus unserer Geschichte als Seelen. Wir wurden als spirituelle Wesen erschaffen, ein jedes Abbild Gottes, von Ihm geprägt. Am Anfang verfügten wir über ein vollkommenes über-bewußtes Gewahrsein von der Anwesenheit unseres Schöpfers. Aber wir benutzten unseren freien Willen, um gegen Gott zu rebellieren, und trennten uns selbst von ihm. Wir bauten sowohl in das, was unser Unterbewußtes und unser Bewußtes werden sollte, wie auch in die physischen Körper, in denen sich unsere Seelen schließlich inkarnieren würden, Defekte ein.

Aber die Einprägung Gottes, da sie göttlicher Natur ist, wurde nicht zerstört. Auf tiefster Bewußtseinsebene haben wir uns unser über-bewußtes Gewahrsein von unserer Einheit mit Gott weiter bewahrt. Wir achten nur nicht mehr sonderlich darauf, weil wir so viele lieblose Muster in unserem Unterbewußten und im Bewußtsein aufgebaut haben. Um all das zu werden, was wir als Kinder Gottes sein können, müssen wir uns unseres Schöpfers wieder gewahr werden.

Meditation hilft uns dabei, indem sie Körper, Geist und tiefere Bewußtseinsschichten zur Ruhe bringt und wir so auf die innere Stimme Gottes hören können. Ihre Wirksamkeit gründet sich auf die Gewißheit, daß Er wirklich und wahrhaftig in uns wohnt und daß der göttliche Geist, der immer nach Ausdruck strebt, sich durch unser Leben manifestieren wird, sofern wir es zulassen.

Definition der Meditation

Meditation, wie sie in den Edgar-Cayce-Readings beschrieben wird, beinhaltet Kommunikation mit Gott. Für viele Menschen ist das gleichbedeutend mit Gebet, und für sie mag der Unterschied zwischen Meditation und Gebet nicht ganz klar sein. Aber obwohl beides miteinander zusammenhängt, bestehen doch ganz klare Unterschiede. Um sie deutlich zu machen, wollen wir uns die Definitionen von Gebet und Meditation, die sich in einigen Passagen der Cayce-Readings finden, genauer ansehen.

»Kurz gesagt, du wendest dich beim Gebet an das Göttliche in deinem Innern, das Göttliche außerhalb deines Ichs, und in der Meditation bringst du Körper, Geist und Herz zur Ruhe und lauschst auf die Stimme deines Schöpfers.« (5368-1)

»Denn dein Gebet gleicht einem Gesuch oder einer Bitte an deinen Vorgesetzten; doch in deiner Meditation begegnet ihr euch auf *gemeinsamer* Grundlage!« (281-13)

»Gebet ist das gebündelte Bemühen des physischen Bewußtseins, sich mit dem Bewußtsein Des Schöpfers in Übereinstimmung zu bringen. *Meditation* bedeutet, im Selbst alles *auszuräumen*, was die schöpferischen Kräfte daran hindert, über die natürlichen Kanäle des physischen Menschen aufzusteigen und sich durch jene Zentren und Quellen auszubreiten, die die Aktivitäten des physischen, des geistigen und des spirituellen Menschen hervorbringen...« (281-13)

Vielleicht besteht der wesentliche Unterschied zwischen Gebet und Meditation darin, daß wir beim Gebet aktiv sind und in der Meditation still. Im Gebet ersuchen wir aktiv um Gottes Hilfe und Führung; wir stellen sozusagen eine Frage an Gott. In der Meditation sitzen wir schweigend und warten auf Seine Antwort. Meditation gründet sich auf das Wissen, daß der Körper der Tempel Gottes ist, und dort wird Er uns begegnen, »auf *gemeinsamer* Grundlage.«

Das obige dritte Zitat hebt diesen Unterschied zwischen Aktivsein beim Gebet und Stillesein bei der Meditation hervor. Gebet ist das »gebündelte Bemühen«, uns in Übereinstimmung mit Gott zu bringen, damit Sein Geist in unserem Leben aktiv werden kann. In der Meditation, bei der wir, wie oben gesagt, in uns all das ausräumen, was das Aufsteigen der schöpferischen Kraft behindert, schieben wir unsere ungöttlichen Aspekte beiseite, damit sich die göttliche Aktivität, um die wir im Gebet ersuchten, entfalten kann.

Gebet wie Meditation sind Methoden zur Einstimmung in Gott. Beim Gebet arbeiten wir mit uns selbst, um das zu erreichen. Wir versuchen, aus unserem physischen Bewußtsein ein auf den Schöpfer präziser eingestelltes Instrument zu machen, um besser mit Ihm kommunizieren zu können, in uns wie auch außerhalb von uns. Meditation ist weniger ein Vorgang der von uns selbst aktiv initiierten Transformation. Hier lassen wir alle unsere abgespaltenen Aspekte beiseite und konzentrieren uns auf die innere Stimme Gottes, lassen uns von Seiner spirituellen Energie durchströmen, wodurch in uns eine Transformation bewirkt wird.

Ganz offensichtlich stehen Gebet und Meditation in enger Beziehung zueinander. Sie sind zwei sich ergänzende Aspekte eines Gesamtvorgangs der Ausrichtung auf Gott und der Kommunikation mit Ihm. Um der größten Wirksamkeit willen sollten sie zusammen angewandt werden. Mit anderen Worten, eine ›Meditationssitzung‹ sollte Gebet und Meditation miteinander verbinden. Auf diese Weise laden wir Gott ein, in unser Bewußtsein zu kommen, um dann in der Meditation in aller Stille darauf zu warten, Ihn zu empfangen und Seine Worte zu hören. Sind wir mit der Meditation fertig, dann sollten wir sie möglichst zur Kanalisierung der erzeugten Energie mit einem Gebet beschließen. Die vernünftigste und wirksamste Reihenfolge, wenn wir mit unserem Schöpfer kommunizieren wollen, lautet: Gebet, gefolgt von Meditation und wieder Gebet.

Die in der Meditation geweckten Kräfte

Werfen wir einmal mehr einen Blick auf unsere Wesenselemente, damit wir besser verstehen, wie sich die in der Meditation geweckte Energie auswirkt. Wir sprechen von drei Grundaspekten des Menschen: Seele, Geist und Körper. Doch dürfen wir nicht vergessen, daß sie miteinander in enger wechselseitiger Beziehung stehen. Ihr Verhältnis zueinander drückt sich in der Formel aus: Die Seele ist das Leben, der Geist der Erbauer und das Physische das Resultat.

Der Körper verfügt über Kontaktzentren zu Geist und Seele. Das Nervensystem bildet das physische Beziehungszentrum zwischen Körper und Geist. Die Kontaktzentren mit der Seele, von denen es sieben gibt, finden sich hingegen an bestimmten Punkten, die mit den endokrinen Drüsen in Zusammenhang stehen. Wenn wir bei der untersten Körperregion anfangen, dann stehen sie in aufsteigender Reihenfolge in Verbindung mit den Geschlechtsdrüsen, den Leydig-Zellen, den Nebennierendrüsen, der Thymusdrüse, der Schilddrüse, der Zirbeldrüse und der Hirnanhangdrüse oder Hypophyse. Die Meditationsenergien werden über diese Zentren stimuliert und verteilen sich von da aus über den ganzen Körper.

Die Seelenkraft ist der Funke Gottes in uns, der uns Leben

gibt. Sie ist immer da, bestrebt, ihrer Beziehung mit Dem Schöpfer Ausdruck zu geben. In der Meditation bringen wir Körper und Geist zur Ruhe und konzentrieren uns auf die Seele, wodurch wir uns der inneren spirituellen Kräfte bewußter werden. Und das ermöglicht der seelischen Energie, sich mittels der Zentrierung des Geistes im Physischen auszudrücken.

Die Tatsache, daß wir uns von dieser spirituellen Kraft durchströmen lassen können, ist die natürliche Folge unserer ursprünglichen Existenz als Mitschöpfer von Gott. Wie der Geist Gottes, dessen Ausdruck im Stofflichen zur Bildung des physischen Universums führte, besitzt unsere Seele eine schöpferische Macht, die sich im Physischen manifestieren kann. In der Meditation strömt eben diese schöpferische Energie von der Seele zum Körper, und zwar in einer vom Geist strukturierten Form.

Das hat eine physische Auswirkung, die die meditierende Person als Schwingung des ganzen Körpers, als auf- und absteigendes Vibrieren im Rückgrat, als Gefühl der Schwerelosigkeit oder als leichtes Schwindelgefühl erleben kann. Derartige Empfindungen zeigen an, daß innerhalb des Körpers Schöpferisches stattfindet. In den Cayce-Readings heißt es, daß die Meditation, »die richtig durchgeführt wird, den Menschen geistig, physisch ... stärker machen muß«. (281-13) Diese gesteigerte physische Energie manifestiert sich unter Umständen als heilende Kraft, die sich entweder in der meditierenden Person selbst auswirkt oder auf andere übertragen werden kann.

Weil die in der Meditation geweckten Kräfte so real sind, ist die richtige Motivation von entscheidender Bedeutung. Wir mögen vielleicht annehmen, daß diese Energie, da sie von der Seele kommt, in ihrer physischen Auswirkung gut sein muß. Das ist aber nicht unbedingt der Fall. Ursprünglich kommt alle Energie von Gott. Und doch, wenn unsere Absichten egoistisch sind, kann die Anwendung der Energie, die wir aus unserer Nahrung erhalten, oder die Anwendung der atomaren Energie oder die anderer Kraftquellen des physischen Universums destruktive Folgen haben. Und ebenso kann sich die in der Meditation geweckte Energie im Physischen negativ auswirken, wenn wir sie in liebloser Absicht gebrauchen.

Die Meditation verändert uns. Wie, das hängt vom Geist, dem Erbauer, ab, der über die Form entscheidet, in der sich die spirituelle Energie im Physischen manifestiert. Das Muster, das wir zugrunde legen, wird von unseren Motiven und der Wahl dessen, worauf wir uns in der Meditation konzentrieren, bestimmt. Stehen Motiv und Muster in Einklang mit unserem überbewußten Gewahrsein von Gott, wird unserem geistigen Bewußtsein Hilfreiches und Gültiges übermittelt. Befinden sich Muster und Absicht nicht in Übereinstimmung mit dem Geist Gottes, wird es zu Konfusion und Aufruhr kommen. Wollen wir sichergehen, daß sich die in der Meditation geweckten Kräfte konstruktiv auswirken, müssen wir uns von der Motivation her und inhaltlich an unserem spirituellen Ideal orientieren und uns des Schutzes, der sich in Christus findet, versichern.

Die Meditation wird, wenn wir so vorgehen, eine Quelle spiritueller Entwicklung für uns sein. Wir werden die Energie, die sie weckt, liebevoll, konstruktiv und praktisch anwenden. Die richtige Meditation hilft jedem unserer Wesensaspekte, seine Funktion innerhalb des göttlichen Plans zu erfüllen: Die seelischen Kräfte werden aktiver; der Geist wird die spirituelle Energie effektiver und konstruktiver kanalisieren; und der Körper, das physische Resultat, wird zum besseren Instrument der Manifestation göttlicher Liebe.

Vorbereitung auf die Meditation

Wir können vieles tun, um schon vorab dazu beizutragen, daß sich die Meditation auf Körper, Geist und Seele günstig auswirkt. In diesem Abschnitt befassen wir uns mit den gängigen und sich längerfristig auswirkenden Praktiken zur Steigerung unserer Bereitschaft, die uns in der Meditation zugängliche göttliche Hilfe und Führung anzunehmen und sie in unserem Leben besser anzuwenden. Die einzelnen Techniken, die uns in die Meditation selbst führen, werden im nächsten Abschnitt dieses Kapitels behandelt.

Bis zum gewissen Grad ist die Vorbereitung auf die Meditation eine persönliche Angelegenheit. Jeder Mensch stimmt sich entsprechend seiner gegebenen Entwicklung ein. Was die speziellen geistigen und körperlichen Übungen angeht, so sollten wir jeweils das tun, was für uns nötig und tauglich ist. Doch gibt es einige allgemeine Richtlinien. Bestimmte spirituelle Absichten, geistige Haltungen und physische Bedingungen sind der Kommunikation mit Gott und der Manifestation Seiner Liebe in unserem Leben förderlich, andere sind es nicht.

Auf physischer Ebene impliziert die Vorbereitung auf die Meditation eine allgemein gesunde Lebensweise. Das heißt, man sollte auf seine Ernährung achten, auf körperliche Bewegung, Ruhezeiten und physische Gewohnheiten. Dadurch können wir unseren Körper reinigen und ihn zum besseren Instrument der Verwirklichung unseres Ideals und der konstruktiven Umsetzung der in der Meditation geweckten Kräfte machen.

Mindestens ebenso wichtig ist die Reinigung des Geistes. Wenn wir uns wirklich auf die innere Stimme Gottes einstellen wollen, müssen wir wissen, was wir denn als Gott ansehen, um uns geistige Gewohnheiten anzueignen, die mit unserer Vorstellung vom Göttlichen übereinstimmen. Zunächst einmal müssen wir glauben, daß Gott existiert und daß Er mit uns kommuniziert. Unsere geistige Einstellung sollte das widerspiegeln, was in den Cayce-Readings als die »Früchte des Geistes« bezeichnet wird – Eigenschaften wie Liebe, Mitgefühl, Demut, Freundlichkeit und Sanftmut. Wir sollten Haß, Gier, Böswilligkeit und Egoismus ablegen. Vor allem aber sollten wir uns für das Wohlergehen unseres Bruders interessieren, denn auch er ist ein Abbild Gottes; wenn wir nicht in Harmonie mit unserem Bruder leben, leben wir nicht in Harmonie mit unserem Schöpfer.

Auf spiritueller Ebene ist die unserer Meditation zugrundeliegende Motivation der entscheidende Faktor. Das Versprechen »Suchet, und ihr werdet findet« kann sich zu unserem Vorteil oder Nachteil auswirken, denn das, was wir vermutlich finden, hängt von dem ab, was wir suchen. Um Gott zu finden, müssen wir aufrichtig unseren Willen mit dem Seinen eins werden lassen. Um Seine Wahrheit zu hören, müssen wir bereit sein, uns das, was am besten ist, zeigen zu lassen und dem gewissen Weg zu folgen. Unser bestes Motiv für die Meditation ist der Wunsch, Gott näher zu kommen und uns Seinem Willen zu unterwerfen.

Neben dem richtigen Motiv kann uns das Wissen um unser spirituelles Ideal und die meditative Konzentration darauf helfen, mit unserem über-bewußten Gewahrsein von Gott im Innern in Kontakt zu kommen. Denken Sie daran, daß nicht alles von Gott kommt, was jenseits des Bereichs von Körper und geistigem Bewußtsein liegt. Konzentrieren wir uns in der Meditation auf einen Aspekt unseres Ideals, dann stellen wir uns mit Sicherheit auf unser bestes Wissen um den göttlichen Geist ein. Die sorgfältige Auswahl der Meditationsthematik bedeutet nicht, daß wir unsere Erfahrung oder die Information, die wir erhalten, vorprogrammieren; wir tun nur, was wir können, um uns zu versichern, daß wir aus der besten Quelle schöpfen.

Meditationstechniken

Wir wollen uns nun einige spezielle Techniken ansehen, die uns auf die Meditation vorbereiten, in die Stille eintreten und die geweckte Energie nutzen lassen. Die unten genannten vorbereitenden Schritte und Voraussetzungen, Bestimmung Ihres Ideals, der aufrichtige Wunsch, Gott zu suchen, und die liebende Einstellung zu anderen, sind nötig, um sich auf den uns innewohnenden Geist Gottes einzustellen. Die anderen Maßnahmen sind als Alternativen anzusehen, und nur wenige Menschen wenden alle an. Denken Sie bitte nicht, Sie könnten nicht meditieren, weil zu den Vorbereitungsschritten einige gehören, die Sie nicht vollziehen können oder die Ihnen Unbehagen bereiten. Aber es wäre hilfreich, wenn Sie jede Technik eine Zeitlang ausprobierten, um festzustellen, welche Ihnen zusagt.

Vorbereitende Schritte

1. Setzen Sie Ihr Ideal fest, als Formulierung der höchsten motivierenden Gesinnung, geistigen Einstellung und Denkmuster sowie physischen Aktivitäten, die Sie sich vorstellen können. Das wird Ihnen helfen, die besten Ihrer Aspekte zu erreichen und zu entwickeln.

Wenn Sie Ihr Ideal bestimmt haben, dann fassen Sie für die Meditation Ihr spirituelles Ideal oder einen Aspekt davon, der Ihnen besonders am Herzen liegt, in einer kurzen Aussage zusammen. Diese Aussage, die man Affirmation oder Bekräftigung nennt, soll Ihnen als Konzentrationspunkt dienen, auf den Sie in der Meditation Ihr Bewußtsein richten. Diese von Ihnen gewählte Affirmation sollte auf Sie abgestimmt sein; das heißt, sie soll in für Sie bedeutsamen und bewegenden Worten einen Aspekt Ihres Ideals ausdrücken, den Sie besonders befördern wollen.

Um Ihnen eine Vorstellung davon zu vermitteln, wie eine solche Affirmation aussehen kann, folgen hier einige Beispiele auf der Grundlage der Edgar-Cayce-Readings. Es handelt sich um Überarbeitungen von Affirmationen, die Cayce für die Meditation vorschlug.

»Möge, o Herr, in mir und durch mich nach Deinem Willen statt nach meinem geschehen. Laß mich stets ein Kanal des Segens sein für jene, mit denen ich wie auch immer in Berührung komme. Laß alles, was ich tu', in Einklang stehen mit dem, was ich nach Deinem Willen tun soll. Und möge, wann immer Du mich rufst, meine Antwort sein: ›Hier bin ich. Schicke mich, laß mich Dir dienen.‹« (Auf der Grundlage von 262-3.)

»Wie großartig ist Dein Name auf Erden, o Herr! Soll ich Dein Gefährte sein, muß ich meinen Mitmenschen brüderliche Liebe bezeigen. Und komme ich auch in Demut, sollte ich irgend etwas gegen meinen Bruder haben, steigen mein Gebet und meine Meditation nicht zu Dir auf. Hilf mir in meinem Bemühen, mich Dir zu nähern.« (Auf der Grundlage von 262-21.)

»Unser Vater, laß uns durch die Liebe, die Du durch Deinen Sohn Christus in die Welt gebracht hast, dessen bewußter werden, daß Gott Liebe ist.« (Auf der Grundlage von 262-43.)

2. Bestimmen Sie eine feste Zeit und einen festen Ort für die Meditation. Wählen Sie einen Ort, an dem Sie nicht abgelenkt werden, und eine Zeit, die in Ihren Tagesablauf paßt. Beharrliche Regelmäßigkeit ist der Schlüssel für Ihre Meditationspraxis.
3. Bereiten Sie den äußeren Rahmen für die Meditation vor. Einigen Menschen gibt die Reinigung des Raumes, in dem sie meditieren, ein tieferes Gefühl von Hingabe und etwas Besonderem. Andere finden, daß bestimmte äußere Dinge ihrer Meditation förderlich sind. So etwa das Abbrennen von Räucherstäbchen, der Duft von Blumen, Musik, ein bestimmtes Licht, bestimmte Steine oder Kristalle, die am Körper getragen werden. Was letztere angeht, so denken Sie daran, daß sich die verschiedenen Mineralien auf die einzelnen Menschen unterschiedlich auswirken und daß es auch eine Rolle spielt, an welcher Körperstelle sie getragen werden. Ein für die eine Person hilfreiches Mineral kann bei einer anderen Person keine oder sogar eine negative Wirkung haben.
4. Reinigen Sie Ihren Körper mit Wasser.
5. Nehmen Sie eine bequeme Haltung ein. Cayce empfiehlt, sich in einen Stuhl zu setzen, die Füße auf dem Boden, oder sich auf den Rücken zu legen. Jedenfalls sollte das Rückgrat gerade sein und die Kleidung nicht beengend. Wenn Sie liegend meditieren, sollten die Hände über dem Bereich des Solarplexus gefaltet sein.
6. Viele Leute finden eine einfache Kopf- und Nackenübung, wie sie auch in den Readings beschrieben wird, hilfreich. Meistens wird jeder der unten genannten Vorgänge dreimal wiederholt, bevor man zur nächsten Bewegung übergeht. Dazwischen sollte der Kopf immer wieder in die aufrechte Position gebracht werden: a) Lassen Sie den Kopf nach vorn sinken. b) Lassen Sie den Kopf nach hinten sinken. c) Lassen Sie ihn nach rechts sinken. d) Lassen Sie ihn nach links sinken.

e) Lassen Sie den Kopf nach vorn sinken und dann in Uhrzeigerrichtung kreisen. f) Lassen Sie den Kopf in umgekehrter Richtung kreisen. Heben Sie den Kopf wieder an.

7. Atemübungen sind sehr empfehlenswert, und die im Cayce-Material vorgeschlagenen sind auch ganz einfach. Ein Beispiel: Atmen Sie durch das rechte Nasenloch ein und durch den Mund wieder aus. Wiederholen Sie das dreimal. Atmen Sie dann durch das linke Nasenloch ein und durch das rechte Nasenloch wieder aus, ebenfalls dreimal.
8. Für manche Leute ist das Singen von Lauten eine große Hilfe. Auch hier finden sich in den Readings einige geeignete Anweisungen. Eine empfohlene Kombination von Lauten ist: »Ar-ar-r-r-r-e-e-e-o-o-o-m-m-m.« Dies sollte mehrmals wiederholt werden, und zwar so, daß die dabei entstehenden Schwingungen im ganzen Körper gefühlt werden.
9. Auch das Lesen der Bibel oder anderer inspirierender Texte kann Sie in die Meditation einstimmen.
10. Nehmen Sie, so gut Sie können, die richtige geistige Haltung für Ihr Bemühen um Verbindung mit Gott an. Das heißt, stellen Sie Ihr Bewußtsein auf Ihre spirituelle Quelle ein. Das Gebet ist hier eine sehr wirkungsvolle Methode, wobei Ihnen die verschiedenen Formen des Gebets in jeder Phase dieser geistigen und emotionalen Einstimmung helfen können.
11. Für viele Personen ist das Vaterunser ein sehr bewegender letzter Schritt vor dem Eintreten in die Stille. Und viele benutzen dieses Gebet als Affirmation, auf die sie dann ihr Bewußtsein während der Meditation konzentrieren.

Eintreten in die Stille

Wiederholen Sie ein paarmal im Geist die von Ihnen gewählte Affirmation, um ein Gefühl für die seelische Kraft, die Sie wekken möchten, zu bekommen. Die Wiederholungen sollen nicht Ihr Bewußtsein einschläfern, sondern Ihnen vielmehr zur Konzentration verhelfen. Die einzelnen Worte der Affirmation sind an sich nicht wichtig; ihr Sinn aber, dem sie Ausdruck geben, ist es. Sobald Sie auf diesen Bedeutungskern konzentriert sind, haben die Worte ihren Dienst getan, und Sie können mit den Wiederholungen aufhören. Halten Sie nun still Ihre Aufmerksamkeit auf jenen Wesenskern Ihrer Affirmation gerichtet. Versuchen Sie nicht, ihn mit dem logischen Verstand zu analysieren. Zentrieren Sie Ihr Gewahrsein nur auf diesen spirituellen Kern, den Aspekt, den Sie in der Meditation wecken und befördern wollen.

Lassen Sie, wenn Sie in die Stille eintreten, das Gefühl der Einheit mit den schöpferischen Kräften der göttlichen Liebe zu. Behalten Sie weiterhin den Kern Ihrer Affirmation im Bewußtsein, und horchen Sie nun im Innern auf die leise, zarte Stimme. Manche Leute hören in der Meditation tatsächlich eine Stimme, während andere ein Gefühl von Richtigkeit haben, das ihnen sagt, daß Sie mit ihrem Gott kommuniziert haben.

Wenn Sie merken, daß Sie nicht mehr konzentriert sind und in Gedanken abschweifen, dann wiederholen Sie Ihre Affirmation. Seien Sie hier aber nicht zu hart mit sich selbst, sondern haben Sie Geduld. Auch Meditation will erlernt werden. Sie werden sehen, daß Sie mit einiger Praxis Ihre Konzentration besser halten können. Meditation ist eine gute Gelegenheit, um sich in der in den Cayce-Readings beschriebenen Tugend der aktiven Geduld zu üben, denn wenn wir hier wirklich weiterkommen wollen, müssen wir auf sanfte Weise beharrlich bleiben und es immer wieder versuchen.

Gebrauch der Energie

Beim Meditieren wird ganz reale Energie geweckt; tatsächlich »ereignet sich im Innern ein Akt der *Schöpfung!*« (281-13) Die schöpferische Kraft steigt vom mit den Leydig-Zellen verbundenen spirituellen Zentrum auf zu jenem, das sich mit der Zirbeldrüse verbindet. Von dort gelangt sie zum mit der Hypophyse verbundenen Zentrum, dem Ort des sogenannten »dritten Auges«. Und von hier aus kann sie sich über die anderen Zentren im ganzen Körper verbreiten. Und über die schöpferische Geisteskraft kann sie auch anderen Leuten geschickt werden.

Da wir in der Meditation Einklang mit Gott suchen, Der Liebe ist, sollten wir diese schöpferische Energie liebevoll einsetzen. Wir wissen, daß richtiges Meditieren hilfreiche Auswirkungen auf Geist und Körper hat. Und bevor wir unsere Meditation beenden, sollten wir diese Wohltat mit anderen teilen. Damit stellen wir sicher, daß das physische Resultat dieser spirituellen Energie zu einer Manifestation der Liebe wird. Wir können hier auf verschiedene Weise vorgehen.

Eine Möglichkeit ist das liebende Gebet. Im Gebet liegt Macht, Macht, die eingesetzt werden kann, anderen zu helfen. Gebete der Heilung und des Schutzes lassen uns auf eine Weise Gebrauch von der in der Meditation erzeugten spirituellen Energie machen, die anderen Menschen in unserer Umgebung hilfreich sein wird.

Dabei sollten wir allerdings darauf achten, daß wir mit unserem Gebet nicht in den freien Willen einer anderen Person eingreifen. Wenn wir nicht ausdrücklich gebeten wurden, mit unseren Gebeten in bezug auf einen bestimmten Lebensaspekt zur Hilfe zu kommen, ist es nicht angemessen, mit der Kraft der Meditation und des Gebets eine Veränderung bewirken zu wollen. Das heißt, mit dieser Energie sollte nicht der Versuch unternommen werden, das Leben eines anderen Menschen zu dem zu machen, was es unserer Meinung nach zu sein hätte. Sofern nicht eine eindeutige Bitte an uns herangetragen wurde, sollten wir in unserem Gebet die andere Person einfach in Liebe hüllen und uns auf die Weisheit und Macht Gottes verlassen, Der diesen Menschen mit dem versorgen wird, was er wirklich braucht.

Eine weitere Möglichkeit, die Wohltaten der Meditation mit anderen zu teilen, sind auf andere gerichtete liebende Gedanken. Eine solche Praxis baut einerseits in uns selbst eine liebende Einstellung und geistige Gewohnheit auf, andererseits können unsere liebenden Gedanken, da wir alle auf unterbewußter Ebene miteinander verbunden sind, dem anderen Menschen übermittelt werden. So mag die betreffende Person, ohne sich dessen bewußt zu sein, allmählich mehr von der göttlichen Liebe spüren, von der sie ständig getragen wird, und ein tieferes Verständnis von der Gegenwart Gottes in ihrem eigenen Leben entwickeln.

Die in der Meditation geweckte spirituelle Energie kann auch durch liebende Handlungen auf physischer Ebene weitergegeben werden. Richtiges Meditieren macht uns auch physisch stärker; unser Körper wird dadurch zum verfeinerten Instrument der Manifestation von Liebe in der materiellen Welt. Ist es unser aufrichtiges Anliegen, Gott in der Meditation zu begegnen, werden wir sicher wünschen, daß sich die Resultate dieses Kontakts in unserem Alltagsleben manifestieren. Wenn wir die Kraft, die in dieser Kommunikation liegt, nur in der Meditation selbst fühlen und nutzen, wird sich ihr Potential zur Veränderung unseres ganzen Wesens nicht voll entfalten. Diese Energie muß genutzt werden und in unseren alltäglichen Aktivitäten weitergegeben werden, wenn sie reiche Ernte bringen soll.

Auswirkungen der Meditation

Die Meditation birgt die Kraft, jeden unserer Lebensbereiche zu transformieren. Die in der Stille geweckte Energie hat eine deutliche Auswirkung auf den physischen Körper. Mit der Zeit wird uns die Praxis, unser Bewußtsein auf den Geist Gottes einzustimmen, zu einem tieferen Verständnis von unserer wahren Natur führen. Und indem wir diesen Geist in unserem Leben wirken lassen, werden wir uns der spirituellen Dimension unseres Wesens bewußter und können sie besser zum Ausdruck bringen.

Auf physischer Ebene kann diese Energie unmittelbar bestimmte Körperempfindungen auslösen. Jeder Körper reagiert anders, und so mag jede Person andere Auswirkungen erfahren. Einige fühlen vielleicht gar keine Reaktion. Hier sollte noch einmal betont werden, daß die wahre Absicht der Meditation darin besteht, Gott näher zu kommen, und nicht in der Wahrnehmung verschiedener Körperempfindungen. Trotz allem bezeugen diese Reaktionen, daß in der Meditation etwas geschieht. So stellten manche Leute unter anderem ein Vibrieren oder eine Schaukelbewegung im Körper fest, ein Pulsieren im unteren Teil der Wirbelsäule, ein auf- und absteigendes Vibrieren im Rückgrat, Schweregefühl im Kopf, leichtes Schwindelgefühl, Gefühl von Schwerelosigkeit, Kühle des Kopfes oder der Stirn, optische Eindrücke, Knackgeräusche im Kopf oder das Gefühl, aufzusteigen und den Körper zu verlassen.

Wie schon gesagt, es gibt auch längerfristige physische Auswirkungen der Meditation. Wenn das Bild göttlicher Liebe in uns entsteht, wird damit auch göttliche Kraft geweckt. Eine kontinuierliche Meditationspraxis macht den Körper empfänglicher für die Energie der Seele und fähiger, sie zu nutzen. Das manifestiert sich dann als körperliche Energie, die im Alltag zur Anwendung kommen kann.

Eine solche Energie kann zum Beispiel zum Heilen verwendet werden. Sie läßt sich auf andere übertragen, so daß sich deren physischer Zustand verbessert. In den Readings heißt es, daß uns das die Möglichkeit gibt, durch Handauflegen zu heilen, und daß *»Heilungen jeglicher* Art und Natur auf den Flügeln der Gedanken weitergetragen werden können ...«. (281-13)

Einer der größten Vorteile auf geistiger Ebene besteht in der göttlichen Führung, die uns in der Meditation zuteil werden kann. In den Readings heißt es immer wieder, daß wir in der inneren Stimme Gottes einen Quell haben, aus dem wir alles nötige Wissen beziehen können: »Es muß nicht erst einer in den Himmel aufsteigen, um uns eine Botschaft zu bringen – noch einer übers Meer kommen, daß wir ihn hören und beachten –, denn siehe, die Antwort auf *alle* deine Probleme findet sich in deinem Herzen!« (262-121) Wenn wir auf die stille, zarte Stimme Gottes im Innern lauschen, wird uns alles, was wir an Informationen und Weisung brauchen, zukommen.

Mit zunehmender Übung in diesem inneren Horchen werden auch unsere intuitiven Kräfte wachsen, die Fähigkeit, Seine Stimme zu hören und zu erkennen. Voraussetzung für diese Entwicklung ist die aufrichtige Bereitschaft, der göttlichen Führung zu folgen und sie im Dienste Gottes zu nutzen. Gehen wir von unserer Seite diese Verpflichtung ein, werden wir durch unseren Kontakt mit der Quelle aller Weisheit in der Lage sein, in jedem Bereich und in jeder Phase unseres Lebens Entscheidungen zu treffen, die uns verändern. Manche Menschen werden diese Führung in der Meditation als sicheres inneres Gefühl erfahren, daß eine bestimmte Handlungsweise richtig ist; andere hören vielleicht tatsächlich eine Stimme. Beides zeigt, daß hier das Selbst für Mitteilungen des Geistes im Innern erwacht ist.

An dieser Stelle ist wohl eine Mahnung zur Vorsicht angebracht. Die spektakuläre Form, die eine solche Manifestation unter Umständen annehmen kann, sollte uns nicht allzu ehrfürchtig werden lassen. Für manche mag die Tatsache, daß sie in der Meditation wirklich eine Stimme hören, überwältigend sein. Doch, wie gesagt, nicht alles, was aus dem nichtphysischen Bereich kommt, ist von Gott. Die Stimme mag eine Botschaft Des Schöpfers übermitteln, sie kann aber auch aus einer anderen, nicht unbedingt zuverlässigen Quelle kommen. Deshalb müssen wir in die von Christus geschützte Stille eintreten und uns in unser spirituelles Ideal einstimmen. Nur so werden wir unsere Weisungen aus der bestmöglichen Quelle erhalten. Und im Anschluß sollten wir, um nicht fehlzugehen, die erhaltenen Informationen an unserem höchsten ideellen Standard messen.

Auf geistiger Ebene kann ein weiterer Vorteil der Meditation darin bestehen, daß wir zu einem umfassenderen Selbstverständnis kommen. Wenn wir uns auf die tieferen Aspekte unseres Selbst einlassen, lernen wir sie auch besser kennen. Meditieren und anschließendes Handeln in Übereinstimmung mit unserem Ideal lassen uns unsere spirituelle Natur unmittelbar erfahren. Über diesen Weg können wir zu Erkenntnissen über die Absicht unserer Seele in diesem Leben gelangen. Und schließlich können wir unser volles Potential entfalten und den Sinn erfüllen, um dessentwillen uns Leben gegeben wurde.

Dieses Wissen um unsere Seele, das wir in der Meditation erhalten, ist begleitet von einer Entwicklung unserer medialen Fähigkeiten, denn das Mediale gehört der Seele an. Aber noch einmal soll hier betont werden, daß wir in der Meditation die Nähe zu Gott suchen. Wir meditieren nicht, um unsere medialen Fähigkeiten zu entwickeln; sie entfalten sich mit wachsender Nähe zu Gott auf natürliche Weise. Mit der Zeit werden wir feststellen, daß sie offensichtlicher werden, nicht nur in der

Meditation, sondern auch in unseren Träumen und im Alltagsleben.

Bestandteil dieser Entwicklung ist auch eine zunehmende Kenntnis von den Erinnerungen der Seele. In Verbindung mit der Eigenbestandsaufnahme und dem Studium der Träume kann die Meditation ein starker Auslöser für Erinnerungen an vergangene Leben sein. Doch auch hier sollten wir nicht vergessen, daß wir nicht in der ausdrücklichen Absicht meditieren, Informationen über frühere Inkarnationen zu erhalten. Derartige Kenntnisse werden die natürliche Folge unserer größeren Nähe zu Gott sein, der Quelle allen Wissens.

Die Auswirkungen der Meditation auf spiritueller Ebene können sehr tiefgehend sein. Mit der Zeit mögen wir gewahren, daß wir uns in die Gegenwart Gottes begeben, mögen wir uns unseres Einsseins mit Dem Ganzen bewußt werden. Die Meditation verhilft uns somit zu Kenntnissen über den Geist Gottes im Innern und zu einem Gefühl für unsere persönliche Beziehung zu Ihm. Dieses Bewußtsein von der Einheit mit Dem Vater und die Fähigkeit, sie auch in unseren Handlungen auszudrücken, kann als Kernpunkt nicht nur der Meditation, sondern des Lebens an sich betrachtet werden.

Wenn wir in der Meditation unser höchstes Lebensideal mit der göttlichen Liebe in Einklang bringen, kann uns die Kraft unseres Ideals durchströmen; wenn wir dem im Alltagsleben Ausdruck geben, lassen wir Gottes spirituellen Beistand, das Geschenk des Lebens, in allem, was wir tun, aktiv werden. Auf vom Geist strukturierte Weise manifestiert sich die uns durchströmende spirituelle Energie im physischen Leben und verändert uns auf allen Ebenen.

Bei ständiger Übung wächst unsere Fähigkeit, diese spirituellen Gaben, die uns durch die uns durchströmende Energie zuteil werden, zu nutzen. Wir erwachen allmählich zu unserem vollen Potential als Kinder Gottes, und unser Leben nimmt eine völlig neue Qualität an. Das enthebt uns nicht unbedingt aller Sorgen und Probleme der materiellen Welt, aber wir werden uns diesen Situationen stellen können, indem wir aus der inneren Quelle spiritueller Macht und Kraft schöpfen. Und das wird uns Friede,

Freude und wahres Glück erfahren lassen. Unser Leben wird produktiver, schöpferischer, erfüllter und liebender werden. Und letztlich werden wir uns mit Dem Vater ganz und gar vereinigen; unsere Natur als Wesen, die nach Seinem Bilde geschaffen wurden, wird sich deutlich offenbaren. Wir werden unseren ursprünglichen Status als Seine Gefährten und als Mitschöpfer wiedererlangen, und wir werden, wie es der Absicht entsprach, erneut zur vollkommenen Manifestation göttlicher Liebe werden.

Teil III
Wie Sie Ihre vergangenen Leben entdecken

Einleitung

Sie stehen nun vor einem spannenden Abenteuer der Selbst-Entdeckung. Mit Hilfe der Informationen, Anweisungen und Übungen auf den folgenden Seiten durchlaufen Sie einen umfassenden Kurs zur Erinnerung an vergangene Leben, dessen Programm sich auf die Einsichten und Beispiele des Edgar-Cayce-Materials über Reinkarnation gründet.

In den Cayce-Readings finden sich im übrigen verschiedene Möglichkeiten, wie man zur Erinnerung an vergangene Leben gelangt. Sie werden in den folgenden Sitzungen erfahren, unter welchen Umständen eine solche Erinnerung spontan auftreten kann und wie Hinweise auf frühere Inkarnationen in Ihren Träumen auszumachen sind. Sie werden allmählich die in Ihren alltäglichen Aktivitäten wirksamen Einflüsse und Muster erkennen, die möglicherweise aus anderen Leben herrühren. Sie werden lernen, wie die Meditation Ihr Erinnerungsvermögen befördern kann. Und wenn Sie mit den Fragen und Bestandsaufnahmen dieses Kurses arbeiten, werden Sie auch allmählich sehen, wo Ihr Geschmack in bezug auf Kleidung, Möbel und Dekor von früheren Leben beeinflußt wird. Sie werden erkennen, wie sich jene Einflüsse auch auf Ihren Beruf, Ihre Begabungen und persönlichen Beziehungen erstrecken. Und wenn Sie auf diese Weise allmählich in Kontakt mit Ihren früheren Erfahrungen auf der Erde kommen, werden Sie auch die problematischen Muster und gewohnheitsmäßigen emotionalen Reaktionen besser verstehen, die Bestandteil Ihres jetzigen Lebens sind.

In einigen Sitzungen erhalten Sie Anweisungen und Informationen, unterbrochen von Pausen zum Nachdenken und zur Beantwortung der Fragen, die in den verschiedenen Übungen gestellt wurden. Andere Phasen sind für Träume – gelenkte Phantasien – reserviert, die Ihre unbewußten Erinnerungen stimulieren sollen.

Viele der Techniken und Übungen dieses Programms sind bereits von Personen erprobt worden, die sich an frühere Leben erinnern wollten. Sie werden auf den folgenden Seiten diese Personen und die Resultate ihrer Bemühungen verschiedentlich erwähnt finden. Diese Hinweise sollen Ihnen eine Vorstellung davon vermitteln, welche Art von Informationen durch die jeweiligen Übungen zugänglich gemacht, welche Schlußfolgerungen daraus gezogen und wie diese Einsichten zur Verbesserung Ihres gegenwärtigen Lebens genutzt werden können.

Der Kurs im Überblick

Sitzung 1 – Das Wecken von Erinnerungen
Hier lernen Sie, wie Töne, optische Eindrücke und Umweltbedingungen unbewußte Erinnerungen an vergangene Leben wekken können.
Sitzung 2 – Kleider-Phantasie
Sie werden mit der gelenkten Phantasie bekannt gemacht, was Ihnen helfen wird, sich in Ihrer Imaginationsfähigkeit zu üben.
Sitzung 3 – Auf der Spur der Reinkarnationsgesetze
An Hand von Fallbeispielen aus Edgar Cayces Lebens-Readings wird aufgezeigt, wie die Gesetze der Reinkarnation wirken.
Sitzung 4 – Sie und Ihre Umgebung
Sie erforschen Ihre Neigungen in bezug auf Wohnen, Möbel und Dekor, um die hier enthaltenen Hinweise auf vergangene Leben aufzuspüren.
Sitzung 5 – Eine Reise um die Welt
Sie kommen mit Ihren persönlichen Eindrücken, Vorurteilen und Empfindungen in bezug auf verschiedene Kulturen der Welt

in Berührung. Die hier gestellten Fragen werden eine Ihrer Hauptinformationsquellen über vergangene Leben sein.

Sitzung 6 Erbliche und umweltbedingte Einflüsse

Hier werden wir untersuchen, wie Erbe und Umwelt mit Einflüssen aus vergangenen Leben zusammenhängen. Sie werden entdecken, wie Sie durch das ›Lesen‹ Ihres Körpers und frühe Kindheitserinnerungen Informationen über vormalige Inkarnationen erhalten können.

Sitzung 7 – Eine Analyse Ihrer emotionalen Reaktionen

Kurze Anweisungen und eine umfassende Bestandsaufnahme werden Sie verstehen lassen, wie Ihre emotionalen Reaktionen – positive wie negative – Erfahrungen aus vergangenen Leben widerspiegeln könnten.

Sitzung 8 – Wie Sie aus Anhaltspunkten Ihres gegenwärtigen Lebens Theorien über vergangene Leben entwickeln

Hier untersuchen wir, wie sich Handlungsmuster, die in einer früheren Inkarnation ihren Anfang nahmen, in die Gegenwart fortsetzen, und wie gegenwärtige Situationen zu vormaligen Erfahrungen in Bezug gesetzt werden können. Hier können Sie üben, wie man auf der Grundlage aktueller Verhältnisse Theorien über vergangene Leben aufstellt, und Sie haben die Gelegenheit, Ihre Antworten mit Fallbeispielen aus den Cayce-Readings zu vergleichen.

Sitzung 9 – Erkundung Ihrer Begabungen, Hobbys und Interessen

Eine Kombination von gelenkten Phantasien und Übungsfragen wird Ihnen helfen, frühere Leben, wie sie sich in Ihren Begabungen und Hobbys spiegeln, auszumachen. Sie werden auch Ihre verborgenen Fähigkeiten erkennen und somit entwikkeln können.

Sitzung 10 – Wie Sie Hinweise auf vergangene Leben in Träumen, in der Meditation und in Ihren religiösen Gefühlen und Erfahrungen entdecken

Sie erhalten Anleitungen zur Suche nach Reinkarnations-Material in Träumen und zur Steigerung Ihres Erinnerungsvermögens durch Meditation. Weiterhin fühlen Sie Ihre religiösen Erfahrungen und Gefühle auf Informationen über frühere Leben ab.

Sitzung 11 – Wie Sie Muster in Ihrem Leben erkennen

Hier erhalten Sie Hilfe, um die Hauptmuster Ihres Lebens ausfindig zu machen und zu erkennen, wie diese ihren Ursprung in Erfahrungen früherer Leben haben.

Sitzung 12 – Gelenkte Phantasie zu vergangenen Leben

Die gelenkte Phantasie wird eingesetzt, um unbewußte Erinnerungen an vergangene Leben an die Oberfläche zu holen.

Sitzung 13 – Formulierung Ihrer eigenen Theorien über Ihre vergangenen Leben

Sie werden angeleitet, Schritt für Schritt die von Ihnen in diesem Kurs gesammelten Informationen zusammenzuführen. Es soll Ihnen Hilfestellung gegeben werden, Beziehungen zwischen den bislang erhaltenen Hinweisen herzustellen und möglichst Theorien zu formulieren, die die Ursprünge einiger der Einflüsse aus vergangenen Leben, die Sie in ihrer gegenwärtigen Inkarnation spüren, abklären.

Sitzung 14 – Ihr künftiges Leben

Hier erhalten Sie, durch gelenkte Phantasie, einen Einblick in das von Ihnen heute aufgebaute künftige Leben.

Vorschläge, wie Sie das Beste aus diesem Kurs machen können

Je mehr Sie in den Kurs stecken, desto mehr werden Sie auch bekommen, wie immer in solchen Fällen. Sie können das Material flüchtig durchgehen und werden daraus vermutlich ein paar oberflächliche Anhaltspunkte für Ihre früheren Inkarnationen beziehen, eine gewisse Ahnung, wie Sie diese Hinweise entdekken und in Ihrem gegenwärtigen Leben nutzen können. Sie können sich aber auch grundsätzlicher damit befassen, was eine sorgfältige Beurteilung der aufgeworfenen Gedanken und Fragen einschließt. Dies würde natürlich die Chancen erhöhen, daß Sie den größtmöglichen Nutzen aus diesem Kurs und Ihrer Suche nach Selbsterkenntnis ziehen. Und zu diesem Zweck hier noch ein paar Empfehlungen.

Sie werden die besten Erfahrungen machen, wenn Sie den Anweisungen im Text genau folgen und Ihre Übungen in der vorgeschlagenen Reihenfolge absolvieren. Denken Sie daran, daß Sie mit diesem Buch ja nicht im Eiltempo zu Ende kommen müssen. Es ist wichtig, daß Sie diesen Kurs in einer Ihnen gemäßen Gangart durchlaufen. Und am meisten haben Sie davon, wenn Sie sich Zeit nehmen, über jeden Abschnitt nachzudenken und sich allmählich der alltäglichen Einflüsse bewußter zu werden, die vielleicht ein Nachhall vergangener Leben sind.

Es ist ratsam, alle Übungsantworten schriftlich festzuhalten, damit die erhaltenen Hinweise und Einsichten nicht verlorengehen. Hinzu kommt, daß die meisten von uns nachdenken und überlegen, bevor sie Worte zu Papier bringen. Und das bedeutet auch, daß sie mehr geneigt sind, jeder Frage sorgfältig nachzugehen und sie in ihrer vollen Bedeutung zu erfassen.

Sie werden auch feststellen, daß die ersten Sitzungen dieses Kurses erstaunlich viele persönliche Hinweise auf vergangene Leben erbringen. Und die meisten dieser Details sind für die Absolvierung späterer Übungen notwendig. Selbst Informationen, die auf den ersten Blick belanglos erscheinen, können später, in Zusammenhang mit anderen Hinweisen, von großer Bedeutung sein. Wenn Sie den Text durchlesen, alle Fragen nur im Geiste beantworten und sich später, an gegebener Stelle, an alle diese Antworten erinnern sollen, dann wäre das wohl eine Aufgabe, der die meisten von uns nicht gewachsen sind. Aus diesem Grund ist ein genaues Aufzeichnen Ihrer Einsichten und Antworten sehr wichtig. Und damit Sie auf diese Aufzeichnungen immer wieder zurückgreifen können, sollten Sie in einem eigens dafür angelegten Heft vorgenommen werden.

Wenn Sie sich durch all diese Vorbereitungen auf den Kurs an gestrenge Schulaufgaben erinnert fühlen, dann versuchen Sie, das Ganze ein bißchen lockerer zu sehen. Diese Arbeit ist zweifelsohne ernst zu nehmen, sollte aber auch Vergnügen bereiten. Am meisten haben Sie davon, wenn Sie der Sache fasziniert, engagiert und aufgeschlossen gegenüberstehen, wenn eine natürliche Neugier auf die Entdeckung Ihrer Vergangenheit und der Wunsch nach Bereicherung Ihrer Gegenwart der Motor Ihrer Bemühungen sind. Wenn Sie merken, daß die Arbeit an diesem Projekt zur pflichtgemäßen Routine wird, dann ist es angezeigt, eine Weile auszusetzen. Lassen Sie alles ein paar Tage in Ihrem Unterbewußten ›köcheln‹, bis Sie wieder mit frischem Interesse darangehen können.

Der ganze Kurs ist, wie schon aus dem Überblick deutlich wird, in einzelne Sitzungen unterteilt, von denen jede einen Aspekt der Reinkarnationserforschung abdeckt. Das heißt nicht unbedingt, daß Sie sich jedesmal nur mit einer und nur dieser Sitzung befassen sollen. Einige sind sehr kurz, und Sie können und wollen vielleicht ohne Pause zur nächsten übergehen. Andere Kapitel sind komplexer, und Sie brauchen eventuell mehrere Sitzungen, bis Sie alles durchgearbeitet haben. Gehen Sie in einem Ihnen angenehmen Tempo vor. Denken Sie daran, daß dieser Kurs für *Sie* bestimmt ist, auf Ihre Bedürfnisse eingehen soll, nicht auf die von jemand anderem. Seien Sie flexibel, was die Zeit angeht, die Sie auf jede Sitzung verwenden und die Sie sich für die Pausen dazwischen nehmen.

Und ebenso empfiehlt sich eine gewisse Flexibilität bei den Übungen des Kurses. Wenn Sie auch jede Frage sorgfältig erwägen sollten, so brauchen Sie sich doch nicht verpflichtet zu fühlen, eine Antwort zu basteln, wenn sie auf einen Punkt stoßen, den Sie eigentlich nicht beantworten können. Und zögern Sie unter keinen Umständen, alle Erkenntnisse, die Ihnen wichtig und interessant erscheinen, zu notieren, auch wenn sie mit den gerade gestellten Fragen nichts zu tun haben.

Wenn sich aus den ersten Übungen Hinweise auf Ihre früheren Inkarnationen ergeben, werden Sie vielleicht versucht sein, Theorien zu formulieren, die diese Informationen erklären, und zur Untermauerung spezielle Reinkarnationsszenarien zu entwickeln. Wenn Sie auch alle diesbezüglichen Gedanken, die Ihnen stichhaltig zu sein scheinen, aufschreiben sollen, so versuchen Sie doch, sich hier nicht allzusehr in die Zusammensetzung des Puzzles zu vertiefen. Dazu wird in den dafür vorgesehenen letzten Sitzungen Gelegenheit sein.

Es kann eine große Hilfe sein, wenn Sie Ihre Träume zwischen den Sitzungen festhalten. Träume gehören zu den nützlichsten

Vehikeln, um Botschaften aus dem Unterbewußten zu empfangen und Erinnerungen hochzuholen. In den Edgar-Cayce-Readings finden sich zahlreiche Hinweise auf die Wichtigkeit dieser Quelle. Es empfiehlt sich, diese Träume kontinuierlich aufzuzeichnen und dies während des ganzen Kurses beizubehalten. Anweisungen, wie Sie diese Träume entschlüsseln und die in ihnen enthaltenen Informationen über vergangene Leben nutzen können, finden Sie in einer der Sitzungen. Vielleicht wäre es auch günstig, dazu noch mal Kapitel 5 anzusehen.

Wenn Sie sich langsam durch das Programm durcharbeiten, haben Sie vielleicht die Zeit, auch alle Erkenntnisse zu notieren, die Ihnen im Wachzustand kommen. Situationen, die sich im Alltag ergeben, haben oft ihren Ursprung in unserer fernen Vergangenheit, und mit zunehmender Erfahrung in diesen Dingen werden Sie solche Situationen leichter erkennen und ihnen konstruktiv begegnen können. Vielleicht haben Sie einen engen Freund oder eine Freundin, eine Person, mit der Sie Ihre Gedanken oder Theorien über Ihre früheren Inkarnationen durchsprechen können. Solche Diskussionen sind ebenfalls ganz alltägliche Aktivitäten, die das Verständnis von unserer Vergangenheit sehr vertiefen können.

Die Erinnerung an unsere früheren Leben kann auch durch regelmäßiges Meditieren befördert werden. Wie schon gesagt, wir ziehen dabei unsere Aufmerksamkeit von den normalen Bewußtseinsprozessen ab und stimmen uns auf Aspekte ein, derer wir uns gewöhnlich nicht bewußt sind. Dieser Vorgang macht uns unseren unterbewußten Erinnerungsspeicher zugänglicher, und somit erhöht sich die Wahrscheinlichkeit, daß wir Einflüsse aus früheren Leben bewußt erfahren und erkennen. Wenn uns dieses Einklinken ins Unterbewußte zur Gewohnheit wird, werden die Hinweise auf vergangene Leben nicht nur in der Meditation deutlicher, sondern auch in unseren Träumen und im Wachzustand. Das ist im allgemeinen aber ein längerfristiger Prozeß, und die Resultate werden sich nicht gleich nach ein paar Meditationssitzungen einstellen. Wenn Sie das Gefühl haben, daß Ihnen regelmäßiges Meditieren eine Hilfe wäre, dann sollten Sie damit beginnen. (Eine ausführlichere Beschreibung über das Wesen und die Techniken der Meditation finden Sie in Kapitel 6.)

Wollen Sie aus diesem Kurs den größtmöglichen Nutzen ziehen, dann ist vielleicht der wichtigste Einzelfaktor die praktische Anwendung. Wenn Sie im Verlauf der Arbeit Ihre vergangenen Erfahrungen und Ihr gegenwärtiges Potential immer besser verstehen, dann versuchen Sie, diese Erkenntnisse auch auf Ihre alltäglichen Aktivitäten anzuwenden. Denken Sie daran, daß das eigentliche Ziel darin besteht, *jetzt* zu einem besseren, produktiveren und kreativeren Leben zu kommen. Die Erinnerung an vergangene Leben allein bringt nichts, wenn sie nicht von aktuellem praktischen Nutzen ist.

Zusammenfassung

Ein kurzer Überblick über die oben gegebenen Empfehlungen mag Ihnen hier hilfreich sein.

1. Folgen Sie den im Text gegebenen Anweisungen und führen Sie die Übungen der Reihenfolge nach aus. Arbeiten Sie in einem Ihnen angenehmen Tempo und lassen Sie sich Zeit zum Nachdenken.
2. Halten Sie Ihre Antworten auf jede Frage schriftlich fest, damit Sie später mühelos darauf zurückgreifen können.
3. Versuchen Sie, eine offene und neugierige Haltung zu bewahren.
4. Überlegen Sie sich jede Frage sorgfältig, aber bleiben Sie flexibel und passen Sie Ihre Bemühungen Ihren Bedürfnissen an.
5. Wenn Sie in den ersten Sitzungen Hinweise auf vergangene Leben erhalten, dann bemühen Sie sich noch nicht um umfassende Theorien über Ihre früheren Inkarnationen. Das kommt später.
6. Schreiben Sie Ihre Träume auf, am besten in einem gesonderten Traum-Journal.

7. Achten Sie auf Einsichten, die Ihnen im Alltagsleben kommen. Überlegen Sie sich, auch diese schriftlich festzuhalten, und sprechen Sie von Zeit zu Zeit mit einer Person Ihres Vertrauens darüber.
8. Nehmen Sie sich Zeit für regelmäßiges Meditieren.
9. Wenden Sie das, was Sie lernen, konstruktiv im Alltagsleben an.

Viel Glück bei Ihrem neuen Abenteuer.

Sitzung 1
Erinnerungen wecken

Standen Sie jemals draußen in einer warmen Frühlingsnacht und fühlten, daß die linde Luft und der schwache Duft erster Blüten Empfindungen in Ihnen weckten, fast zu stark, um sie zu beschreiben? Oder hörten Sie einmal im Radio ein ganz bestimmtes Lied aus der Vergangenheit, und es versetzte Sie unversehens in eine andere Zeit, an einen anderen Ort? Sie erinnern sich nicht nur daran, was Sie taten, als Sie zum erstenmal dieses Lied hörten, Ihnen fällt auch ein, was Sie damals dachten und fühlten.

Was wir um uns herum hören, sehen, riechen – alles das hat starken Einfluß auf unsere Erinnerungen und Gefühle, eine sehr persönliche Auswirkung. Dasselbe Lied mag bei der einen Person glückliche Erinnerungen wecken, bei der anderen aber schmerzliche Gedanken auslösen. Beim Pfeifen eines Zuges in der Nacht fühlt der eine vielleicht Ruhelosigkeit und Abenteuerlust, der andere einsame Verzweiflung. Auch die allergewöhnlichsten alltäglichen Erfahrungen lösen bei jedem Menschen eigene Empfindungen aus. Sie hören zum Beispiel ein Telefon klingeln: Reagieren Sie mit freudiger Erwartung? Sind Sie ärgerlich? Was sonst? Oder reagieren Sie überhaupt nicht? Was hat es mit Tönen, Bildern und Gerüchen auf sich, daß sie eine solche Vielfalt an Reaktionen bei den Menschen hervorrufen? Und hat diese Unterschiedlichkeit mit der Wahrnehmung an sich zu tun oder mit etwas, das in uns ist?

Schon ein kurzes Nachdenken bringt uns darauf, daß wir unterschiedlich reagieren, *weil wir verschieden sind.* Wir gehen als Einzelpersonen mit einzigartigen Erfahrungen und Erinnerungen durchs Leben und reagieren auf unsere Umwelt auf der Grundlage dessen, was wir in der Vergangenheit gesehen, getan und gefühlt haben.

Und so, wie wir ständig unbewußt Töne und Laute mit Erlebnissen aus unserem jetzigen Leben assoziieren, könnten wir auch auf Reize reagieren, die Gefühle und Einstellungen früherer Inkarnationen wachrufen. Eine sehr fruchtbare Möglichkeit, Erinnerungen an vormalige Leben zu wecken, besteht darin, daß wir uns dieser automatischen Reaktionen auf Töne, Bilder und Erfahrungen bewußt werden.

Meistens ergeben sich solche Reaktionen ohne irgendeine augenfällige Verbindung zu einer speziellen Situation in einem früheren Leben. Wenn wir ihrem Ursprung nachgehen wollen, müssen wir sie sehr genau beobachten und in Verbindung mit anderen Hinweisen auf unsere ferne Vergangenheit betrachten. In anderen Fällen kann eine solche automatische Reaktion eine klare, eindeutig identifizierbare Erfahrung aus einer früheren Inkarnation wachrufen. Nach Aussage der Cayce-Readings ist eine Erinnerung, die auf eine spontane Reaktion auf Ereignisse in diesem Leben folgt, vielleicht die zuverlässigste von allen.

Menschen, die Edgar Cayce für ein Reading aufsuchten, berichteten oft von einer solchen spontanen Reaktion; sie fragten sich, ob sie wohl das Ergebnis von Erinnerungen an ein vergangenes Leben war. Und die Readings bestätigten, daß es sich bei diesen Reaktionen um ein Aufblinken früherer Inkarnationen handelte. Da diese Personen ganz normale Menschen waren, die nicht unbedingt über große mediale Fähigkeiten verfügten, können wir davon ausgehen, daß auch wir uns gelegentlich an eine solche frühere Erfahrung erinnern.

Manchmal scheinen diese Erinnerungen, oder Erinnerungsfetzen, wie Stücke eines Films zu sein, die irgendwie in unsere normalen Gedankengänge eingefügt wurden – Fragmente von Erinnerungen, die uns flüchtig durch den Kopf gehen, während wir mit unseren Alltagsdingen beschäftigt sind. Manchmal nehmen wir sie wahr, oft aber bleiben sie so gut wie unbemerkt.

In einigen Fällen wird eine spontane Reaktion durch eine klar zu benennende Sache ausgelöst. So berichtete zum Beispiel eine Frau, daß sie, wann immer sie ein ganz bestimmtes Singen hörte, die Erfahrung zu machen schien, persönlich Jesu triumphalem Einzug in Jerusalem zuzusehen. Ihr Reading von Edgar Cayce besagte, daß sie bei diesem Ereignis zugegen gewesen war, und bestätigte, daß es sich hier wirklich um eine Erinnerung handelte. Cayce sagte weiter, dieses damalige Erlebnis hätte sie so tief beeindruckt, daß es ihr oft wieder in den Sinn käme.

Andere, denen Edgar Cayce ein Reading gab, stellten fest, daß auch ungewöhnliche emotionale Reaktionen Hinweise auf Einflüsse aus vergangenen Leben sein können. So fragte ihn zum Beispiel eine Frau, warum sie immer ein so deutliches Prickeln spüre, wenn sie die Worte Jesu höre. Ihr wurde gesagt, daß sie in einem Leben in Palästina tatsächlich seine Stimme gehört hatte. Eine andere Frau wurde jedesmal in Angst und Schrecken versetzt, wenn sie das Geräusch von Schlittenkufen auf Eis oder Pferdehufen auf Schnee hörte. Cayce erklärte diese emotionalen Reaktionen damit, daß sie in einem früheren Leben im eisigen Wasser des Ohio ertrunken war. Und einem Mann erläuterte er, daß sein großes Mitgefühl und Verständnis für Leute, die an Tuberkulose leiden, die unmittelbare Folge eines Lebens ist, in dem er sich in der gleichen Situation befunden hatte.

Diejenigen von uns, die das Glück haben, in andere Länder reisen zu können, berichten oft von ungewöhnlichen Ereignissen, die man mit Erinnerungen an eine ferne Vergangenheit in Verbindung bringen könnte. Manche Menschen haben das vage Gefühl, schon früher einmal dort gewesen zu sein. Andere spüren eine Zugehörigkeit und Vertrautheit, ein Gefühl des Friedens, als kämen sie nach Hause. Viele Reisende stellen fest, daß sie einen unerklärlich genauen Ortssinn haben. Sie wissen, was hinter der nächsten Kurve kommt, was am Ende dieser bestimmten Seitenstraße liegt. Wieder andere erleben ein Gefühl von Unbehagen, ein Prickeln, Traurigkeit oder Verzweiflung; manche weinen sogar heftig ohne ersichtlichen Grund.

Eine Frau machte eine Reise durch Israel und berichtete von einer solchen Erfahrung in Cäsarea. Sie hatte sich auf den Besuch dieses historischen Ortes ganz besonders gefreut, da sie schon immer Interesse an der Bibel und den Anfängen des Christentums gehabt hatte. Es war ein wunderschöner Tag, und sie fühlte sich prächtig. Als sie den Eingang zu dieser Stätte durchschritten hatte, blieb der Reiseführer stehen und erzählte von den verschiedenen Ereignissen, die sich hier im Laufe der Geschichte abgespielt hatten. Sie fand seine Schilderungen ganz interessant, doch gab es nichts, was sie besonders fasziniert hätte.

Sie merkte aber, daß ihr Magen plötzlich in Aufruhr geriet und sie ziemlich wacklig auf den Beinen war. Sie kümmerte sich nicht weiter darum und setzte ihre Tour durch die alten Gemäuer fort. Doch sie fühlte sich immer schlechter und beschloß schließlich, den Rundgang abzubrechen und zum Bus zurückzukehren. Nachdem sie ein paar Minuten im Bus verbracht hatte, sagte sie sich, daß sie, gleich wie sie sich fühlte, diese Tour nicht auslassen konnte.

Als sie ihre Gruppe wieder erreichte, war diese beim Amphitheater von Cäsarea angelangt. Und als sie in das Stadion hinunterblickte, brach sie in ein unkontrollierbares, tiefes und krampfartiges Schluchzen aus, das über eine Stunde andauerte. Sie war von dieser Reaktion völlig überrascht und hatte keine Ahnung, was sie ausgelöst haben könnte. Ganz sicher war nichts gesagt worden, was dazu hätte führen können. Auch war ihr dieser Gefühlsausbruch sehr peinlich, da sie an sich keine übermäßig emotional reagierende Person war. Sie hatte einfach keine Erklärung für diesen Vorfall.

Ihr Mann erinnerte sie daran, daß sie sich den Lehren des Paulus besonders verbunden fühlte und ihn oft anderen gegenüber verteidigte, die mit einigen seiner Ansichten nicht einverstanden waren. Ein weiterer Anhaltspunkt mag sein, daß sie sich nichts aus dem Sport macht, der in unseren heutigen Stadien betrieben wird. Eine mögliche Erklärung wäre auch, daß sie eine der frühen Christen in Cäsarea gewesen war, Paulus gekannt oder mit ihm gearbeitet hatte und dort auf die eine oder andere Weise verfolgt worden war. Wir könnten auch die Hypothese aufstellen, daß sie wahrscheinlich an einigen der Sportarten und Aktivitäten kein Vergnügen fand, die zu jener Zeit, als Rom auf dem Höhepunkt seiner Macht stand, in diesem Stadion betrieben wurden.

Es scheint, daß auch unser Interesse an und unsere Vorliebe für bestimmte Länder auf ein vergangenes Leben dort verweist. Selbst Umstände, die sich unserer Kontrolle entziehen, wie eine Geschäftsreise, militärische Versetzung oder zufällige Fahrtunterbrechungen sind Gelegenheiten, die Tür zu Erinnerungen zu öffnen. Uns mag es vielleicht scheinen, daß wir ›rein zufällig‹ in Länder reisen, in denen wir vormals gelebt haben.

Eine junge Frau schmiedete Pläne für eine Reise nach Ägypten. Zunächst schien dieses Vorhaben aus dem Nichts entstanden zu sein; die Gelegenheit ergab sich, und sie nutzte sie. Als sie ihren Großeltern von der geplanten Reise erzählte, erinnerten diese sie daran, daß einer ihrer Großonkel in den fünfziger Jahren nach Ägypten gereist war und daß viele der Dinge, die er mitgebracht hatte, in ihrem Haus herumstanden – eine Vase, ein Fußbänkchen, verschiedene Kupfer- und Messingschalen und ein Foto ihres Onkels auf einem Kamel. Der jungen Frau wurde plötzlich klar, daß sie diese Dinge immer fasziniert hatten. Und eine ihrer frühesten Erinnerungen betraf einen kleinen Messingbehälter mit eingravierten Hieroglyphen. Sie fragte sich, ob ihre Reise nach Ägypten wirklich ein so spontanes Vorhaben war, wie es schien.

Auch wenn man keine ausgedehnten Reisen unternimmt, Bilder aus der näheren Umgebung können ebenfalls Erinnerungen auslösen. Den Cayce-Readings ist zu entnehmen, daß wir uns oft nicht weit von Orten inkarnieren, in denen wir ein früheres Leben verbrachten. In einem Reading erfuhren die Eltern eines kleinen Jungen, daß dieser in einem früheren Leben mit George Washington in Verbindung gestanden hatte. Und wenn sie ihn nach Mount Vernon brächten, ihm die Küche zeigten und das Schlafzimmer, in dem Washington gestorben war, würde er sich an vieles erinnern. Als die Eltern den vierjährigen Jungen nach Mount Vernon brachten, war das Schlafzimmer nicht zugänglich. Sie konnten aber die Küche besichtigen, und als sie diese betraten, sagte das Kind: »Ich weiß, wo ich bin. Ich bin in Mount Vernon.«

Einer Frau, die in Virginia lebte, wurde gesagt, wenn sie zur Stadthalle in Williamsburg ginge und dort aus einem bestimmten

Fenster sähe, würde sie sich daran erinnern, in einem früheren Leben dort gestanden und auf ihren Liebsten gewartet zu haben. Und einer anderen Frau wurde mitgeteilt, wenn sie in einer Mondnacht im August zu einem bestimmten Fort in der Nähe ihres Heims ginge und lauschte, würde sie ihre eigene Stimme aus einem früheren Leben, das sie dort verbracht hatte, hören. Manchmal scheint auch die symbolische Widerspiegelung einer früheren Erfahrung auszureichen, um eine Erinnerung auszulösen. In einem Cayce-Reading wurde einer Person gesagt, wenn sie sich, wo auch immer, in den Sand setzte, würde das Erinnerungen an eine Inkarnation in Persien wecken.

Jeder von uns hat die Gelegenheit, über Film und Fernsehen an ferne Orte zu reisen. Und in Kombination mit Dokumentationen und Reiseführern kann uns der authentische Hintergrund vieler historischer Filme und Fernsehprogramme vor Ort in andere Kulturen und Sitten eintauchen lassen. Alles das ist dienlich, in uns Erinnerungen auszulösen.

Auch Bücher und Geschichten können uns in andere Länder und Zeiten versetzen. Wenn wir darauf achten, für welche Länder wir beim Lesen eine Vorliebe haben, kann das ebenfalls wertvolle Hinweise liefern. Die Cayce-Readings ermuntern die, die sich an frühere Leben erinnern möchten, dazu, bestimmte Gegenden und Länder, für die sie sich interessieren, eingehender zu studieren. Nicht nur die Geschichte, sondern auch die Geographie, Landkarten und Ansichtskarten wurden hier zur Anregung des Erinnerungsvermögens empfohlen. Einem Mann wurde zum Beispiel bedeutet, er solle die frühe Geschichte des Christentums studieren, und er stellte fest, daß seine Erinnerungen genauer waren als die überlieferten Berichte.

Manchmal können wir mit einer Andeutung von einem vergangenen Leben beginnen und diese dann durch eingehendes Studium erweitern. So stellt eine Frau, die an der Erinnerung früherer Leben arbeitet, fest, daß ihre Träume auf Länder verweisen, in denen sie gelebt hat. Es macht ihr Spaß, die Sprachen dieser Länder zu lernen, und sie merkt, daß dies wiederum zu weiteren Erinnerungen führt.

Wann immer Sie das Gefühl haben, in einer bestimmten Zeit

oder an einem bestimmten Ort gelebt zu haben, sollten Sie sich Ihrer Phantasie bedienen, um es mit Einzelheiten aus jenem vergangenen Leben aufzufüllen. Einem Mann wurde in einem Cayce-Reading gesagt, daß seine Gabe, sich ganz bestimmte Orte vorzustellen, aus einem früheren Leben, das er in dieser Gegend verbracht hatte, herrührte. Er wurde dazu ermuntert, sich in diesem Zusammenhang Einzelheiten zu phantasieren, um so weitere Erinnerungen auszulösen. Einer anderen Person wurde geraten, sich vorzustellen, welche Mahlzeiten die Leute in einem bestimmten Szenarium der Vergangenheit einnahmen, denn dies wäre ein erstaunlicher Auslöser für alte Erinnerungen.

Übung A

Die meisten von uns verbinden mit bestimmten Orten ganz bestimmte Gefühle, ohne sich dessen bewußt zu sein. Das kann natürlich die Folge einer Konditionierung im jetzigen Leben sein, doch oft reichen die Wurzeln tiefer.

Sie sollen nun mit Ihren Gefühlen und Ihrer Imagination in Berührung kommen. Denken Sie ein paar Augenblicke über die folgende Frage nach:

Wenn Sie irgendein fremdes Land auf dieser Erde besuchen könnten, wohin würden Sie reisen?

Haben Sie sich für ein Land entschieden, dann sollten Sie sich jetzt Ihrer Vorstellungskraft bedienen und sich in Einzelheiten ausmalen, was Sie dort vorzufinden erwarten. Nehmen Sie sich dazu so viel Zeit, wie Sie brauchen. Machen Sie sich keine Gedanken, ob Ihre Vorstellungen zutreffend sind. Wichtig ist hier, *was Sie von der Erwartung her dort vorfinden.* Bedienen Sie sich der freien Assoziation und decken Sie eine Vielfalt von Lebensbereichen ab. Wenn Sie mit Ihrem geistigen Bild von diesem Land fertig sind, dann beantworten Sie folgende Fragen:

1. Wohin würden Sie reisen?
2. Zählen Sie ein paar Dinge auf, die Sie Ihrer Vorstellung nach

dort vorfinden. Berücksichtigen Sie dabei eine Vielfalt von verschiedenen Lebensaspekten. Denken Sie zum Beispiel an Orte, Gegenstände, Stimmungen, Menschentypen, Farben, Malerei und Architektur, Musik und andere Aspekte dieses Landes, die Ihnen in den Sinn kommen.

3. Beschreiben Sie die Gefühle, die diese Dinge in Ihnen erwekken. Haben Sie eine ganze Palette von Gefühlen – einige gut, andere nicht so gut?
4. Welche Geschichten haben Sie über dieses Land gelesen? Was für Gefühle lösten sie in Ihnen aus?
5. Mögen Sie Filme und/oder Fernsehprogramme, die in diesem Land spielen bzw. über dieses Land? Notieren Sie die, die Ihnen hier einfallen, und auch die Gefühle, die sie in Ihnen auslösen.
6. Verbinden Sie eine bestimmte Küche mit diesem Land? Mögen Sie sie?
7. Haben Sie zu Hause Gegenstände, die Sie an dieses Land erinnern? Welche Dinge sind das, und wo befinden sie sich?
8. Gibt es noch andere Lebensbereiche, in denen sich Ihr Interesse für dieses Land ausdrückt? Denken Sie hier etwa an Kleidung und andere Dinge des persönlichen Ausdrucks (Frisur zum Beispiel), eine Vorliebe für Musik, die Sie mit diesem Land verbinden, Interesse an Sachbüchern oder Neuigkeiten über dieses Land, Freude an Ausstellungen oder anderen kulturellen Veranstaltungen, die dieses Land zum Thema haben, usw.
9. Haben Sie jemals Leute kennengelernt, die in dieses Land reisten, die dort eine Weile lebten oder dort geboren sind? Was für Gefühle hatten Sie ihnen gegenüber, wie empfanden Sie Ihre Beziehung zu ihnen?
10. Haben Sie dieses Land jemals selbst besucht? Wenn ja, dann zählen Sie einige Ihrer stärksten Reiseeindrücke auf. Wenn nicht, dann zählen Sie einige der Dinge auf, deretwegen Sie das Land gern besuchen möchten.
11. Gibt es eine bestimmte Epoche in der Geschichte dieses Landes, die Sie besonders interessiert?
12. Nehmen Sie sich ein paar Minuten Zeit und denken Sie sich

eine kleine Geschichte über die Person aus, die Sie vielleicht waren, wenn Sie in einer früheren Inkarnation in diesem Land gelebt hätten. Und wie gesagt, stützen Sie sich hier mehr auf Ihre Phantasie als auf Ihr Faktenwissen. Assoziieren Sie frei und erkunden Sie eine Vielfalt an Möglichkeiten. Wenn Sie sich Ihre Geschichte ausgedacht haben, wollen Sie sie vielleicht notieren, um später darauf zurückgreifen zu können.

13. Gibt es noch irgendwelche andere Bemerkungen im Zusammenhang mit dieser Übung?

Gab es Fragen, die Sie nicht beantworten konnten? Manchmal sind die Fragen, die wir nicht beantworten können, ebenso wichtig wie die, auf die wir eine rasche Antwort haben. Zum Beispiel berichten Leute häufig, daß sie nichts über die Küche ihres gewählten Landes wissen. Das ist eine gute Gelegenheit, Ihre Phantasie spielen zu lassen und zu sehen, was Ihnen spontan in den Sinn kommt. Die Unsicherheit in diesem Punkt ist aber auch eine gute Gelegenheit, hier anzusetzen und sich Kenntnisse über dieses Land zu erwerben. Wenn die Mosaiksteinchen Ihres Reinkarnations-Puzzles auf ein bestimmtes Land hinweisen, mag das ein guter Anlaß sein, über die Küche dieses Landes nachzulesen, ein neues Rezept auszuprobieren oder auch ein entsprechendes Restaurant aufzusuchen

Übung B

Wir wollen nun eine andere Imaginationsübung machen, bleiben diesmal aber im eigenen Land. Denken Sie über die folgende Frage nach:

Wenn ich in meinem Land irgendwohin fahren könnte, wohin würde ich reisen?

Nun stellen Sie sich einige Dinge vor, die Sie dort vorzufinden erwarten. Lassen Sie auch hier wieder Ihrer Phantasie freien Lauf – Dinge, Stimmungen, Menschen, Farben, Musik, was immer

Ihnen in den Sinn kommt. Lassen Sie sich Zeit. Wenn Sie dann bereit sind, beantworten Sie folgende Fragen:

1. Welchen Teil des Landes haben Sie gewählt?
2. Was werden Sie Ihrer Vorstellung nach dort vorfinden? Und noch einmal, lassen Sie Ihrer Phantasie freien Lauf und überraschen Sie sich selbst.
3. Rufen diese Dinge in Ihnen spezielle Gefühle hervor? Angenehme oder unangenehme?
4. Bringen Sie mit dieser Gegend einen bestimmten Menschentypus in Verbindung? Wie fühlen Sie gegenüber diesen Menschen?
5. Nennen Sie erinnernswerte Geschichten, die Sie im Zusammenhang mit dieser Gegend gelesen haben, ebenso Filme und Fernsehprogramme, und notieren Sie die Gefühle, die sie in Ihnen auslösten.
6. Assoziieren Sie bestimmte Speisen mit diesem Teil des Landes? Mögen Sie sie?
7. Finden sich Dinge in Ihrem Heim, die Sie an diese Gegend erinnern? Um was handelt es sich, und wo befinden sie sich?
8. Zeigt sich Ihr Interesse an dieser Region noch in irgendwelchen anderen Lebensbereichen?
9. Waren Sie schon einmal dort? Wenn ja, was sind Ihre stärksten Erinnerungen an diesen Aufenthalt?
10. Gibt es irgendeine historische Phase dieser Region, die Sie besonders interessiert?
11. Denken Sie sich eine kleine Geschichte aus, wie Sie diese Gegend besuchen und sich dort an ein vergangenes Leben erinnern. Schmücken Sie sie mit so vielen Einzelheiten aus, wie Sie möchten, oder halten Sie die Geschichte ganz kurz, wenn Ihnen das lieber ist. Schreiben Sie sie auf, vielleicht in Stichworten.
12. Haben Sie in diesem Zusammenhang noch irgendwelche zusätzlichen Bemerkungen oder Ideen?

Viele Menschen stellen fest, daß diese beiden Übungen zu einer Menge Erinnerungen, Gefühle und Beobachtungen führen.

Einer der wichtigsten Bestandteile der Übungen ist ihre Verarbeitung. Hier gibt es mehrere Möglichkeiten. Wenn Sie diesen Kurs mit einer Gruppe von Leuten oder mit einer befreundeten Person machen oder wenn Sie allein arbeiten und einen Menschen haben, mit dem Sie die reinkarnativen Hinweise besprechen können, dann sollten Sie eine Pause machen und über Ihre Gefühle reden. Wenn Sie lieber allein arbeiten, können Sie auf verschiedene Weise über Ihre Antworten und Reaktionen nachsinnen. Vielleicht würden Sie sich gern entspannen und Ihre Gedanken einfach wandern lassen. Oder Sie schließen die Augen zu einem Schläfchen. Oder Sie schreiben ein paar Zeilen über Ihre Erfahrungen. Vielleicht schreiben Sie auch einen Brief an einen imaginären Freund und berichten von Ihren Gefühlen und den Anhaltspunkten, die Sie entdeckt haben.

Wenn Sie Ihre Antworten und Reaktionen analysieren, dann versäumen Sie nicht, auf Tendenzen zu achten, die Ähnlichkeiten mit Ihrer Alltagssituation aufweisen. Eine Frau stellte sich zum Beispiel vor, daß sie eine indianische Squaw in Colorado war, die ihren Alltagspflichten nachging. Sie brachte das mit dem Vergnügen in Verbindung, das sie heute empfindet, wenn sie im Wald spazierengeht und Reisig und Brennholz sucht. Ihre Freude am abendlichen Kaminfeuer läßt sich mit ihren Gefühlen vergleichen, die sie empfand, als sie sich ein indianisches Leben vorstellte. Eine andere Frau, die sich in ihrer Phantasie auf einem englischen Landgut des 18. Jahrhunderts wiederfand, entdeckte zu ihrer Überraschung, daß sie ihre Vorliebe für Süßigkeiten und Nachspeisen mit der englischen Teestunde assoziierte, die sie in ihrer Geschichte sehr genoß.

Unsere Geschichten bieten auch da wertvolle Hinweise, wo sie keine Parallelen mit unserem Alltag aufweisen. So berichtete eine Frau, daß sie sich in ihrer erfundenen Geschichte eines Lebens in Italien sehr heiter und gelassen fühlte. Ihr wurde klar, daß sie, die jetzt ein sehr hektisches Leben führte, von der Freude an den Schönen Künsten, die sie in ihrer Geschichte erfahren hatte, profitieren könnte. Sie beschloß, Museen, Galerien und Konzerte zu besuchen, um auf diese Weise etwas von jenem Gefühl von Wohlbefinden und innerem Frieden wiederzufinden.

Wenn Sie Erinnerungen an frühere Erfahrungen wecken wollen, dann brauchen Sie ein gutes Unterscheidungs- und Urteilsvermögen hinsichtlich dessen, was Sie da wecken wollen. Wenn eine bestimmte Erinnerung Ihnen das Gefühl von Hoffnung und Unterstützung gibt, dann versuchen Sie, das in Ihr Leben einzubauen. Sollten aber Erinnerungen aufsteigen, die Ihnen in diesem Leben nicht hilfreich sind, dann lassen Sie sie beiseite. Erinnerungen und Talente vergangener Leben sollen genutzt werden, um dieses Leben zu befördern. Sie sollen nicht als Fluchtmittel eingesetzt werden oder Sie vom Weg abbringen, den Sie in diesem Leben gewählt haben.

Sitzung 2
Kleider-Phantasien

In der letzten Übung setzten wir Imagination und rationales Denken ein, um mit einigen Vorstellungen, Gefühlen und Eindrücken hinsichtlich zweier ausgewählter Orte in Berührung zu kommen. Nun gehen wir hinsichtlich unserer Imaginationsfähigkeit einen Schritt weiter. Um aus dieser Übung den größtmöglichen Nutzen zu ziehen, müssen Sie sich wirklich wohl fühlen, wenn Sie Ihrer Phantasie freien Lauf lassen. Wir werden uns hier einer bestimmten Art des Phantasierens bedienen, Träumerei bzw. gelenkte Phantasie genannt, um unsere Vorstellungskraft zu üben. Bevor wir aber mit dieser speziellen Übung beginnen, wollen wir uns diese Form des Phantasierens kurz ansehen und feststellen, wie wir sie bei unserer Suche nach Selbsterkenntnis nutzen können.

Bei diesem Kurs streben wir nach einem Gleichgewicht zwischen analytischem Denken und Imagination, zwischen bewußten und unbewußten bzw. unterbewußten Geistesaspekten. Der bewußte Verstand ist sicherlich ein wichtiges Werkzeug, dessen wir uns in hohem Maße bedienen werden, um Hinweise auf vergangene Leben zu sammeln und zu analysieren. Aber unsere mentale Struktur umfaßt einiges mehr, und es gibt noch andere Geistesaspekte, die uns bei unserer Suche behilflich sein können.

Erinnern Sie sich, daß das Unterbewußte der Erinnerungsspeicher für frühere Inkarnationen ist. Wenn wir auf bewußter Ebene mit diesen Erinnerungen arbeiten, wird auch das Unterbewußte in seinen Aktivitäten stimuliert. Unser Problem ist es, dieses unterbewußte Material an die Oberfläche zu holen, wo wir es erkennen und nutzen können. Und dabei ist die Technik der Träumerei ein wichtiges Hilfsmittel. Sie macht uns die Bilder aus dem Unterbewußten zugänglicher und kann uns somit Einsichten vermitteln, die sich von denen, die wir allein durch den analytischen Verstand gewinnen, stark unterscheiden. Aber was meinen wir nun mit Träumerei?

In Wörterbüchern findet man »Träumerei« als »Tagträume« definiert. Und obwohl wir alle mit solchen Phantasien im Wachzustand vertraut sind, übersehen wir leicht ihre potentielle Nützlichkeit. Normalerweise haben unsere Tagträume eine problematische Tendenz zur Undiszipliniertheit und Richtungslosigkeit. Von daher sind sie kein sehr verläßliches Vehikel, wenn wir ein bestimmtes Ziel verfolgen.

Wenn wir also darauf vertrauen wollen, daß wir mit Hilfe unserer Tagträume tatsächlich ein bestimmtes Ziel erreichen können, dann müssen wir ihnen einen Leitfaden geben, der sie in die von uns gewünschte Richtung lenkt. Und darin besteht das Ziel der verschiedenen Träumerei-Übungen in diesem Kurs: Wir wollen unseren Phantasien eine Richtung geben, so daß wir aus der Freiheit der Imagination die von uns gewünschten größtmöglichen Vorteile ziehen können. Deshalb wollen wir hier für unsere Zwecke den Begriff »Träumerei« auf eine »gelenkte Erfahrung im Phantasieren« einengen oder, abkürzend, von »gelenkter Phantasie« sprechen.

Um die Sache noch etwas deutlicher werden zu lassen, sollten wir uns ansehen, was mit dem träumerischen Aspekt *nicht* gemeint ist. Zwar besteht einige Ähnlichkeit zwischen den dabei aufsteigenden unbewußten Bildern und den nächtlichen Traumbildern, aber der Träumende schläft nicht. Sie verlieren hier nicht das Wachbewußtsein oder Gewahrsein von Ihrer Umgebung. Sie mögen sich vielleicht so entspannen, daß Sie Ihre Aufmerksamkeit von Ihrer Umgebung abziehen, aber Sie bleiben wach und können, wenn nötig, auf alles reagieren.

Gelenkte Phantasie ist auch keine Form von Hypnose. Weder unterwerfen Sie Ihr Bewußtsein äußeren Einflüssen, noch geben

Sie Ihre Fähigkeit zum unabhängigen Denken auf. Soll die Erfahrung fruchtbar sein, dann muß sie sich auf Bilder aus *Ihrem* Unterbewußten gründen, nicht auf Bilder, die Ihnen von einer äußeren Quelle aufgezwungen werden. Sie werden die Kontrolle über Ihre Gedanken nicht verlieren und können die Phantasie, wann immer Sie wollen, beenden.

Wenden wir uns nun einigen Punkten zu, die Ihnen helfen, den größtmöglichen Nutzen aus dieser Übung zu ziehen. Geistige und physische Entspannung ist der Schlüssel für den ganzen Vorgang. Entspannen Sie sich zunächst geistig. Lassen Sie alle kritischen und analytischen Funktionen Ihres Verstandes ruhen. Gönnen Sie ihm eine Pause, damit das Unterbewußte in den Vordergrund treten und für Sie aus der Fülle seines Materials eine neue Realität erschaffen kann. Lassen Sie die Grenzen Ihrer gewohnten Weltsicht hinter sich zurück, räumen Sie Ihrer Phantasie die Freiheit ein, Ihnen Bilder zu zeigen, die außerhalb des gewohnten Raumes Ihres Bewußtseins liegen.

Als nächstes entspannen Sie Ihren Körper. Physische Bequemlichkeit und Entspannung sind absolut notwendig für die bevorstehende Erfahrung. Nehmen Sie also eine bequeme, sitzende oder liegende Haltung ein. Schließen Sie die Augen, atmen Sie langsam und tief, entspannen Sie alle Muskeln. (Dazu finden Sie eine Technik am Ende dieses Kapitelteils.) Welcher Methode Sie sich auch bedienen, versuchen Sie in einen Zustand zu gelangen, in dem Sie Ihren Körper vergessen und Ihre Gedanken fließen lassen.

Am Anfang jeder gelenkten Phantasie bekommen Sie Anweisungen, sich selbst in einem ganz bestimmten Rahmen vorzustellen. Denken Sie daran – entspannen Sie sich. Setzen Sie nicht ihren Verstand ein, um ein Bild von dieser Situation zu konstruieren. Nehmen Sie einfach die Bilder an, die aus Ihrem Unterbewußten kommen, akzeptieren Sie sie ohne Kritik, ohne sie logisch zu hinterfragen, und nehmen Sie die Details wahr, die sich vor Ihrem inneren Auge zeigen. Beschränken Sie sich nicht nur auf den Anblick Ihrer neuen Umgebung; werden Sie sich auch der Laute, Gerüche und taktilen Empfindungen bewußt. Nehmen Sie so viele Details wie möglich wahr, denn sie sind wichtig.

Dadurch, daß Sie sich auf sie konzentrieren, tauchen Sie so tief wie möglich in Ihre Phantasiewelt ein.

Wenn Sie sich in dieser Phantasieumgebung so sehen wie in einem Film, dann ist das ein guter Anfang. Aber um diese in ihrer ganzen Fülle zu erleben, braucht es einen anderen Blickwinkel. Betrachten Sie nicht nur ein geistiges Bild, in dem eine Person vorkommt, die Sie mit sich selbst identifizieren, sondern versuchen Sie, Teil dieser Szenerie zu werden. Das heißt, nutzen Sie Ihre Phantasie, um Ihre Perspektive so zu verschieben, daß Sie sich selbst darin erleben. Fühlen Sie in Ihrem imaginären Körper jede Bewegung oder Aktivität, die sich in Ihrer Vorstellung ereignet. Und nehmen Sie so weit als möglich die geistige Haltung ein, die Sie hätten, wenn dieses Geschehen real wäre. Denken Sie die Gedanken und fühlen Sie die Emotionen, die Sie in diesem Falle hätten.

Bei einigen gelenkten Phantasien werden Ihnen an bestimmten Punkten gewisse Fragen gestellt. Unterbrechen Sie Ihre Erfahrung *nicht*, um die Antworten aufzuschreiben. Die Fragen werden wiederholt, und Sie werden im Anschluß an diese Übung Zeit haben, sie schriftlich zu beantworten. Sie werden an diesen Punkten nur gestellt, um Ihre Aufmerksamkeit auf bestimmte Einzelheiten zu lenken, die Sie die Bedeutung Ihrer Phantasie insgesamt besser verstehen lassen. Prägen Sie sich nur diese Details ein, damit Sie sich im Anschluß daran erinnern können. Die Zeit der Analyse und zum Aufschreiben kommt später.

Bleiben Sie bei jeder gelenkten Phantasie, so lange Sie können. Lassen Sie sich Zeit, damit sich die Erfahrung in ihrem eigenen Tempo entfalten und zu ihrem natürlichen Schluß kommen kann. Sorgen Sie sich nicht um die Einhaltung irgendwelcher Zeitangaben, die im Text vorkommen mögen; sie dienen nur als allgemeine Richtlinien und sollten Ihren jeweiligen Bedürfnissen angepaßt werden.

Wenn die gelenkte Phantasie richtig ausgeführt wurde, dann werden Sie sich am Schluß erfrischt, entspannt und zufrieden fühlen. Wichtiger noch, Sie werden aus dieser Erfahrung mit einem neuen Verständnis von sich selbst hervorgehen; Sie werden sich dessen bewußter sein, wie Sie die Person wurden, die Sie sind, und Sie werden eine umfassendere Sicht von den Möglichkeiten haben, die Ihnen im jetzigen Leben offenstehen.

Es gibt allerdings ein Problem, wenn Sie bei Ihrer gelenkten Phantasie mit einem Buch arbeiten. Um den Anweisungen zu folgen, müssen Sie Ihr Verstandesbewußtsein einsetzen, und das kann Ihre Aufmerksamkeit vom Bilderfluß aus dem Unterbewußten abziehen. Wenn Sie Satz für Satz vorgehen – eine Anweisung lesen, ihr folgen, die nächste Anweisung lesen und so weiter –, heißt das, daß Sie in Ihrer Phantasie ständig unterbrochen werden. Sie werden es vermutlich außerordentlich schwierig finden, sich wirklich auf sie einzulassen, denn die meisten von uns sind nicht imstande, so glatt zwischen logischem und imaginativem Bewußtsein hin- und herzuwechseln.

Es mag schon helfen, wenn Sie einen größeren Abschnitt des Materials lesen, ihn sich einprägen und ihm dann folgen, ohne immer wieder zum Buch zu greifen, und sich dann den nächsten Abschnitt vornehmen. Das würde zumindest die Anzahl der Unterbrechungen reduzieren. Aber es bedeutet doch ziemlich viel Arbeit für unser Verstandesbewußtsein, das während der gelenkten Phantasie eigentlich ruhen sollte. Und wir gehen das Risiko ein, daß wir eine oder mehrere Schlüsselanweisungen vergessen, was die Erfahrung in ihrer Gesamtheit beeinträchtigen würde. Dazu kommt die Gefahr, daß wir, wenn wir uns die Anleitungen einprägen, die Antworten schon vorprogrammieren, was den Spielraum und die Spontaneität der Bilder, die sich uns zeigen, einschränkt.

Bleibt uns nichts anderes übrig, dann können wir trotz allem in dieser Weise vorgehen. Ansonsten gäbe es einige Alternativen. Zum Beispiel können wir um Hilfe bitten. Haben Sie eine Person, der Sie vertrauen und die Sie an Ihrer Arbeit mit diesem Kurs teilhaben lassen wollen, so können Sie sie bitten, Ihnen die Anweisungen laut vorzulesen, während Sie in Ihre Phantasie eintauchen. So könnte Sie Ihr Freund oder Ihre Freundin leiten, und Sie brauchen nicht Ihr Vestandesbewußtsein zu bemühen und sind frei, sich auf die Bilder aus dem Unterbewußten zu konzentrieren.

Eine andere Alternative wäre, daß Sie die Anweisungen vorab

auf Tonbandkassetten sprechen. Dann besteht die einzige Ablenkung darin, daß Sie vor Beginn Ihrer gelenkten Phantasie-Übung die richtige Kasette einlegen, das Tonbandgerät einschalten und am Schluß wieder abschalten. Dazwischen können Sie sich entspannen und das Unterbewußte ungestört seine Arbeit tun lassen.

Gleich welcher Methode Sie sich bedienen, vergessen Sie nicht, sich auf jede Phantasie-Sitzung vorzubereiten. Diese Vorbereitung besteht hauptsächlich in geistiger und physischer Entspannung. Dazu finden Sie unten zwei Techniken, eine zur geistigen und eine zur körperlichen Entspannung. Diese können Sie zu Beginn jeder gelenkten Phantasie-Übung einsetzen, indem Sie sie lesen und dann den Anweisungen folgen oder sie sich vorlesen lassen oder vorab auf Tonband sprechen.

Natürlich gibt es viele Entspannungstechniken, wir bieten hier nur zwei mögliche an. Probieren Sie sie ein- oder zweimal aus, um festzustellen, wie tauglich sie für Sie sind. Und fühlen Sie sich frei, sie Ihren Bedürfnissen entsprechend abzuändern. Nach einer Zeit werden Sie vielleicht feststellen, daß Sie zur Entspannung gar keine verbalen Anleitungen mehr brauchen. Aber ob Sie sich nun der angegebenen Techniken bedienen, eine andere anwenden oder gar keine, nehmen Sie sich in jedem Fall vor jeder Phantasie-Übung Zeit, Geist und Körper zu entspannen.

In den folgenden Anweisungen für die Entspannung und gelenkte Phantasie-Übung finden Sie in Klammern verschiedene Zeitangaben eingefügt. Diese sollen auf Pausen und die Länge dieser Pausen verweisen. Das heißt, Sie sollen Zeit haben, die verschiedenen Schritte zur Entspannung auszuführen oder Ihre Aufmerksamkeit auf bestimmte Bilder zu richten. Diese angegebenen Pausen sind Ihnen vermutlich eine Hilfe, aber auch hier sollten Sie flexibel bleiben. Die Zeitangaben sind nur Vorschläge, die sich für Sie als zu kurz oder zu lang erweisen können. Richten Sie Ihre Phantasie-Übung nicht an einem vorgegebenen Zeitplan aus, sondern passen Sie den Zeitplan den Dimensionen Ihrer Phantasie an.

Bevor wir nun auf die beiden Übungen zur geistigen und körperlichen Entspannung kommen, hier die empfohlene Schrittabfolge einer gelenkten Phantasie-Sitzung:

1. Nehmen Sie eine bequeme Haltung ein.
2. Entspannen Sie sich geistig.
3. Entspannen Sie sich körperlich.
4. Erleben Sie Ihre gelenkte Phantasie.
5. Wenn Sie damit fertig sind, denken Sie still einen Moment darüber nach.
6. Beantworten Sie die Fragen, die dazu gestellt werden.

Zur geistigen Entspannung

Es ist nun Zeit, sich auf eine Phase ruhiger Entspannung vorzubereiten. Machen Sie es sich so bequem wie möglich und bringen Sie, soweit Sie können, Ihre Gedanken zur Ruhe (5 Sek.). Sie sind sicher und geborgen und bereit, sich von Ihrer Phantasie zu einem kleinen Abenteuer entführen zu lassen.

Sie werden, wenn Sie in diese friedvolle gelenkte Phantasie eintauchen, nicht Ihr Bewußtsein verlieren. Sie werden auch nicht die Kontrolle über Ihre Gedanken verlieren. Sie werden sich der Vorgänge um Sie herum völlig gewahr sein, wenn Sie auch so entspannt sein werden, daß Sie vermutlich jede Ablenkung ignorieren möchten (5 Sek.). Wissen Sie aber, daß Sie, wenn Sie auf irgendein Geschehen in Ihrer Umgebung reagieren müssen, völlig wach und fähig sind, dies auch zu tun.

Sie treten einfach in einen Zustand geistiger und körperlicher Entspannung ein, der Ihrem Unterbewußtsein erlauben wird, Sie mit seinen Gedanken bekannt zu machen. Sie brauchen sich nur zu entspannen und auf die Gedanken, Vorstellungen oder Bilder zu achten, die Ihnen Ihr Unterbewußtes zeigt.

Und nun wollen wir ein wenig Zeit darauf verwenden, daß sich Ihr Körper entspannt, so wie Sie geistig entspannt sind. Schließen Sie die Augen und machen Sie ein paar langsame, tiefe Atemzüge. Langsam, tief, ruhig – atmen Sie ein (3 Sek.) und aus (3 Sek.). Noch einmal – ein (3 Sek.) und aus (3 Sek.). Und noch einmal – ein (3 Sek.), und aus (3 Sek.). Atmen Sie weiter, langsam und ganz natürlich.

Ziehen Sie Ihre Aufmerksamkeit nun sanft vom Atmen ab und konzentrieren Sie sich auf Ihre Füße (5 Sek.). Ihr Bewußtsein ist nun in den Füßen konzentriert; weisen Sie sie an, sich zu entspannen. Spüren Sie etwaigen Verspannungen nach. Wenn Sie auf angespannte Muskeln stoßen, spannen Sie sie bewußter weiter an (3 Sek.), und lassen Sie dann los. Fühlen Sie, wie die Spannung sich löst (5 Sek.).

Wenden Sie Ihre Aufmerksamkeit nun langsam und sanft Ihren Beinen zu, spüren Sie von unten nach oben verspannten Muskeln nach. (5 Sek.). Spannen Sie sie so stark an, wie Sie können (3 Sek.), lassen Sie dann los (5 Sek.). Von den Beinen hinauf zu den Hüften und dem Gesäß (5 Sek.) – anspannen (3 Sek.) und loslassen (5 Sek.). Jetzt Ihr Unterleib und die untere Rückenpartie (5 Sek.) – anspannen (3 Sek.) und loslassen (5 Sek.).

Weiter hinauf zur Brust und zu den Schulterblättern (5 Sek.). Achten Sie besonders auf Ihren Schulterbereich. Werden Sie sich irgendwelcher Verspannungen dort bewußt (5 Sek.). Drücken Sie Ihre Schulterblätter zusammen, halten Sie sie angespannt (3 Sek.) – lassen Sie los (5 Sek.). Ziehen Sie die Schultern hoch, und halten Sie sie angespannt (3 Sek.) – lassen Sie los (5 Sek.). Fühlen Sie, wie alle Spannungen weichen, aus Ihrem Rücken strömen, während Sie in ein leuchtend goldenes Licht der Entspannung getaucht sind.

Wenden Sie sich nun, da der Nacken und die Schultern entspannt sind, den Gesichtsmuskeln zu (5 Sek.). Die Augen sind geschlossen. Blinzeln Sie? Ist der Kiefer verspannt oder entspannt? Entspannen Sie alle Ihre Gesichtsmuskeln (5 Sek.). Ihr

Kiefer ist entspannt (5 Sek.). Ihr ganzer Kopf ist entspannt (5 Sek.). Ihr ganzer Körper ist entspannt (5 Sek.).

Wenden Sie sich nun wieder einen Moment Ihrer Atmung zu. Beobachten Sie mit Ihrem geistigen Auge, wie sich Ihre Lungen mit jedem tiefen, gleichmäßigen Atemzug füllen. Und beobachten Sie, wie sie sich bei jedem Ausatmen leeren. Versuchen Sie nicht, Ihre Atmung zu kontrollieren; atmen Sie einfach normal, natürlich, friedlich (10 Sek.).

Sie sind nun ganz und gar entspannt, bereit, Ihren Körper für eine Weile zu vergessen. Sie fühlen sich eins mit sich, können Ihre Gedanken fließen lassen und sind bereit, sich in ihnen zu verlieren.

(An diesem Punkt können Sie nun zur gelenkten Phantasie, mit der Sie gerade arbeiten, übergehen.)

Einer der Vorteile bei der Technik der gelenkten Phantasie ist der, daß Sie jede Imaginationsübung immer wiederholen können und jedesmal zu anderen nützlichen Resultaten kommen. Zum Beispiel werden Sie bei unserem ersten Ausflug in einen imaginären Koffer greifen, ein Kleidungsstück herausnehmen und untersuchen, was es Ihnen über Sie sagen kann. Diese Übung können Sie öfter wiederholen, dabei jedesmal ein anderes Kleidungsstück herausziehen und zu neuen Einsichten kommen. Am Ende dieses Kurses werden Sie sich in einer gelenkten Phantasie eine Szene aus einem Ihrer vergangenen Leben ansehen. Ganz offensichtlich haben wir alle viele solcher Szenen in uns, und somit können wir, wenn wir die Übung öfter wiederholen, immer wieder zu neuen und hilfreichen Informationen gelangen.

Mit zunehmender Sicherheit im Umgang mit Ihrer Imagination gelangen Sie vielleicht an den Punkt, wo Sie gern selbst eine gelenkte Phantasie entwerfen möchten, etwa zu einem Aspekt des Kurses, der keine spezielle Phantasie-Übung beinhaltet. Zögern Sie nicht, das zu tun, wann immer Sie das Gefühl haben, eine solche Erfahrung wäre hilfreich. Vielleicht stellen Sie sogar fest, daß sich diese Technik auch auf Lebensbereiche anwenden läßt, die mit der Erinnerung an frühere Leben gar nichts zu tun haben.

Und nun ist es an der Zeit, von der Theorie zur Praxis überzugehen. Wir beginnen mit einer kurzen, einfachen gelenkten Phantasie, die Ihnen helfen soll, Ihrer Vorstellungskraft zu vertrauen. Versuchen Sie während dieser Übung nicht, Ihren Verstand einzusetzen. Denken Sie daran, daß dieser Aspekt jetzt Ruhepause hat. Sie versuchen jetzt nicht, sich an ein vergangenes Leben zu erinnern. Das kommt später. Für den Moment üben Sie sich nur in Ihrer Imagination. Stellen Sie sich einfach nur die Dinge vor, von denen gesprochen wird. Dies hier ist reine Phantasie.

Bevor Sie sich nun auf die gelenkte Phantasie einlassen, sollten Sie vielleicht noch einmal die Übungen zur geistigen und körperlichen Entspannung absolvieren. Dann lassen Sie sich von Ihrem Unterbewußtsein zu folgender imaginärer Szene führen.

Kleider-Phantasien

Sie sehen sich in der Mitte eines großen leeren Raums. Es ist ein freundlicher, sonniger Raum, von Licht durchflutet (5 Sek.). In diesem Raum steht nichts außer einem riesigen Kleiderschrank (5 Sek.).

Sie gehen hinüber zu diesem Kleiderschrank (5 Sek.). Sie fassen nach dem Türgriff. Langsam öffnen Sie die Türen (5 Sek.). Drinnen sehen Sie eine Reihe von verschlossenen Koffern (5 Sek.). Sie greifen hinein und nehmen einen heraus (5 Sek.). Öffnen Sie ihn (5 Sek.).

Darin finden Sie etwas zum Anziehen – eine vollständige Ausstattung (5 Sek.). Sie ziehen die Sachen langsam heraus und betrachten sie sorgfältig. Was ist es? (10 Sek.) Wie sieht es aus? (10 Sek.). Wie fühlt es sich in Ihren Händen an? (10 Sek.).

Nun ziehen Sie die Sachen an (5 Sek.). Dabei merken Sie, daß sie perfekt passen. Wie fühlen sie sich an, jetzt, wo Sie sie anhaben? (10 Sek.). Hinter Ihnen befindet sich ein Spiegel. Drehen Sie sich um, und betrachten Sie sich darin (5 Sek.). Wie sehen Sie aus? (10 Sek.). Wie fühlen Sie sich selbst in dieser Aufmachung? (10 Sek.) Ruft sie in Ihnen irgendeine besondere Einstellung oder bestimmte Gefühle hervor? (10 Sek.)

Und während Sie jetzt so dastehen, noch eine Frage: Wohin gehen Sie, oder was werden Sie in dieser Kleidung tun? Denken Sie ein paar Augenblicke darüber nach.

Übung

Wenn Sie mit Ihrer Phantasie zum Ende gekommen sind und eine Weile über Ihre Erfahrung still nachgedacht haben, dann beantworten Sie folgende Fragen:

1. Wie sah Ihre Kleidung aus? Fertigen Sie eine Skizze an oder beschreiben Sie sie in ein paar Worten – was immer Ihnen lieb ist.
2. Wie fühlte sie sich an, als Sie sie aus dem Koffer nahmen, und wie, als Sie sie anhatten?
3. Wie sahen Sie in dieser Gewandung aus? Hatte sich Ihr Erscheinungsbild verändert? Berücksichtigen Sie bei der Beantwortung dieser Frage nicht nur die Kleidung. Notieren Sie auch Einzelheiten Ihres äußeren Stils wie etwa die Frisur oder die Länge der Fingernägel; ebenso irgendwelche Veränderungen Ihrer Figur.
4. Weckte diese Kleidung in Ihnen irgendwelche Gefühle zur eigenen Person? Rief sie irgendwelche bemerkenswerten Emotionen oder Einstellungen hervor? Hatte irgend etwas davon etwas mit Ihrer gegenwärtigen Persönlichkeitsstruktur zu tun?
5. Wohin gingen Sie oder was wollten Sie in dieser Kleidung unternehmen?
6. Bringen Sie sie mit irgendeinem besonderen Ort, einer historischen Epoche oder mit einer Gruppe von Menschen in Verbindung?
7. Wollen Sie nach dieser Erfahrung noch irgendwelche zusätzliche Gedanken oder Eindrücke notieren?

Sitzung 3
Auf den Spuren der Reinkarnationsgesetze

Wir haben vielleicht gewisse Ahnungen in bezug auf frühere Leben. Vielleicht haben wir auch bestimmte Hypothesen oder Vorstellungen über Erlebnisse in einer anderen Zeit oder an einem anderen Ort. Manche mögen sogar lebhafte Träume von früheren Inkarnationen oder spontane Erinnerungen im Wachzustand haben. Aber was bedeuten solche Erfahrungen denn wirklich? Können sie uns irgend etwas über uns sagen oder darüber, wie wir *dieses* Leben intensiver und runder leben? Wenn wir diese Fragen nicht mit ja beantworten können, dann bedeutet die Erforschung vergangener Leben wohl nichts weiter als einen interessanten Zeitvertreib, ein Sich-Einlassen mit der Neugier auf uns selbst von wenig praktischem Nutzen.

Aber nehmen wir einmal an, die Erforschung vergangener Leben böte uns einen Einblick in die inneren Mechanismen des Universums, in dem wir leben, eine Einsicht in den Sinn und die Ordnung des Lebens. In diesem Falle wäre diese Untersuchung ein sehr wichtiger Weg zur Antwort auf zwei der wesentlichsten Fragen, die die Menschheit schon immer beschäftigten: Warum ist das Leben so, wie es ist? Warum bin ich so, wie ich bin?

Über die Erforschung vergangener Leben können wir Einblicke in die Mechanismen des Lebens gewinnen, erkennen, wie wir das Beste aus unseren positiven Anlagen und Talenten machen, wie wir die Hindernisse, die uns das Leben in den Weg zu legen scheint, wie wir unsere Fehler und Schwächen überwinden können.

Im Verlauf dieses Kurses nähern Sie sich den vergangenen Leben von zwei Seiten. Aus dem einen Blickwinkel gesehen, machen Sie sich Reinkarnationstheorien zunutze, um die Mechanismen des Lebens zu verstehen. Von der anderen Seite her bedienen Sie sich dieser Erkenntnisse über die Mechanismen des Lebens oder die Reinkarnationsgesetze, um Theorien über Ihre eigenen früheren Inkarnationen und Erfahrungen, die Sie in irgendeinem Leben machten, zu entwickeln. Somit bildet Ihr Verständnis von den Gesetzen des Reinkarnationsvorgangs eine sehr wichtige Grundlage. Es wird zum sinngebenden Bezugsrahmen für Ihre im Verlauf des Kurses gesammelten Hinweise auf frühere Leben.

Was beinhalten nun diese Gesetze, die den Weg der Seele von Lebenserfahrung zu Lebenserfahrung lenken? Wir werden sie auf zwei Ebenen betrachten: die Grundgesetze oder Grundvoraussetzungen, die den Reinkarnationsprozeß bestimmen, und die einzelnen Gesetze, die unsere spezifischen Erfahrungen von Leben zu Leben beeinflussen.

Wenden wir uns zunächst den Grundvoraussetzungen zu. Jeder Mensch, der schon einmal mit der Reinkarnationstheorie geliebäugelt hat, kennt ihre Kernpunkte. Zusammengefaßt besagt sie, daß das Leben ewig ist, ein Ziel und eine Ordnung hat; daß wir als menschliche Wesen schon viele Male gelebt haben und weitere Leben haben werden. Allein die Tatsache, daß Sie sich mit diesem Kurs befassen, deutet darauf hin, daß diese Philosophie sie anspricht oder Ihnen auf die eine oder andere Weise richtig erscheint.

Sehen wir uns nun einige Punkte an, die die Reinkarnation beinhaltet. Wenn wir davon ausgehen, daß das Leben ewig ist und wir schon zuvor in anderen menschlichen Körpern gelebt haben, dann sagen wir damit, daß wir unserem Wesen nach nichtphysischer Natur sind. Vielleicht nennen wir unser wahres Selbst Seele. Die Seele macht viele Erfahrungen durch, und jede davon hat ihre Auswirkungen, kerbt sich unserer Identität ein. Die Person, die Sie heute sind, ist die Gesamtsumme aller Erfahrungen, die Sie jemals machten. Und somit trägt auch die Person, die Sie heute sind, zur Formung der Person bei, die Sie in Zukunft sein werden, sowohl in bezug auf das gegenwärtige Leben wie auch auf künftige Inkarnationen.

Der attraktivste Aspekt der Reinkarnationstheorie besteht möglicherweise in der Betonung, ja dem Vorrang des freien Willens. In gewisser Hinsicht könnte man sogar sagen, daß es das Ziel des Lebens – aller unserer Leben – ist, uns zu unserem höchsten Potential zu entwickeln, indem wir lernen, bei unseren Alltagserfahrungen die besten Entscheidungen zu treffen. Die Menschen und Umstände, denen wir in unserem Leben begegnen, bieten uns die Gelegenheit, das Lieben zu lernen, Talente und Fähigkeiten zu entwickeln, unser Verständnis zu erweitern – mit einem Wort, all das zu werden, was wir als Kinder Gottes werden können.

Natürlich bauen Entscheidungen aufeinander auf, das heißt, eine Entscheidung manifestiert sich in bestimmten Verhältnissen, und diese führen wiederum zur nächsten Entscheidung. Diese Kette von Entscheidungen macht unser Leben zu dem, was es in jedem gegebenen Augenblick ist. Da wir unsere Umstände nicht sofort ändern können, glauben wir manchmal fälschlicherweise, daß wir nicht frei sind.

Nehmen wir an, Sie haben Ihr ganzes bisheriges Leben damit verbracht, Ihre Fähigkeiten zum Tennisspiel auszubilden. Sie haben die Wahl getroffen, Unterricht zu nehmen, Zeit auf das Training verwandt, vielleicht auch Freunde gewählt, die Ihr Interesse an diesem Sport teilen. Es wäre ziemlich unrealistisch, zu erwarten, daß Sie sich plötzlich für die Ölmalerei entscheiden und sofort ein Meisterwerk produzieren könnten. Aber Sie könnten sich dazu entschließen, Ihre künstlerischen Fähigkeiten zu entwickeln, und so das erste Glied einer ganz neuen Kette von Entscheidungen schaffen. Ebenso wäre es ziemlich töricht zu behaupten, es sei Ihnen vorbestimmt gewesen, Tennisspieler und nicht Maler zu werden, wenn Sie wissen, daß Sie selber schon sehr viel früher Entscheidungen trafen, die Ihr Leben in die sportliche Richtung lenkten.

Und so verhält es sich auch mit der Reinkarnation und dem freien Willen, nur daß hier im Normalfall die Lebensspanne länger ist. Sie mögen Entscheidungen in anderen Leben getroffen haben, an die Sie sich nicht mehr erinnern können. Aber diese Entscheidungen sind es, und nicht das Schicksal, die bestimmen, in welche Familie Sie hineingeboren werden, welchen Lebensumständen Sie begegnen und welche Anlagen Sie haben.

Dieser Ablauf der Dinge, daß Sie Entscheidungen treffen und dann deren Konsequenzen erfahren, ist es, worum es beim Karma geht. Karma ist das Gesetz von Ursache und Wirkung in Aktion. So gesehen bildet es die wesentliche dynamische Struktur, um die herum sich unsere Erfahrungen von Leben zu Leben gruppieren. Und hier soll von Anfang an eines ganz klar gesagt werden: Karma ist nicht die Bestrafung für Missetaten, nicht der gnadenlose Richtspruch und die Verurteilung bei Versagen, und es ist auch keine geheimnisvolle Macht, die wegen einer schon längst vergessenen Sünde plötzlich zuschlägt.

Karma ist ganz einfach das Gesetz von Ursache und Wirkung in Aktion. Es besagt, daß alles, was wir denken, sagen und tun – konstruktiv oder destruktiv – eine Ursache bildet, die zu ihrer Zeit ihre Wirkung haben wird. Was wir säen, das werden wir ernten. Wir allein bestimmen, ob unser Karma angenehm oder unangenehm ist.

Sehen wir uns jetzt genauer an, wie das funktioniert. Und damit gehen wir nun von den Grundvoraussetzungen zu den einzelnen Gesetzen über.

Es gibt verschiedene Möglichkeiten, wir wir dieses Gesetz von Ursache und Wirkung erfahren. Der erste Aspekt von Karma hat mit der einfachen Regel zu tun, daß keine Bemühung verlorengeht; die Auswirkungen einer Bemühung setzen sich fort. Das bedeutet, daß in allem, was wir lernen, in aller Arbeit an unserem Bemühen, mit anderen Menschen zurechtzukommen, eine gewisse bewegende Kraft enthalten ist. Und solange nicht eine Situation entsteht, in der wir uns für eine Veränderung entscheiden, behalten wir persönliche Charakterzüge, Talente, Interessen und Einstellungen bei. Somit können wir das erste Gesetz als das *Gesetz der Kontinuität* bezeichnen.

Dann gibt es eine zweite Möglichkeit der Erfahrung von Karma. Da wir uns reinkarnieren, um zu wachsen und aus unseren Fehlern zu lernen, müssen wir manchmal auch die Folgen unserer fehlerhaften oder destruktiven Entscheidungen erleben. Manchmal begreifen wir nur über jene Erfahrung ›am eigenen Leibe‹, daß gewisse Handlungen und Gedanken unserem Wachstum nicht förderlich sind. So wie selbst die vorsichtigsten Eltern ihren Kindern zuweilen erlauben müssen, Fehler zu machen, damit sie daraus lernen können, läßt uns auch Gott Fehler und die Erfahrung ihrer Konsequenzen machen. Gott bestraft uns nicht, wenn wir andere Menschen lieblos behandeln, unehrlich sind oder die Mittel mißbrauchen, die uns zur Verfügung stehen. Aber unter dem Gesetz von Ursache und Wirkung müssen diese Handlungen zu bestimmten Konsequenzen führen, die uns zu gewissen Einsichten verhelfen und somit solche Fehler nicht wiederholen lassen. Nennen wir also das zweite Gesetz das *Gesetz der Konsequenzen.*

Zuweilen mögen wir die Konsequenzen unserer früheren Fehler sehr direkt erleben. Dies gleicht dem Gesetz von Aug um Aug, Zahn um Zahn des Alten Testaments und vieler alter Kulturen. So bekam zum Beispiel eine junge Frau ein Reading von Edgar Cayce, in dem ihr erklärt wurde, daß die wiederholten Enttäuschungen in ihrem Liebesleben die direkte Folge einer früheren Inkarnation waren, in der sie viele Bewerber enttäuscht hatte, weil sie immer wieder ihr gegebenes Wort brach. Das Gesetz der Konsequenzen kann zu Situationen im Leben führen, in denen wir plötzlich erkennen, was es heißt, auf der anderen Seite des Zauns zu stehen.

Physisches Leid, das wir anderen zugefügt haben, kann zu Konsequenzen auf physischer Ebene führen. Cayce erläuterte in einem Reading für einen blinden Mann, daß er in einer früheren Inkarnation in Persien andere Menschen mit einem heißen Eisen geblendet hatte. Hier ist jedoch Vorsicht angebracht. Wir sollen niemals davon ausgehen, daß die Behinderung eines Menschen oder dessen unglückliche Lebensverhältnisse bedeuten, daß er für eine frühere Missetat bezahlt. Es gibt so viele mögliche reinkarnative Gründe für die Situation eines Menschen, daß wir von außen nie auf die wirkliche Ursache schließen können. Wichtig ist, daß wir in unserem eigenen Leben ein Gefühl dafür entwickeln, warum wir die Erfahrungen machen, die wir machen.

Das Gesetz der Konsequenzen läßt uns aber auch die Resultate unserer positiven Entscheidungen erfahren. So mag zum Beispiel eine Person, die ein gutes und glückliches Zuhause hat, in einem anderen Leben viel dazu getan haben, obdachlosen Menschen ein Zuhause zu geben. Eine Person, die leicht Freunde findet, hat vielleicht in einer früheren Inkarnation ihren Mitmenschen immer wieder Trost und Ermunterung zukommen lassen. Ein Mensch mit einem gesunden Körper hat möglicherweise früher einmal andere gepflegt.

Manchmal können die Konsequenzen unserer Entscheidungen auch weniger direkt erfahren werden, ja sogar eine symbolische Form annehmen. Nehmen wir das Beispiel einer Frau, die sich immer wieder, trotz allen Widerwillens, von Leuten in Machtpositionen angezogen fühlte. Das Cayce-Reading besagte, dies sei die Folge eines Lebens, in dem sie die Kammerzofe einer Königin war. Oder nehmen wir den Fall eines Mannes, der in einem früheren Leben in Ägypten ein Beziehungsnetz mit vielen Menschen anderer Sprachen und Kulturen aufbaute, um mit ihnen Geschäfte zu machen. Ihm wurde gesagt, daß er in diesem Leben durch Investitionen in Luftfahrtgesellschaften Geld verdienen könnte. Hier zeigt sich, wie sich in den Flugreisen der heutigen Zeit die vormaligen Bemühungen dieses Mannes, als er in Ägypten lebte, zu seinen Gunsten auswirkten.

Es gibt noch ein weiteres Gesetz im Zusammenhang mit der Entwicklung der Seele von Leben zu Leben – das *Gesetz der Kompensation.* Nach diesem Gesetz machen wir alle die vielfältigsten Erfahrungen durch, um ausgewogene runde Persönlichkeiten zu werden. In Einklang mit diesem Gesetz mögen wir uns in vielen Rassen, Völkern und Religionssystemen inkarnieren. Um zu einer inneren Ausgewogenheit zu kommen, müssen wir aber vielleicht von Zeit zu Zeit in dieser Hinsicht Extreme erfahren. Zum Beispiel ist dies ganz offensichtlich bei unserer geschlechtlichen Identität der Fall. Im Laufe zahlloser Leben haben sich die meisten von uns sowohl in weiblichen als auch in männlichen Körpern inkarniert, um die besten Züge und Merkmale beider Geschlechter in unser Wesen aufzunehmen. Andere Gegensätze – wie etwa Sanftmut und Kühnheit, geistige und physische Entwicklung, Extravertiertheit und Introvertiertheit – mögen ebenfalls im Wechsel erfahren werden, um unseren Wesenscharakter abzurunden.

Bevor wir uns nun ansehen, wie diese Gesetze in den Mustern der Lebens-Readings Cayces zu verfolgen sind, wollen wir jedes der genannten Gesetze noch einmal kurz zusammenfassen.

Das Gesetz der Kontinuität: Persönliche Charakterzüge, Talente, Interessen und Fähigkeiten weisen die Tendenz auf, sich von Leben zu Leben fortzusetzen, bis eine Situation entsteht, die uns zu einer Veränderung veranlaßt.

Das Gesetz der Konsequenzen: Wir erfahren die Konsequenzen unserer Entscheidungen. Konstruktive Entschlüsse haben positive Folgen, destruktive Entschlüsse führen zu negativen Konsequenzen, die uns lehren, unsere Fehler nicht zu wiederholen.

Das Gesetz der Kompensation: Um zu einer inneren Ausgewogenheit zu kommen, müssen wir unter Umständen von Leben zu Leben die Erfahrung gegensätzlicher Extreme oder Pole machen, so zum Beispiel die von Männlichkeit und Weiblichkeit.

Sehen wir uns nun ein paar Beispiele an. In jedem der Fälle werden die Erfahrungen eines früheren Lebens und die gegenwärtige Situation der jeweiligen Person beschrieben. Sie können sich dabei überlegen, welches Gesetz wohl jeweils wirksam ist. Die Antworten folgen im Anschluß an den letzten Fall, Fall Nummer 7.

Betrachten Sie dies nicht als Test; es soll Ihnen nur helfen, diese Gesetze besser zu verstehen. Sie brauchen Ihre Antworten nicht aufzuschreiben oder Ihre ›Treffer‹ zusammenzuzählen. Wichtig ist hier, daß Sie jeden Fall sorgfältig überdenken und feststellen, wo Sie das jeweils wirkende Gesetz nicht richtig erkannt haben, und daß Sie schließlich die Funktionsweise dieser Prinzipien wirklich begreifen.

Fall 1: Hier geht es um einen Italiener, der in den USA lebte. Sein Lebens-Reading sagte aus, daß er ein italienischer Entdekker zur Zeit des Kolumbus gewesen war, der sich vom amerikanischen Kontinent angezogen fühlte und dort die verschiedensten Verbindungen mit anderen Menschen einging. Er war nun wieder in den USA, wobei offensichtlich einige dieser alten Verbindungen in Zusammenhang mit seinen Geschäften reaktiviert wurden. Welches Gesetz ist hier Ihrer Meinung nach vorrangig aktiv?

Fall 2: Einer Frau wurde gesagt, daß sie in einer früheren Inkarnation dem Stamm der Mound Builders* in Nordamerika angehörte und daß ihr größter Beitrag zum Allgemeinwohl darin bestanden hatte, daß sie den Menschen half, ihr eigenes Heim zu bauen. In ihrem jetzigen Leben war ihr Zuhause vorzugsweise in einer ländlichen Umgebung und nicht in der Stadt – für sie von zentraler Bedeutung. Welches Gesetz ist hier Ihrer Meinung nach am Wirken?

Fall 3: Hier haben wir die Geschichte eines jungen Mädchens, das im Anschluß an die Zeit der *Heiligen Kriege* in England lebte. Sie hatte sich in ein Kloster zurückgezogen, wo sie mit ihren Händen schwere Arbeit verrichtete. In ihrem jetzigen Leben waren ihre Hände von bemerkenswerter Schönheit, und sie konnte mit ihnen die wunderschönsten Dinge erschaffen. Welches Gesetz ist hier am Wirken?

Fall 4: Ein Mann war während der Französischen Revolution Henker gewesen. Sein Reading besagte, daß er sich schon in jenem Leben für diese Rolle haßte. Im jetzigen Leben haßte er jede Form von Verfolgung, ja, er reagierte schon empfindlich auf den destruktiven Aspekt des Kritisierens. Welches Gesetz wird hier sichtbar?

Fall 5: Auch hier handelt es sich wieder um einen Mann. Er lebte in der Zeit des Untergangs von Atlantis. Er hatte eine Gruppe von überlebenden Flüchtlingen in ein neues Land geführt und sie dort angesiedelt. Seine schwache Seite war die sexuelle Ausschweifung gewesen, wodurch er sich offenbar unter den Be-

* Ein vor über dreitausend, vielleicht auch siebentausend Jahren auf dem Gebiet der heutigen USA lebendes Volk, das Tausende von kleineren bis riesigen Erdbauwerken, die sogenannten »Mounds«, hinterließ. Diese hatten die vielfältigsten Formen – vollkommene Quadrate oder Kreise, Kreise innerhalb von Quadraten, Vielecke, Ellipsen oder auch zum Beispiel die einer großen Schlange; A.d.Ü.

wohnern des Landes, in dem sie sich niederließen, viele Feinde gemacht hatte. In diesem Leben war er zeugungsunfähig. Welches Gesetz erkennen Sie hier?

Fall 6: Eine Frau war in einem früheren Leben ein griechischer Athlet gewesen. Heute hegte sie eine große Bewunderung, die fast an Anbetung grenzte, für die ideale Körpergestalt. Welches Gesetz ist hier am Wirken?

Fall 7: Hier haben wir den Fall einer Frau, die von Zeit zu Zeit unter Erstickungsanfällen litt. Auf ihre diesbezügliche Frage wurde ihr im Reading gesagt, daß sie in einem früheren Leben ihre Emotionen ›heruntergeschluckt‹ hatte. Welches Gesetz können wir hier erkennen?

Antwort 1: Dies scheint ein Fall von Kontinuität zu sein. Der Mann hat wieder die italienische Nationalität und fühlt sich erneut vom amerikanischen Kontinent angezogen. Man könnte fast sagen, er nimmt den Faden dieser früheren Inkarnation wieder auf.

Antwort 2: Auch hier ist Kontinuität die einleuchtendste Erklärung. Das, was die Frau vormals so schätzte, hat auch in diesem Leben wieder großen Wert für sie. Es mag auch das Gesetz der Konsequenzen ein wenig im Spiel sein. Wir können uns vorstellen, daß sie ein besonderes schönes Zuhause hat, wenn sie in einer früheren Inkarnation in diesem Punkt viel für andere getan hat.

Antwort 3: Hier haben wir einen Fall, bei dem das Gesetz der Konsequenzen der Seele die Früchte ihrer vormaligen Arbeit bescherte. Die schönen Hände sind ein symbolischer Ausdruck für die Art und Weise, in der sie ihre Hände gebrauchte, um ihren Glauben zu leben. Und die Geschicklichkeit ihrer Hände ist eine direkte und praktische Folge ihrer früheren Bemühungen.

Antwort 4: Hier handelt es sich wahrscheinlich um einen Fall der Kompensation. Nachdem dieser Mann das Extrem eines Lebens als Henker erfahren hatte, versucht er nun zu einem Gleichgewicht zu kommen, indem er alles vermeidet, was mit Verfolgung und Kritisierung zu tun hat.

Dieser Fall ist besonders interessant, da wir ein so augenscheinlich mildes Karma nicht unbedingt erwarten würden angesichts der Tatsache, daß dieser Mann vormals ein Henker gewesen ist. Dies läßt sich aus verschiedenen Blickwinkeln betrachten. Zum einen hatte er schon während seiner Inkarnation in Frankreich erkannt, daß das, was er tat, falsch war, und es möglicherweise so tief bereut, daß eine traumatische Erfahrung der Konsequenzen seiner Taten nicht mehr notwendig war. Zum andern kann er auch seine Lektion bereits in einer anderen Inkarnation vor seinem jetzigen Leben gelernt haben. Sein Reading läßt darauf schließen, daß er später in seinem Leben in Frankreich ein Opfer der Gegenrevolution wurde und vielleicht schon zu diesem Zeitpunkt die unmittelbaren Konsequenzen seiner destruktiven Handlungen erfuhr.

Antwort 5: Hier kann es sich um das Gesetz der Konsequenzen wie auch um das Gesetz der Kompensation handeln. Das Reading sagt nichts Genaues darüber, warum die sexuellen Exzesse dieses Mannes zu Problemen mit den Landesbewohnern führten. Falls er ihre moralischen Gesetze oder Bräuche verletzt hat, kann seine gegenwärtige Zeugungsunfähigkeit als der symbolische Lohn für seine Missetaten betrachtet werden. Vielleicht zeugte er viele Kinder, für die nicht richtig gesorgt wurde. In diesem Falle könnten wir seine Zeugungsunfähigkeit unter dem Gesetz der Kompensation betrachten – ein Extrem balanciert das andere aus.

Antwort 6: Hier haben wir einen klaren und einfachen Fall von Kontinuität, bei dem sich Einstellungen und Anlagen aus der Vergangenheit als Bestandteil der individuellen Wesenszüge in der Gegenwart fortsetzen.

Antwort 7: Hier handelt es sich um das Gesetz der Konsequenzen mit einer symbolischen Note.

Aus diesen Beispielen läßt sich leicht ersehen, wie die Dinge, die wir gegenwärtig lieben und nicht lieben, die Talente, die wir haben und nicht haben, die Beziehungen, die reibungslos funktionieren, und die, die schwierig sind, Anhaltspunkte für unsere früheren Leben liefern können. Wir konnten auch sehen, daß wir nach diesen Gesetzen heute ernten, was wir in einem anderen

Leben gesät haben, nun bekommen, was wir damals gaben, uns jetzt geschieht, was wir anderen taten, und daß uns das, was wir damals waren, nun in anderen begegnet.

Karma kann somit Segnungen beinhalten oder auch Probleme, die die Segnungen mindern. Es ist ein vollkommen gerechtes System, innerhalb dessen sich jeder von uns, gewiß und unausweichlich, in der einen oder anderen Form mit dem konfrontiert sieht oder das erfährt, was er oder sie – an Gutem wie an Schlechtem – anderen getan hat.

Die Erkenntnisse dieser karmischen Gesetze wirft auch einige Fragen auf: Wie können wir unsere Verdienste möglichst vorteilhaft nutzen? Was können wir hinsichtlich unserer früheren Fehler tun? Wie können wir die ewige Wiederholung dieser Fehler vermeiden? Womit haben wir uns noch auseinanderzusetzen?

Ihnen ist die Tatsache bekannt, daß mehrere Gesetze zugleich wirksam sein können. Zum Beispiel überwinden die Gesetze der Aerodynamik das Gesetz der Schwerkraft; jeden Tag heben Flugzeuge von den Startbahnen ab. Das Gesetz der Schwerkraft wird hier nicht vollständig aufgehoben, aber es wirkt ihm ein anderes Gesetz entgegen. Vielleicht können Sie sich auch daran erinnern, als Kind einen Eimer mit Wasser gefüllt und dann im Kreis geschwungen zu haben, ohne einen Tropfen zu verlieren. Hier überwand die Zentrifugalkraft die Schwerkraft.

Und so besagen die Cayce-Readings, daß das Gesetz der Gnade ein Gegengewicht zum Karma bildet und daß wir die Entscheidung treffen können, unter dem Gesetz der Gnade zu leben. Was ist mit dem Gesetz der Gnade gemeint? Einfach ausgedrückt handelt es sich um die goldene Regel: Was du nicht willst, das man dir tu, das füg auch keinem andern zu. Wenn wir diese goldene Regel in unserem Verhalten anderen gegenüber beherzigen, dann gehen wir vom Karma zur Gnade über. Mit anderen Worten, wir existieren in dem Maße unter dem Gesetz der Gnade, wie wir andere nach der goldenen Regel behandeln.

Sitzung 4
Sie und Ihre Umgebung

In Ihrer näheren Umgebung finden Sie Hinweise auf vergangene Leben. Unsere Wohnung zum Beispiel spiegelt oft mehr von uns wider, als uns bewußt ist. Hier umgeben wir uns unbewußt mit jenen Dingen, mit denen wir uns wohl fühlen. Und nicht nur unsere Wohnung, auch unsere persönlichen Dinge wie Kleidung und Schmuck erhellen viel über unsere früheren Inkarnationen. Der Wohnungsstil, der uns gefällt, die Möbel und anderen Dinge, die wir kaufen – oder gerne kaufen würden –, und sogar Muster und Formen, die wir mögen, das alles kann uns als Hinweis auf Einflüsse aus vergangenen Leben dienen.

Übung A

Auf den folgenden Seiten finden Sie eine Reihe von Zeichnungen, die Ihnen Hinweise auf Ihre Vergangenheit liefern könnten. Sehen Sie sich eine nach der anderen an und achten Sie dabei auf die Gefühle und Gedanken. Mögen Sie den Stil, mögen Sie ihn nicht, reagieren Sie stark, kaum oder gar nicht darauf? Sollten Sie stark reagieren, dann beschreiben Sie kurz Ihre Gefühle. Notieren Sie, ob Ihre Reaktionen positiv oder negativ sind, und halten Sie alles, was Sie an Bemerkungen dazu machen wollen, fest. Wenn Sie alle Zeichnungen durchgegangen sind, werden Sie in Übung B eine nähere Bestimmung der Dinge finden.

1.

2.

3.

4.

5.

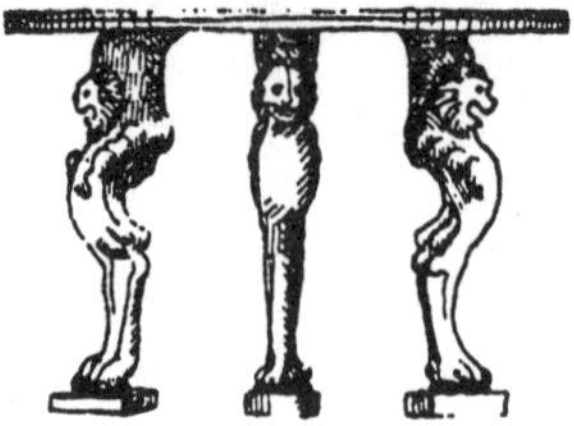

6.

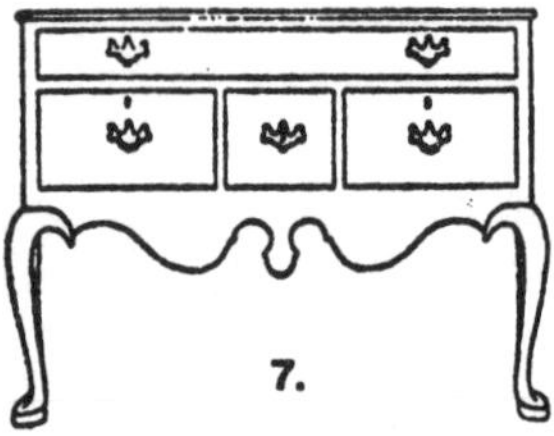

7.

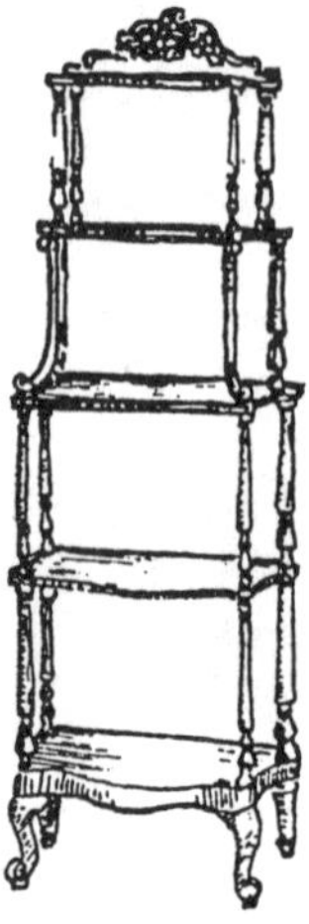

8.

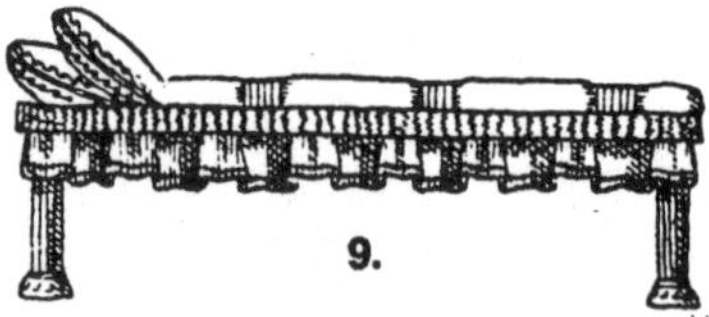

9.

10.

11.

12.

13.

14.

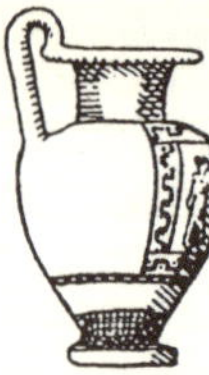

15.

16.

17.

18.

19.

20.

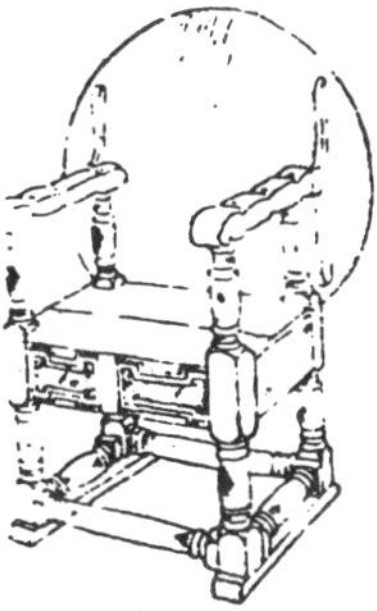

21.

22.

23.

24.

25.

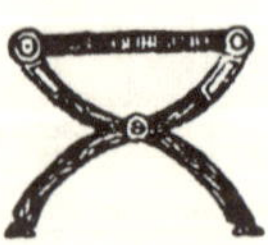

26.

27.

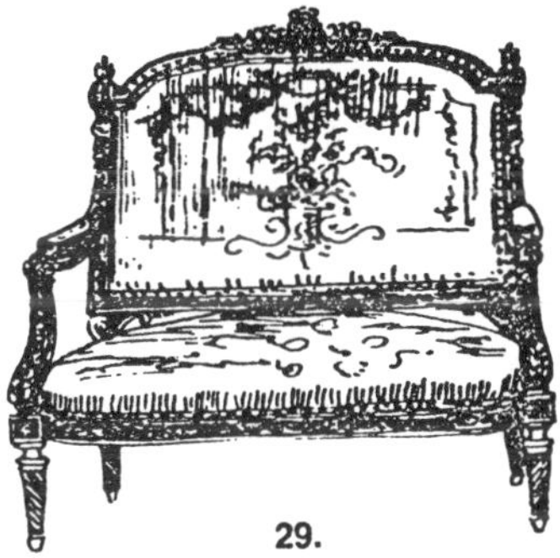

29.

28.

30.

31.

32.

33.

34.

35.

36.

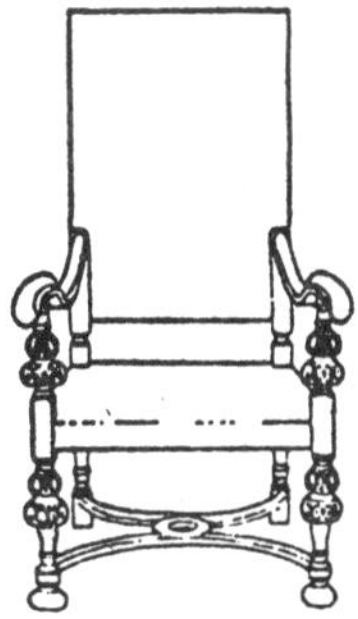

37.

38.

39.

40.

41.

42.

43.

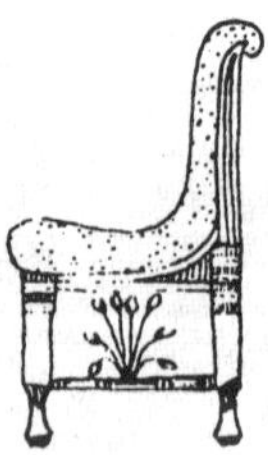

44.

45.

46.

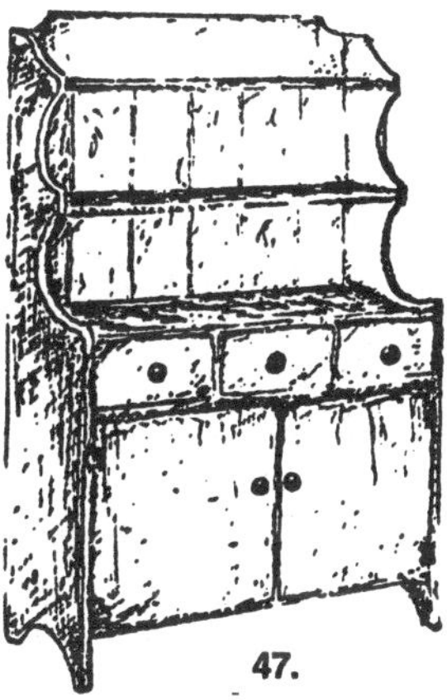

47.

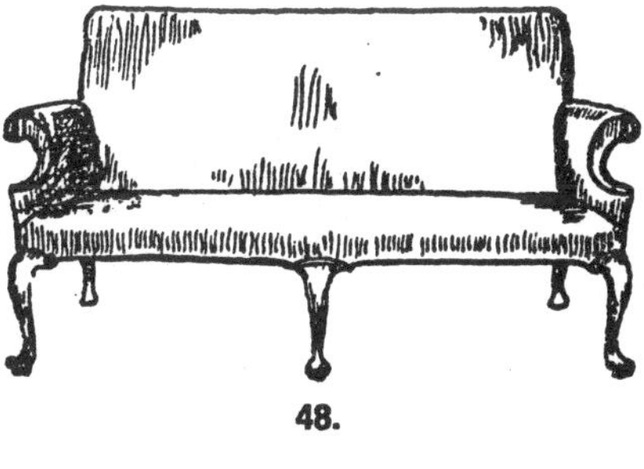

48.

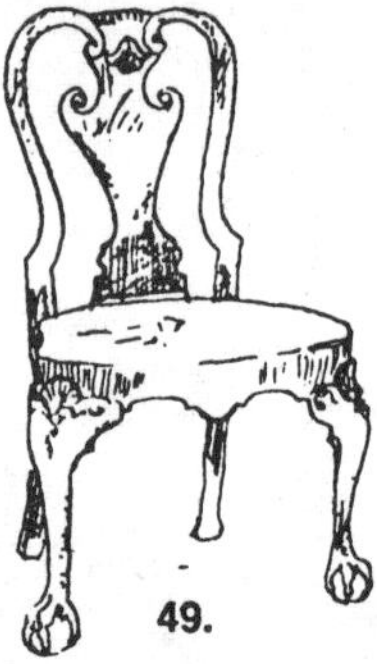

49.

50.

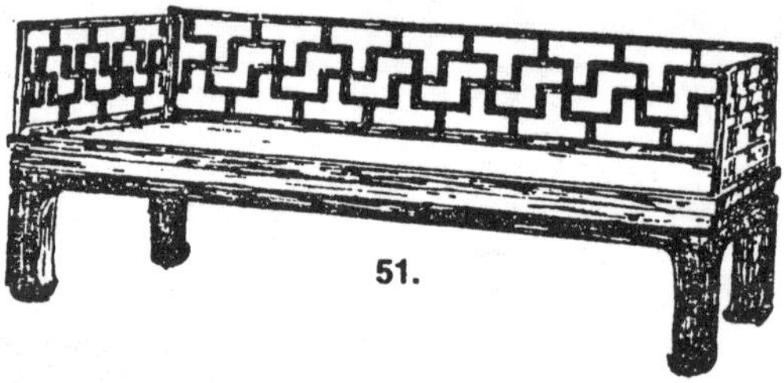

51.

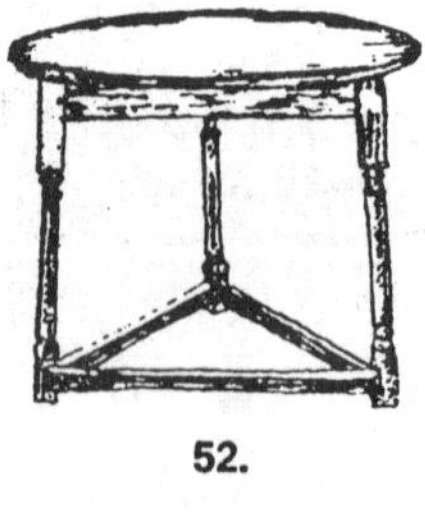

52.

53.

54.

55.

56.

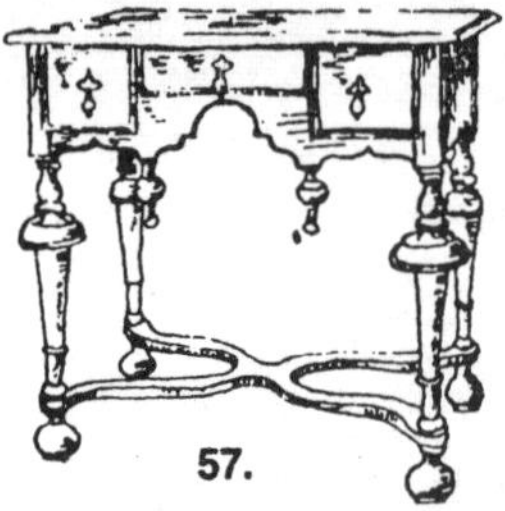

57.

58.

59.

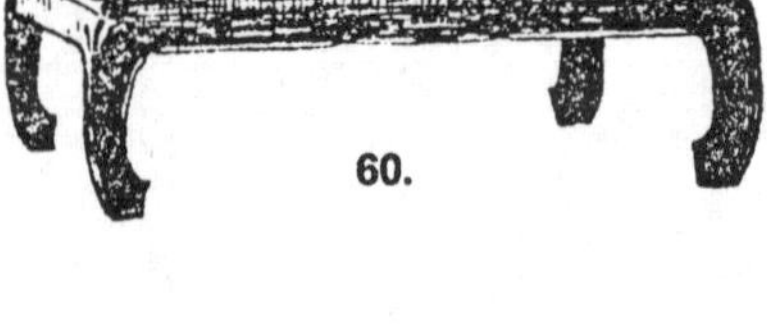

60.

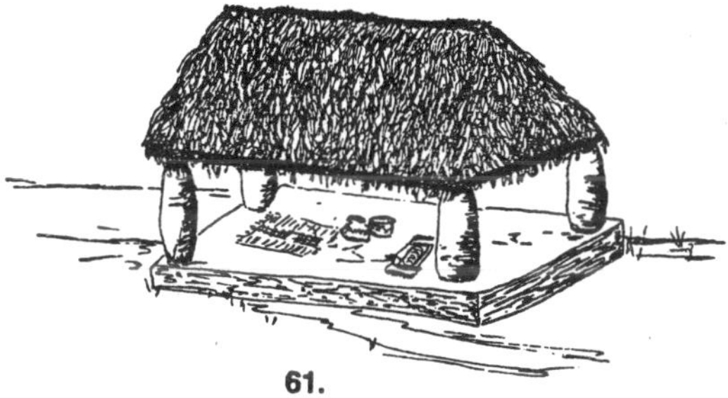

61.

62.

63.

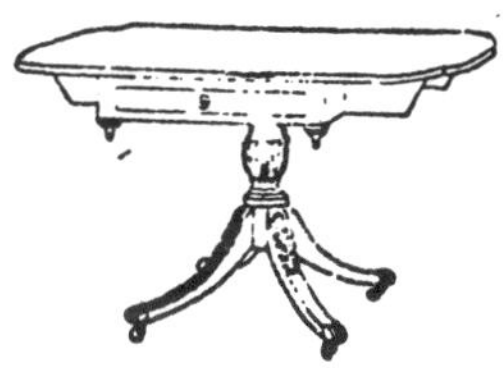

64.

Illustrationen 1, 14, 23, 27, 42 und 45: Nachdruck aus *The Book of Furniture and Decoration* von Joseph Aronson, Crown Publishers Inc. 1936, 1941, 1952.
Illustrationen 3, 4, 5, 6, 7, 8, 9, 11, 13, 15, 17, 18, 19, 21, 22, 26, 28, 29, 30, 32, 33, 34, 37, 38, 39, 40, 43, 44, 47, 48, 49, 51, 52, 54, 55, 56, 57, 60, 62, 64: The American School of Interior Design, 423 Cardinal Drive, Little Falls, New Jersey 07424.
Illustrationen 2, 10, 12, 16, 20, 25, 31, 35, 36, 41, 46, 50, 53, 58, 59, 61, 63 von Karen L. Fili.

Schlüssel zu den Abbildungen

Sie und Ihre Umgebung

1. Chippendale-Schrank, chinesischer Einfluß (1718–1797)
2. Wohnhaus, Queen-Anne-Epoche (1702–1714)
3. Jakobinischer Eichentisch (1603–1688)
4. Holländischer Stuhl mit Verzierungen
5. Sessel, Queen-Anne-Epoche (1702–1714)
6. Römischer Tisch (1000 v. Chr. – 500 n. Chr.)
7. Niedrige Kommode, Queen-Anne-Epoche (1702–1714)
8. Amerikanisch-viktorianische Etagere (1840–1880)
9. Griechisches Bett (1100–350 v. Chr.)
10. Indianischer Tipi
11. Ägyptischer Falke (4500–1090 v. Chr.)
12. Bauwerk, spanischer Stil
13. Italienischer Renaissance-Tisch (1300–1600)
14. Griechischer Stuhl (1100–350 v. Chr.)
15. Griechischer Krug (1100–350 v. Chr.)
16. Aztekisches Bauwerk
17. Louis-XIII-Anrichte (etwa 1624–1642)
18. Italienischer Renaissance-Tisch (1300–1600)
19. Italienischer Renaissance-Schrank (1300–1600)
20. Pueblo-Wohngebäude der Taos
21. Jakobinischer Lehnstuhl aus Eiche (1603–1688)
22. Hepplewhite-Schreibtisch (1786)
23. Französisch-provinzialische Kommode (1723–1774)
24. Jakobinischer Hocker (1603–1688)
25. Wohnhaus, viktorianischer Stil
26. Griechischer Klappstuhl (1100–350 v. Chr.)
27. Römischer Tisch (1000 v. Chr. – 500 n. Chr.)
28. Kamin und Ofen, neuenglischer Kolonialstil (1608–1720)
29. Louis-XVI-Sofa (1774–1793)
30. Tisch mit Bock, früher neuenglischer Kolonialstil (1608–1720)
31. Englisches Landhaus, Tudor
32. Nierenförmiger Sheraton-Schreibtisch (1751–1806)
33. Viktorianisches Sofa und Hocker (1840–1880)
34. Chippendale-Stuhl (1718–1779)

35. Polynesischer Pfahlbau
36. Amerikanisches Blockhaus aus der frühen Zeit
37. Lehnstuhl, William und Mary (1689–1702)
38. Elisabethanischer Tisch (1558–1603)
39. Französisch-provinzialisches Buffet (1723–1774)
40. Muschelschalenornament zur Verzierung von Möbeln, Queen Anne (1702–1714)
41. Schweizer Bergchalet
42. Hepplewhite-Sessel (1786)
43. Chippendale-Teetisch (1718–1779)
44. Ägyptischer Stuhl (4500–1090 v. Chr.)
45. Spanischer Stuhl
46. Französisch-provinzialisches Wohnhaus (1723–1774)
47. Kabinettschrank, früher neuenglischer Kolonialstil (1608–1720)
48. Sofa, Queen Anne (1702–1714)
49. Stuhl, Queen Anne (1702–1714)
50. Wohnhaus mit chinesischem Bandmuster
51. Sitzbank mit chinesischem Bandmuster
52. Tisch, »Arme Leute«-Cottage-Stil, 18. Jahrhundert, England, Irland, Schottland
53. Gebäude im neuenglischen Kolonialstil, 18. Jahrhundert
54. Kommode, Queen Anne (1702–1714)
55. Jakobinischer Klapptisch (1603–1688)
56. Neoklassizistisches Sofa, Louis XVI (1774–1793)
57. Tisch, William und Mary (1689–1702)
58. Herrenhaus einer Plantage, früher neuenglischer Kolonialstil (1734 und später)
59. Wohnhaus, neuenglischer Kolonialstil
60. Niedriger chinesischer Tisch
61. Haus im Maya-Stil
62. Ägyptischer Skarabäus oder Käfer (4500–1090 v. Chr.)
63. Schloß, 13. und 14. Jahrhundert
64. Amerikanischer Empire-Postamenttisch (1795–1830)

Übung B

Wir haben in der vorhergehenden Übung die Darstellungen der Gegenstände aus verschiedenen Gebieten und Zeitepochen nicht chronologisch geordnet, damit Sie sich leichter auf jeden einzelnen Gegenstand konzentrieren können. Aber dadurch wird es schwieriger, sich wiederholende Reaktionsmuster zu erkennen. Denn ähnliche oder gleiche Reaktionen auf mehrere Gegenstände aus einem bestimmten Land oder einer historischen Epoche können wertvolle Hinweise sein, wenn wir schließlich eine Theorie über vergangene Leben aufstellen werden.

In dieser Übung nun sollen Sie sich noch einmal mit den Zeichnungen befassen. Gehen Sie sie diesmal nach historischen Epochen geordnet durch, um festzustellen, ob sich bei Ihnen eine übergreifende Reaktion zeigt. Zur Erleichterung finden Sie im folgenden eine nach geographischen und historischen Gesichtspunkten geordnete Auflistung der Gegenstände. Wenn Sie mit der Durchsicht fertig sind, beantworten Sie bitte die sich anschließenden Fragen.

A. Diese Objekte stammen aus verschiedenen alten Kulturen.

Ägypten (etwa 4500–1090 v. Chr.):
11 – Falke
44 – Stuhl
62 Skarabäus oder Käfer

Griechenland (etwa 1100–350 v. Chr.):
9 – Bett
14 – Stuhl
15 – Krug
26 – Klappstuhl

Römisch (etwa 1000 v. Chr. – 500 n. Chr.):
6 – Tisch
27 – Tisch

B. Die folgenden Gegenstände stammen aus nichteuropäischen Kulturen:

Chinesisch:

51 – Sitzbank mit chinesischem Bandmuster
60 – niedriger Tisch
(Auch Gegenstand Nr. 1 sollte hier vielleicht in Betracht gezogen werden, da er zwar englischer Herkunft ist, aber chinesische Einflüsse aufweist.)
Polynesisch:
35 – Pfahlbau
Indianisch:
Maya: 61 – Haus
Aztekisch: 16 – Baustil
Pueblo: 20 – Wohngebäude der Taos
50 – Haus
Nordamerikanische Prärie: 10 – Tipi

C. Diese Gegenstände sind dem europäischen Kontinent zuzuordnen.
Europa, verschiedene Gegenden (etwa 13. und 14. Jahrhundert):
63 – Schloß
Italienische Renaissance (1300–1600):
13 – Tisch
18 – Tisch
19 – Schrank
Holländisch: 4 – Stuhl
Schweiz: 41 – Chalet
Spanien:
12 – Baustil
45 – Stuhl
Frankreich:
Louis XIII. (etwa 1624–42): 17 – Anrichte
Französisch-provinzial (1723–74):
23 – Kommode
39 – Buffet
46 – Wohnhaus
Louis XVI. (1774–93):
29 – Sofa
56 – Sofa (neoklassizistisch)

D. Diese Gegenstände kommen von den Britischen Inseln.
Tudor (etwa 16. Jahrhundert):
31 – Landhaus
Elisabethanisch (1558–1603):
38 – Tisch Jakobinisch (1603–88):
3 – Eichentisch
21 – Lehnstuhl aus Eiche
24 – Hocker
55 – Klapptisch
Irisch, Englisch oder Schottisch (18. Jahrhundert):
52 – Tisch im »Arme Leute«-Cottage-Stil

E. Die Stilarten der folgenden Gegenstände haben ihren Ursprung in England. Sie beeinflußten aber auch die Entwicklung auf dem europäischen Kontinent und in Nordamerika, was möglicherweise ein Licht auf Beziehungen zu diesen Regionen werfen könnte. Die angegebenen Daten bezeichnen die Zeit, in der der Stil in England am populärsten war.
William und Mary (1689–1702):
37 – Lehnstuhl
57 – Tisch
Queen Anne (1702–14):
2 – Wohnhaus
5 – Sessel
7 – niedrige Kommode
40 – Muschelschalenornament zur Verzierung von Möbeln
48 – Sofa
49 – Stuhl
54 – Kommode
Chippendale (1750–79):
1 – Schrank, chinesischer Einfluß
34 – Stuhl
43 – Teetisch
Hepplewhite (1760–95):
22 – Schreibtisch
42 – Sessel
Sheraton (1790–1810):

32 – Nierenförmiger Schreibtisch
Viktorianisch (1840–80):
25 – Baustil
33 – Sofa und Hocker

F. Diese letzte Gruppe von Gegenständen ist dem neuenglischen Kolonialstil (etwa 17. und frühes 18. Jahrhundert) zuzuordnen:
28 – Kamin und Ofen
30 – Tisch mit Bock
47 – Kabinettschrank
53 – Baustil
59 – Baustil
Nordamerika, Frühzeit (etwa 18. und 19. Jahrhundert):
36 – Blockhaus
58 – Herrenhaus auf einer Plantage
Amerikanisches Empire (1795–1830):
64 – Postamenttisch
Amerikanisch-viktorianisch (1840–80):
8 – Etagere

Denken Sie nun über Ihre Reaktionen auf jede Gruppe von Gegenständen nach, und beantworten Sie dann die folgenden Fragen. Registrieren Sie alle Reaktionsmuster, die Ihnen von Bedeutung scheinen. Sie stellen möglicherweise fest, daß Sie auf einige Fragen mehrere Antworten haben, während Sie andere übergehen wollen, weil Sie dazu nichts zu sagen haben. Beides ist in Ordnung.

1. Reagieren Sie wiederholte Male ähnlich oder gleich positiv auf Gegenstände aus irgendeiner der alten Kulturen?
2. Erkennen Sie hier ein Muster negativer Reaktionen?
3. Haben irgendwelche nichteuropäische Kulturen starke positive Reaktionen hervorgerufen?
4. Haben Sie irgendwelche bemerkenswerte negative Reaktionen festgestellt?
5. Haben Sie, positiv oder negativ, auf Gegenstände des euro-

päischen Kontinents insgesamt reagiert? Zählen Sie etwaige Regionen auf, auf die sich Ihre Reaktionen konzentrierten, und notieren Sie, ob sie positiv oder negativ waren.

6. Haben Sie ein Reaktionsmuster auf Gegenstände aus der italienischen Renaissance erkennen können? Positiv oder negativ?
7. Haben Sie in besonderer Weise auf Gegenstände aus Frankreich reagiert? Positiv oder negativ?
8. Konnten Sie ein Reaktionsmuster auf bestimmte französische Zeitepochen feststellen? Positiv oder negativ?
9. Gab es eine allgemeine Reaktion auf unter D und E aufgeführte Gegenstände der Britischen Inseln? Wie war sie?
10. Haben irgendwelche spezifischen Stilarten oder Zeitepochen zu einer besonderen Reaktion geführt? Positiv oder negativ?
11. Wie steht es mit der allgemeinen Reaktion auf die unter E und F aufgeführten Gegenstände? Positiv oder negativ?
12. Dominierten besondere Epochen? Mit welcher Reaktion?
13. Haben Sie zu dieser Übung noch weitere Bemerkungen?

Übung C

Wenn die Zeichnungen für diese Übungen auch nur einen kleinen Ausschnitt der verschiedenen Epochen und Stilarten zeigen, so werden Sie doch wahrscheinlich einige Abbildungen sehr gemocht und andere abgelehnt haben. Gab es irgendwelche Zeichnungen, die Ihren eigenen Geschmack widerspiegeln oder Gegenstände zeigen, wie Sie sie ähnlich auch in Ihrer eigenen Wohnung haben? Oder war darunter das Traumhaus, das Sie gern hätten?

Die folgenden Fragen sollen Ihnen als Anleitung dienen, Ihre eigene Wohnung und Ihre persönlichen Habseligkeiten daraufhin zu untersuchen, ob sich hier Hinweise auf andere Zeiten oder Orte finden. Sehen Sie sich sorgfältig Wohnungsausstattung, Muster und Stilarten an. Sie werden über viele Einzelheiten, die Ihnen bislang entgangen sind, erstaunt sein. Haben Sie Erinnerungsstücke an eine bestimmte Inkarnation in Ihrer Wohnung, die Sie nun als solche erkennen? Es kann großen Spaß machen, Aspekte von sich selbst zu entdecken, derer man sich nicht bewußt war.

1. Stellen Sie einen starken Einfluß aus anderen Zeiten und Orten in Ihrer Wohnung, bei Ihrem Mobiliar fest? Welche Gegenstände spiegeln diese Einflüsse wider und wo befinden sie sich?
2. Welche Gefühle rufen diese Gegenstände in Ihnen hervor?
3. Nehmen Sie sich einen Augenblick Zeit und stellen Sie sich Ihr Traumhaus und seine Ausstattung vor. Weist es einen vorherrschenden Einfluß mit irgendeinem geographischen oder historischen Hintergrund auf?
4. Verweist Ihr Geschmack in bezug auf Kleidung, Schmuck und andere persönliche Dinge auf eine mögliche Beziehung zu einer besonderen Region oder historischen Epoche?
5. Hatten Sie je eine besonders starke emotionale Bindung an einen bestimmten Gegenstand? Bringen Sie ihn mit einer anderen Zeit oder einem anderen Ort in Verbindung?
6. Und einmal anders gefragt: Fühlen Sie eine starke Reaktion, positiv oder negativ, auf Gegenstände im Heim anderer Menschen, die Sie an ein bestimmtes Land oder eine bestimmte Zeit erinnern? Verweisen Ihre Lektüre, die Fernsehprogramme und Filme, die Sie sich gern ansehen, auf ein Interesse an einer bestimmten Kultur? Sind Sie von bestimmten Abteilungen in kulturellen oder historischen Museen, die einer bestimmten Zeit oder einer speziellen Region gewidmet sind, besonders fasziniert?
7. Hat diese Untersuchung Ihrer Umgebung und persönlichen Dinge zu weiteren Bemerkungen geführt, die Sie hier festhalten möchten?

Bevor wir zum nächsten Teil dieses Kurses übergehen, wollen wir uns, da es möglicherweise hilfreich ist, einige Beobachtungen ansehen, die andere Leute im Zusammenhang mit diesen Übungen machten.

So stellte eine Frau fest, daß sie bei den Abbildungen auf alle Möbelstücke aus der Queen-Anne-Epoche in England positiv reagierte. Dann machte sie die Entdeckung, daß nicht nur ihr eigenes Heim, sondern auch die Wohnungen anderer Familienmitglieder diesen Stil widerspiegelten. Sie lieh sich Bücher aus, und die weitere Lektüre über diese Epoche ergab vieles, was ihre Theorie über eine Inkarnation zu jener Zeit in England stützte.

Zum Beispiel hatte sie immer darauf bestanden, daß ihre Möbel aus Walnußholz waren – anderes Holz wollte sie nicht akzeptieren. Sie entdeckte, daß in der Queen-Anne-Epoche Walnußholz so sehr gebräuchlich war, daß man sie in der Möbelwelt als das »Walnuß-Zeitalter« bezeichnet.

Diese Frau liebt vor allem kleine Tische und das Kartenspiel. Damit verbindet sie auch das Teetrinken. Sie fand heraus, daß in der Queen-Anne-Epoche Kartenspiele sehr beliebt waren und damit auch die kleinen Tische und das Teetrinken.

Sie liebt auch große Uhren und schöne Spiegel, aber ihr Lieblingsmöbel ist der Queen-Anne-Lehnsessel. Sie berichtete, daß jeder in ihrer Familie einen solchen Lehnsessel hätte, nur sie nicht; er ginge ihr sehr ab.

Eine Banalität von gewisser Komik, die sie entdeckte, bezieht sich auf eine Gewohnheit der Männer zu dieser Zeit. Die Stühle hatten keine Armlehnen, was den Röcken der Damen zu einem anmutigen Faltenwurf verhalf, und auch die Herren konnten so ihre langen Rockschöße besser drapieren. Zu jener Zeit hatten die jungen Männer die Gewohnheit, sich verkehrt herum auf den Stuhl zu setzen und die Arme auf der Rückenlehne abzustützen. Amüsiert stellte die junge Frau fest, daß ihr Großvater immer so sitzt.

Ein Mann stellte fest, daß er äußerst negativ auf alles reagierte, was aus der Zeit Louis XIV. bis Louis XVI. kam, fühlte sich aber wohl mit Dingen des französisch-provinzialischen Stils. Das verwunderte ihn, da es sich hier um dasselbe Land und die gleiche Zeit handelte. Er las nach und entdeckte, daß der Glanz und die Extravaganz der Monarchen jener Zeit mit den hohen Steuern und der Unterdrückung des Volkes finanziert worden waren. Diese Unterdrückung legte den Keim zur Französischen Revolution. Gleichzeitig spiegelte sich in den Heimen und Möbeln der französischen Provinz ein bescheideneres Leben.

Als dieser Mann darüber nachdachte, wurde ihm klar, daß er den Louis-XIV-Stil immer mit den sehr Reichen in Verbindung gebracht und daß er ein gewisses Ressentiment gegenüber Menschen hatte, die sich einen solchen Luxus leisten konnten. Er stellte die Hypothese auf, daß er in einer früheren Inkarnation möglicherweise an der Französischen Revolution teilgenommen oder zumindest die Unterdrückung des Volkes erlebt und sich darüber empört hatte. Er hatte auch das Gefühl, zu jener Zeit irgendwo in der französischen Provinz gelebt und die Annehmlichkeiten eines einfachen, bescheidenen Familienlebens genossen zu haben.

Interessanterweise berichtet dieser Mann auch, daß es ihm nun immer besser gelingt, seine Ressentiments abzulegen, da er begreift, daß er an etwas festhielt, das nur noch in ihm selbst existierte.

Eine andere Frau bemerkte, daß sie sich in einem Zimmer ihres Hauses sehr unwohl fühlte. Der Fußboden war aus Hartholz, darauf lag ein ovaler geflochtener Teppich, und die Möbelstücke stammten aus der neuenglischen Frühzeit. Sie hatte sie nur gekauft, weil sie billig zu haben waren. Andere fanden dieses Zimmer sehr hübsch und behaglich, sie aber wollte es immer verändern. Ihr kam es langweilig und phantasielos vor. Lachend zog sie die Möglichkeit in Betracht, daß sie vielleicht eine trübselige Inkarnation in der Frühzeit der Staaten gehabt hatte.

Hier handelt es sich natürlich um eine subjektive Analyse, und uns ist klar, daß aus dem Stil des Sofas in Ihrem Wohnzimmer keine umfassenden Schlußfolgerungen gezogen werden können. Aber vielleicht können unsere Gefühle in bezug auf unsere materielle Umgebung doch ein zusätzlicher Faden im Theoriegewebe über unsere vergangenen Leben sein. Im nächsten Abschnitt werden wir weitere Fäden aufnehmen, indem wir unsere Reaktionen auf verschiedene Regionen dieser Welt untersuchen.

Sitzung 5
Eine Reise um die Welt

Greifen wir noch mal den Gedanken auf, daß unsere starken Reaktionen auf Orte, Kulturen und historische Epochen etwas über unsere Vergangenheit aussagen können, daß diese Reaktionen positiv oder negativ sein mögen, je nachdem, ob Ihre diesbezügliche frühere Inkarnation einen guten oder schlechten ›Nachgeschmack‹ hinterlassen hat.

Sie werden jetzt die Möglichkeit haben, mit einigen dieser Reaktionen in Kontakt zu kommen, mit Gefühlen, derer Sie sich bereits bewußt sind, und mit solchen, über die Sie vielleicht noch nicht allzuviel nachgedacht haben. Sie werden eine imaginäre Reise um die Welt unternehmen und Ihre Reaktionen, Eindrücke und Meinungen über verschiedene Länder und Völker festhalten.

Vielleicht denken Sie: »Aber über einige Ecken dieser Welt weiß ich nicht genug, um irgendwelche Eindrücke zu haben« oder »Meine Eindrücke werden zu stark beeinflußt sein von den Büchern, die ich gelesen, Ländern, die ich besucht, Filme, die ich gesehen, und der Geschichte, die ich studiert habe.« Bekümmern Sie sich nicht darum. Denken Sie daran, daß es bei der Erinnerung an frühere Leben vor allem darum geht, daß Sie sich mit Ihren Wahrnehmungen, Anschauungen oder Erinnerungen an eine frühere Realität vertraut machen. Diese Wahrnehmungen können sich durchaus aus bestimmten Fragmenten oder Details zusammensetzen, die Sie in diesem Leben gehört oder gesehen haben. Objektiv gesehen mögen sie verzerrt oder gar unzutreffend sein. Aber das beantwortet noch immer nicht die Frage: Warum habe ich diese bestimmten Eindrücke von einem speziellen Land? Warum unterscheiden sie sich von denen anderer Menschen? Wenn Sie sich aber Ihre persönlichen Reaktionen auf ein Land genauer ansehen, werden Sie möglicherweise allmählich verstehen, warum Sie die Eindrücke haben, die Sie haben.

Lesen Sie bitte die Anweisungen zu den ersten drei Übungen sorgfältig durch und halten Sie sich genau daran. Sie werden einige Überlegung erfordern, und es empfiehlt sich, langsam vorzugehen und sich mit nur ein oder zwei Gebieten gleichzeitig zu befassen. Wichtig ist, daß Sie Übung A ganz abschließen, bevor Sie zu Übung B und C übergehen.

Übung A

Bei dieser Übung werden Sie gebeten, zu jedem unten aufgeführten Land oder Gebiet möglichst viele Eindrücke aufzuzählen. Assoziieren Sie frei und notieren Sie *alles,* was Ihnen dazu in den Sinn kommt. Wahrscheinlich wird Ihnen zu einigen Regionen mehr einfallen als zu anderen. Das ist ganz in Ordnung. Vielleicht versuchen Sie, sich das jeweilige Land oder Gebiet bildlich vorzustellen, oder Sie sehen es auf einem Globus, oder Sie denken darüber nach, welche Bilder Sie damit verbinden.

Achten Sie zunächst auf Ihre spontanen Eindrücke. Wenn Sie dann das Gefühl haben, Ihnen sollte noch mehr einfallen, können Sie nach Belieben folgende Stichwortliste zu Hilfe nehmen:

Landschaft, Klima, Pflanzen und Tiere. Menschen – ihre regionalen und physischen Merkmale, Kleidung und andere Dinge persönlichen Ausdrucks, soziale Schichten und ökonomische Klassen, Temperament, Mentalität und Verhaltensweise. Historische Epochen, Regionen und Länder oder Provinzen. Städte. Arbeitsleben und Produkte. Kunst. Architektur, Wohnungsausstattung, Dekor. Musik. Religion. Gesellschaftsleben, Freizeitaktivitäten, Sport, Spiele. Küche.

Schreiben Sie also nun die Eindrücke auf, die Ihnen kommen, wenn Sie sich fragen:

»Wenn ich an (Name des Landes/Gebiets) denke, dann denke ich an ...«

1. Der Mittlere Osten
2. Ägypten
3. Nordamerika
4. Kleinasien
5. Afrika
6. Australien
7. Lateinamerika
8. Indien
9. Griechenland
10. Italien
11. Südsee-Inseln
12. Europa
13. Britische Inseln
14. Japan
15. China
16. Rußland

Übung B

Nachdem Sie nun Ihre Aufzählung von Eindrücken zu den verschiedenen Gegenden der Welt beendet haben, werden wir diese Reaktionen jeweils zu einem Gesamtbild zusammenfügen. Beantworten Sie in bezug auf jedes der sechzehn in Übung A genannten Gebiete, also erst für den Mittleren Osten, dann Ägypten usw., die unten aufgelisteten Fragen. Ihre Antworten in dieser Übung sollten sich gänzlich auf Ihre in Übung A festgehaltenen Eindrücke stützen. Bringen Sie Übung B zum Abschluß, bevor Sie zu Übung C übergehen.

1. Gehen Sie im einzelnen Ihre Liste von Eindrücken durch. Notieren Sie, ob Sie Ihre Reaktion als positiv (angenehm, schön usw.), als negativ (unangenehm, häßlich usw.) oder als neutral einschätzen. Hier mag sich eine einfache +/–/0-Wertung anbieten.
2. a) Wie viele Reaktionen, falls überhaupt, haben Sie als positiv eingeschätzt?
   b) Wie viele Reaktionen, falls überhaupt, haben Sie als negativ eingeschätzt?
   c) Wie viele, falls überhaupt, als neutral?
   d) Wie viele Antworten zählen Sie hier insgesamt? (Diese Zahl sollte mit der Summe Ihrer Eindrücke in Übung A übereinstimmen.)
3. Errechnen Sie den prozentualen Anteil Ihrer positiven Reaktionen (PPR), indem Sie die Summe 2a) mit 100 multiplizieren und diesen Wert dann durch die Summe 2d) teilen; das heißt $PPR = \frac{a \times 100}{d}$
4. Errechnen Sie auf dieselbe Weise den prozentualen Anteil Ihrer unter 2 b) aufgeführten negativen Reaktionen (PNR).
5. Sehen Sie sich nun wieder Ihre Liste der Eindrücke an. Beschreiben Sie auf dieser Grundlage die Menschen, die in diesem Gebiet leben (Erscheinungsbild, Kleidung, Gesellschaftsschichten, Temperament usw.)
6. Beschreiben Sie auf der Grundlage Ihrer Liste die Umwelt dieses Gebiets (Landschaft, Klima, Vegetation usw.)
7. Welcher Lebensstil ergibt sich aus Ihren Eindrücken? (Berufe, Freizeitaktivitäten, Gesellschaftsleben, Kunst, Religion usw.)
8. Gruppieren sich Ihre Eindrücke um bestimmte Orte, Städte, Regionen? Wenn ja, dann notieren Sie sie hier.
9. Auf welche historische Epoche beziehen sich die meisten Ihrer Eindrücke? Schätzen Sie notfalls: »Die alten Zeiten«, **vor** 100 Jahren, 15. Jahrhundert usw.

   Notieren Sie, wenn sich ihre Eindrücke auf irgendwelche historischen Ereignisse beziehen.

Übung C

In dieser Übung sollen Ihre Eindrücke und Beobachtungen aus den Übungen A und B in einer leicht lesbaren und handhabbaren Form zusammengefaßt werden. Beziehen Sie sich, wenn Sie die folgenden Fragen beantworten, auf Ihre Antworten in Übung B. Wenn Sie dann alle Fragen beantwortet haben, werden Sie einen Gesamtüberblick über alle Ihre ›Erinnerungen‹ zu den verschiedenen Regionen dieser Erde haben.

Bei der Arbeit an dieser Gesamtschau werden Sie vermutlich feststellen, daß Ihnen bestimmte Gebiete in einem sehr positiven Licht erscheinen, während Sie andere nicht besonders anziehend finden. Beide Gruppen sind wahrscheinlich für Ihre Theorien über Ihre vergangenen Leben die wichtigsten. Gebiete, denen Sie neutral gegenüberstehen, sind vermutlich solche, in denen Sie keine früheren Inkarnationen hatten, und wenn doch, so üben sie keinen starken Einfluß auf Ihr gegenwärtiges Leben aus.

Möglicherweise ist es sinnvoll, wenn Sie Ihre Antworten in Form einer Tabelle ordnen, wie hier gezeigt:

Hier nun die Fragen:

1. Wie hoch ist der prozentuale Anteil Ihrer positiven Reaktionen?
2. Wie hoch der Ihrer negativen Reaktionen?
3. Fühlen Sie sich von den Menschen, wie Sie sie in Antwort 5 (Übung B) beschrieben haben, angezogen?
4. Möchten Sie so sein wie diese Menschen?
5. Wie stehen Sie zu der Umwelt, die Sie in Antwort 6 beschrieben haben?
6. Sagt Ihnen der in Antwort 7 beschriebene Lebensstil zu oder nicht?
7. Notieren Sie die Aspekte des Lebensstils, die Sie am anziehendsten finden bzw. die, die Ihnen gar nicht zusagen.
8. Konzentrieren sich Ihre Eindrücke auf besondere Orte oder

	Mittlerer Osten	Ägypten	Nordamerika	usw.
1. PPR				
2. PNR				
3. Fühle mich angezogen				
4. Möchte so sein wie				
5. (usw.)				
6.				

Regionen innerhalb dieses Gebiets? (Beziehen Sie sich auf Ihre Antworten auf Frage 8 in Übung B.) Wenn ja, auf welche?

9. Konzentrierten Sie sich auf bestimmte historische Epochen? (Antwort 9 in Übung B) Auf welche?
10. Sind Sie schon einmal dort gewesen? Würden Sie gern hinfahren?
11. Spiegelt sich Ihr Interesse an diesem Gebiet in der Lektüre von Büchern, dem Ansehen von Filmen und in Museumsbesuchen wider?
12. Weisen Ihre Kleidung, Ihr Haus, Ihre Wohnungseinrichtung usw. Einflüsse aus diesem Gebiet auf?
13. Haben Sie das Gefühl, vielleicht dort gelebt zu haben?
14. Wenn ja, benennen Sie zwei persönliche Charaktermerkmale, die aus jener Inkarnation herrühren könnten.

Die Informationen, die Sie gerade in Übung C zusammengetragen haben, ergeben ein farbiges Bild, das für Sie eine wichtige Quelle der Einsichten in vergangene Leben sein wird. Die Zeit, die Sie für Ihre Reise um die Welt aufbringen mußten, mag beträchtlich gewesen sein. Aber Sie werden vielleicht auch von der Menge an Einsichten überrascht sein, die Sie durch diese Übungen gewinnen konnten.

Bestimmte Dinge sind natürlich sofort augenfällig. Ein Blick auf PPR und PNR sagt Ihnen, welche Gebiete Sie mit angenehmen Assoziationen verbinden und welche Ihnen nicht zusagen. Und wenn Sie sich Ihre Vorstellungen über die Menschen des bestimmten Landes, ihre Lebensbedingungen und Geschichte ansehen, werden Sie Ihre eigenen Reaktionen vielleicht besser verstehen.

Möglicherweise stellen Sie auch zu Ihrer Überraschung fest, daß Sie starke Eindrücke über Gebiete oder Länder hatten, an die Sie zuvor nie gedacht hatten und über die Sie auch nichts zu wissen schienen. Vielleicht haben Sie auch bemerkt, daß Sie bei einigen Gebieten von ganz bestimmten Städten oder Regionen angezogen wurden, während andere, riesige Bereiche von Ihnen gar nicht zur Kenntnis genommen wurden.

Haben Sie, als Sie die Menschen in bestimmten Ländern beschrieben, Gewohnheiten und Charaktermerkmale aufgeführt, die auch Teil Ihrer eigenen Persönlichkeitsstruktur sind? Auch an Klischees, die sich in Ihren Reaktionen zeigen, kann etwas Wahres sein. Möglicherweise schälen sich bei genauerer Betrachtung Ihrer Reaktionen auch ganz bestimmte Muster heraus. Wenn Sie zum Beispiel feststellen, daß Sie gewöhnlich eine Umwelt mögen, die ein warmes und trockenes Klima aufweist, eine mit feuchtem und nebligem Klima hingegen ablehnen, dann mag das auf zwei Inkarnationen verweisen – eine in einem Wüstenklima und eine andere in einer kühleren und feuchten Umgebung. Stellen Sie fest, daß Sie meistens Menschen unterer sozialer Schichten beschrieben haben, dann bedeutet das natürlich etwas völlig anderes, als wenn Sie sich vorrangig mit den Reichen beschäftigt hätten.

Auch Ihre Einstellung bei diesen Beschreibungen ist wichtig. Eine Person, die die Reichen aus einer Sicht des Ressentiments und des Abscheus beschreibt, mag in einer früheren Inkarnation zu den Unterdrückten gehört haben. Wer die Reichen bewundernd beschreibt, mag in einem vormaligen Leben reich gewesen sein oder zu den Reichen aufgeblickt haben. Und so mögen sich allmählich die einzelnen Punkte Ihrer Übersicht wie bei einem Puzzle zu einem Bild zusammenfügen. Bei einem Puzzle sehen

Sie zunächst nur merkwürdig geformte Stückchen verschiedenster Färbung auf dem Tisch ausgebreitet. Sie fügen es nach und nach zu einem Ganzen zusammen, indem Sie nach den Stückchen suchen, die von Farbe und Form her zusammenpassen.

Und so verhält es sich auch mit Ihrer Gesamtschau. Ganz zuerst fallen Ihnen die Eindrücke auf, die sich ähneln oder irgendwie miteinander verbinden. Allmählich kristallisieren sich dann immer weitere Punkte und Details heraus, Differenzierungen, die zu Keimen von genaueren Theorien über Ihre vergangenen Leben werden.

Übung D

Beantworten Sie nun für eine letzte Zusammenfassung dieser Sitzung folgende Fragen. Diese Übung ist nicht lang, und Ihre Antworten können kurz ausfallen. Aber nehmen Sie sich etwas Zeit und gehen Sie Ihre Reaktionen in den vorangegangenen Übungen sorgfältig durch.

1. Nehmen Sie sich Ihre Resultate von Übung C vor und prüfen Sie, ob sich hier Muster von ähnlichen oder zusammenhängenden Reaktionen zeigen. Notieren Sie diese Muster.
2. Haben diese Muster irgendeinen Bezug zu Theorien über Ihre vergangenen Leben? Beschreiben Sie diese so genau wie möglich, aber machen Sie sich keine Sorgen, wenn Ihnen noch viele Einzelheiten fehlen. Die späteren Sitzungen werden weitere Hinweise erbringen. Vielleicht haben Sie an bestimmten Punkten den Wunsch, auf diese Übung zurückzukommen, um weitere Informationen hinzuzufügen. Lassen Sie sich dann keinesfalls davon abhalten.
3. Wollen Sie an dieser Stelle noch andere Beobachtungen im Zusammenhang mit den Übungen dieser Sitzung notieren?

Sitzung 6
Ererbte Anlagen und umweltbedingte Einflüsse

Bislang gründeten wir unsere Übungsarbeit auf die Annahme, daß unsere Interessen und Charaktermerkmale stark von vormaligen Leben geprägt sind. Wie lassen sich dann die Auswirkungen von Erbanlagen und Umwelt erklären?

Die moderne Genetik hat ziemlich schlüssig dargelegt, daß wir über die Gene nicht nur unsere physische Struktur, sondern auch viele unserer mentalen und psychischen Merkmale ererben. Wenn das stimmt, dann stellt sich die Frage, wie wir zu der Behauptung kommen, daß es die Einflüsse früherer Leben sind und nicht ganz einfach das genetische Erbgut, die eine Person dick oder dünn, Mathematiker statt Künstler oder was auch immer werden lassen.

Und eine ähnliche Frage stellt sich in bezug auf die Umwelt. Wir wissen, daß frühe Kindheitserfahrungen, unsere Familiensituation und praktisch alles, was um uns herum vorgeht, unser Denken und unsere Reaktionsweise auf die Ereignisse des Lebens beeinflussen. Wie können wir also Eigenschaften des Temperaments und der Persönlichkeit früheren Leben zuschreiben? Leugnen wir die Rolle, die hier Erbanlage und Umwelt spielen?

Die beste Antwort ist wahrscheinlich – ja und nein. Ja, wir bestreiten, daß Erbe und Umwelt allein die prägenden Faktoren in unserem Leben sind, Kräfte, die uns formen, ohne daß wir eine Wahl trafen. Und nein – wir bestreiten nicht, daß Erbe und Umwelt eine sehr reale Auswirkung auf unser Leben haben. Aber statt sie als Faktoren zu betrachten, die darüber bestimmen, wer und was wir sind, sollten wir sie eher als Bedingungen ansehen, von denen wir uns angezogen fühlen, um den Folgen unserer in der Vergangenheit getroffenen Entscheidungen zu begegnen. Mit anderen Worten, Erbe und Umwelt wirken mit dem, was wir Karma nennen, so zusammen, daß jedes Leben die Fortsetzung eines – positiven oder negativen – Musters darstellt, das wir in früheren Leben aufgebaut haben.

Zunächst einmal sollten wir daran denken, und das ist wichtig, daß nach der Reinkarnationstheorie der Kern dessen, was wir sind, nichtphysischer Natur ist. Er ist der Teil von uns, der existierte, bevor wir in den gegenwärtigen leiblichen Körper geboren wurden, und der nach dem Tod dieses Leibes weiterexistieren wird. Wenn wir uns, um diesen Punkt zu illustrieren, zum Beispiel vorstellen, unser nichtphysischer Kern sei eine formbare Substanz – etwa ein Stück Ton –, dann können wir uns klarmachen, auf welche Weise unsere Entscheidungen unser inneres Wesen formen. Jede Wahl, die wir treffen, prägt diese schmiegsame Substanz, hinterläßt ihren Eindruck. Ein hier entwickeltes Talent, ein dort genährtes Problem, eine glückliche Erfahrung, ein schmerzliches Erlebnis – das alles prägt sich unserem inneren Wesen ein, gibt ihm eine Gestalt, die unsere Persönlichkeit ausmacht. Und wenn unser nichtphysischer Kern von einer physischen Form angezogen wird und in sie eingeht, dann handelt es sich um das Erbgut und die Umgebung, die der inneren Identität entsprechen.

Auch dürfen wir nicht vergessen, daß Muster, die in unserem Körper oder unseren Umweltbedingungen eine konkrete Form angenommen haben, normalerweise nicht sofort geändert werden können; erst wenn sich die innere Form verändert hat, kann auch eine neue, passende äußere ›Schale‹ gebildet werden. Aus diesem Grund können körperliche Merkmale zu unseren dauerhaftesten Zeugnissen früherer Leben zählen. Die physische Struktur, in der sich unser Wesenskern materialisiert, verweist oft deutlich auf Muster, die wir in vergangenen Inkarnationen aufbauten. Und von daher können wir lernen, aus den ›Erzählungen‹ unseres Körpers herauszulesen, was wir möglicherweise in der Vergangenheit geschaffen oder erfahren haben, und zwar sowohl in positiver wie in negativer Hinsicht. Solche Hinweise sind vor allem dann bedeutsam, wenn einem Menschen bestimmte Gaben sozusagen in die Wiege gelegt wurden und er sie nie unter Mühen entwickeln mußte.

Unser Körper kann auch Erinnerungen an bislang unverarbeitete Traumata vormaliger Inkarnationen speichern. Muttermale zum Beispiel können solche Merkmale sein – Narben, wenn Sie so wollen, von Verletzungen in einer anderen Inkarnation. So hat zum Beispiel eine Frau ein leuchtend rotes Muttermal in ihrem Nacken und an dieser Stelle auch ständig Probleme mit Schuppenflechten. Nach allem, was sie an Anhaltspunkten zusammengetragen hat, geht sie davon aus, daß sie möglicherweise in der Französischen Revolution unter dem Fallbeil starb.

Der Körper kann also auf vielfältige Weise Erfahrungen aus der Vergangenheit widerspiegeln. Deshalb muß uns auch klar sein, daß ein einziger körperlicher Hinweis nicht ausreicht, um eine Theorie über ein früheres Leben aufzustellen. Er kann aber ein Teilchen im Puzzle sein.

Übung A

Es ist nun an der Zeit, daß Sie eine Bestandsaufnahme von den Hinweisen machen, die Ihnen Ihr Körper liefert. Bei der Beantwortung der untenstehenden Fragen mögen Ihnen ein paar Gedanken zu früheren Leben kommen. Notieren Sie diese unter Punkt 18, wo Sie nach zusätzlichen Bemerkungen gefragt werden. Aber auch wenn Sie keine Eingebungen haben sollten, so ist das auch in Ordnung. Wichtig ist hier vor allem, daß Sie über die Fragen nachdenken und sie beantworten.

Teil eins: Physische Stärken

1. Denken Sie hier an Ihre Kindheit wie auch an Ihr gegenwärtiges Leben. Hatten Sie oder haben Sie irgendwelche besonderen körperlichen Fähigkeiten oder Merkmale, die man als

›Stärken‹ bezeichnen kann? Beispiele hier wären starke, große Hände, die sich besonders gut zum Klavierspiel eignen, oder eine große Fingerfertigkeit, die Ihnen Präzisionsarbeit erlaubt, wie etwa den Modellbau. Zählen Sie solche Merkmale auf; geben Sie dann an, welche sich anscheinend schon in der Kindheit zeigten und welche Sie bewußt entwickelt haben.

2. Denken Sie auch hier wieder an Ihre Kindheit und die Gegenwart. Ist irgendeiner Ihrer fünf Sinne besonders stark ausgeprägt? Wenn ja, notieren Sie, um welchen Sinn es sich handelt, und beschreiben Sie, wie sich das äußert.
3. Besaßen Sie je eine besondere sportliche Fähigkeit, die Sie ausübten und vielleicht immer noch ausüben? Notieren Sie Ihre speziellen Fähigkeiten, wie auch die dazu nötigen körperlichen Stärken. Sie schreiben zum Beispiel Skilanglauf auf, was große Ausdauer und starke Beinmuskeln erfordert. Oder vielleicht waren Sie als Kind in Ihrem Viertel der Champion im Tischtennis, was eine gute Koordinierung von Hand und Auge voraussetzt.

Teil zwei: Physische Schwächen

4. Zählen Sie alle Problempunkte Ihres Körpers auf, häufige Erkrankungen oder Unbehagen in irgendeinem Bereich. Dazu gehören chronische gesundheitliche Probleme (wie häufige Rückenschmerzen oder ewiges Erkältetsein) und Bereiche, die besonders anfällig für Erkrankungen sind (zum Beispiel immer mal wieder Probleme mit dem Magen oder den Atmungsorganen.) Notieren Sie die Probleme, die Sie als besonders lästig empfinden.
5. Ist unter Ihren fünf Sinnen einer, der besonders schwach ausgeprägt ist oder gar nicht funktioniert?

Teil drei: Muttermale oder andere besondere Körpermerkmale

6. Haben Sie irgendwelche Muttermale und wenn ja, wo? Notieren Sie auch alle Empfindungen, die Sie eventuell damit verbinden.

7. Haben Sie weitere besondere Merkmale, die anderen sofort an Ihnen auffallen, oder derer Sie sich besonders stark bewußt sind? Zum Beispiel sehr kleine Füße oder ein besonders langer Hals. Notieren Sie sie, auch, ob Sie sie als Vorzug oder als Problem empfinden.

Teil vier: Ihr Verhalten gegenüber Ihrem Körper

8. Verzeichnen Sie alle Ihre Gewohnheiten im Zusammenhang mit der Pflege und/oder dem Gebrauchs Ihres Körpers, die sich von denen der meisten anderen Ihnen bekannten Menschen unterscheiden.
9. Nennen Sie alle körperlichen Gewohnheiten, die beizubehalten Sie sich bewußt bemühen.
10. Haben Sie irgendwelche körperliche Gewohnheiten, über die sich andere beklagt haben? Welche?

Teil fünf: Ihre Einstellung zum Körper

11. Welche körperliche Fähigkeit hätten Sie gern, oder um welche haben Sie sich bemüht?
12. Befürchten Sie, daß Sie irgendwann einmal mit irgendeiner physischen Verletzung oder Schwäche konfrontiert werden? Welche?
13. Gibt es irgendeinen Körpertypus, den Sie ganz allgemein attraktiv bzw. abstoßend finden? Erläutern Sie diesen Punkt näher.
14. Welche physischen Merkmale suchen und bewundern Sie bei anderen?
15. Fühlten Sie sich jemals ganz spontan von einer Person angezogen? Beschreiben Sie die für Sie eindrucksvollsten physischen Merkmale dieser Person.
16. Spürten Sie jemals eine unerklärliche Abneigung gegen eine Person? An welche physischen Merkmale dieses Menschen können Sie sich erinnern?
17. Welche physischen Schwächen oder Behinderungen fallen Ihnen bei anderen sofort auf? Welche Gefühle haben Sie

gegenüber Menschen mit einer solchen Schwäche oder Behinderung?

Teil sechs: Allgemeine Bemerkungen

18. Kamen Ihnen noch irgendwelche anderen Einsichten im Zusammenhang mit dieser Übung? Gehen Sie hier auch, ohne sich aber darauf zu beschränken, auf etwaige Vermutungen über frühere Leben ein, die sich für Sie auf die eine oder andere Weise durch diese Bestandsaufnahme ergaben.

So wie unser physisches Erbe Einflüsse aus vergangenen Leben widerspiegeln kann, so können auch die Umweltbedingungen, die anscheinend unsere Interessen, Fähigkeiten und unser Naturell formen, als Instrumente betrachtet werden, die unser Seelenmuster in der dreidimensionalen Welt aktivieren. Unsere frühen Interessen, unsere Ängste und Abneigungen und auch unsere Talente und Hobbys mögen, oberflächlich betrachtet, auf Menschen zurückzuführen sein, die uns inspirierten, auf erzieherische Erfahrungen, die eine Vorliebe oder Fähigkeit weckten, frühe Traumata, die Angst auslösten usw. Aber die tiefere Frage bleibt: Waren alle diese Umwelteinflüsse reiner Zufall? Oder begegneten wir ihnen, damit sie bestimmte Muster wecken, die die Seele zu ihrer Entwicklung braucht? Bei diesem Kurs arbeiten wir mit der Grundannahme, daß es tatsächlich einen tieferen Grund für die speziellen Umweltbedingungen gibt, in die jeder und jede von uns hineingeboren wird. Und so können wir unsere Interessen, Ängste und Talente nach Anhaltspunkten für frühere Inkarnationen durchforschen.

Manchmal können hier die Dinge, die wir als Kinder gern taten, Hinweise sein. Wenn wir erwachsen sind, haben wir diese Aktivitäten oft schon vergessen.

Eine Frau erinnerte sich, daß sie als Kind gern Städte entwarf. Mit Papier und Pappe bastelte sie Läden- und Wohnhausfronten und plante ganze Straßenzüge. Sie entwarf auch mit Vorliebe Gegenstände und Kleider für ihre Puppen und bastelte sie aus Papier. Erinnerte sich das Kind an eine vormalige Fähigkeit auf dem Gebiet des Designs oder der Architektur? Die Tatsache, daß sie ihre Schöpfungen nicht nur zeichnete, sondern auch zusammenbastelte, sagt hier ebenfalls etwas aus. Möglicherweise verweist sie auf ein Bedürfnis nach Konkretheit oder auf ein besonderes Talent, mit dreidimensionalen Modellen zu arbeiten.

Einem jungen Mann erzählt die Familie, daß er als kleiner Junge wie besessen Bilder von landenden Flugzeugen malte. Auch hörte er sich auf dem Plattenspieler immer wieder die »1812 Ouvertüre« an und weinte, wenn die Kanonen losdonnerten. Diese Faszination mag auf eine frühere Inkarnation in einem militärischen Umfeld zurückzuführen sein. Nun, da er erwachsen ist, hat er übrigens kein Interesse mehr an militärischen Angelegenheiten.

Eine Frau erzählte, daß sie das einzige kleine Mädchen in ihrem Block war, das Pirat spielte. Sie hatte eine vollständige Ausrüstung: eine schwarze Augenklappe, ein Schwert und ein Hemd mit breiten Ringelstreifen. Der Gartentisch war ihr Schiff, auf dem sie den ganzen Tag zur See fahren konnte. Und natürlich mußte es auch vergrabene Schätze geben; so buddelte sie irgend etwas ein und fertigte ausgeklügelte Seekarten an, die sie an den Rändern ankohlte, um ihnen ein authentisches Aussehen zu verleihen. Unbewußt konnte das Kind von Erinnerungen an Seeabenteuer beeinflußt worden sein. Oder dieses Spiel war der kindliche Ausdruck eines tief sitzenden Interesses. In diesem Fall hatte die Frau ihr Leben lang einen starken Hang zu Landkarten und ein gutes Navigationsgefühl. Und obwohl sie diese Neigung und Fähigkeit heute hauptsächlich beim Autofahren auslebt, kann sie diesen Punkt als ein Teilchen ihres Reinkarnations-Puzzles betrachten.

Eine andere Frau erinnerte sich, daß sie mit ihren Puppen nie Familie spielte – sie spielte Gottesdienst. Sie reihte ihre Puppen vor sich auf und hielt ihnen stundenlang Predigten. Und ihre kindliche Neigung kommt auch heute zum Tragen. Sie ist eine begabte Dozentin, deren Vorträge über Themen wie Meditation, Träume oder den Aufbau von spirituellen Idealen schon viele Menschen beeinflußt haben. Hat sie diese Fähigkeit ausschließlich während ihres bisherigen Lebens entwickelt? Oder verweist ihr frühkindliches Interesse auf den Einfluß einer früheren Inkarnation?

Übung B

Vielleicht haben diese Geschichten von anderen Leuten in Ihnen Erinnerungen an Ihre eigene Kindheit geweckt? Wir werden uns nun Zeit nehmen und über diese Erinnerungen nachdenken.

Bei dieser Übung befassen Sie sich mit tatsächlichen Ereignissen, nicht mit Phantasien. Deshalb handelt es sich nicht um eine gelenkte Phantasie im eigentlichen Sinn, wenn auch einige ihrer Techniken hier hilfreich sein können. (Vielleicht wollen Sie dazu kurz die Anweisungen aus der zweiten Sitzung noch einmal nachlesen.)

Die Entspannung von Körper und Geist ist außerordentlich wichtig. Werden Sie innerlich ruhig, bevor Sie mit dieser Reise zurück durch die Jahre beginnen. Es mag Ihnen helfen, wenn Sie die gesamte Entspannungsübung, die wir Ihnen bereits vorstellten, durchführen. Zumindest sollten Sie eine bequeme Körperhaltung einnehmen, die Augen schließen, ein paarmal langsam und tief atmen, bis alle Verspannung aus Ihnen gewichen ist.

Es könnte auch nützlich sein, wenn Sie den unten folgenden Text auf eine Tonbandkassette sprechen oder sich ihn vorlesen lassen. Welcher Methode Sie sich auch bedienen mögen, unterbrechen Sie nicht den Fluß Ihrer Erinnerungen, um die Antworten auf die gegebenen Fragen aufzuschreiben. Diese sollen nur Ihre Aufmerksamkeit auf bestimmte Einzelheiten lenken, damit Sie sich später besser an sie erinnern können. Die Fragen werden am Ende der Übung wiederholt.

Und nun entspannen Sie sich, und suchen Sie dann in Ihrer Erinnerung die Aspekte Ihrer Kindheit auf, die im folgenden angesprochen werden.

Lassen Sie sich zu einem bestimmten Ereignis in Ihrer frühen Kindheit zurücktreiben. Sehen Sie das Ereignis, das sich vor

Ihrem inneren Auge entfaltet. Tauchen Sie so tief wie möglich in Ihre Erinnerung ein, werden Sie wieder zu dem Kind, das Sie damals waren.

Sie sind nun bei dem von Ihnen gewählten Ereignis angelangt – was tun Sie? Wer ist bei Ihnen? Wie fühlen Sie sich? Bleiben Sie bei Ihrer Erinnerung, solange Sie mögen; lassen Sie der Erfahrung ihre eigene Zeit, um zu ihrem natürlichen Schluß zu kommen.

Sehen Sie sich nun Ihre anderen Erinnerungen aus der Kindheit an. Welche Spiele spielen Sie gern? Erfinden Sie irgendwelche Spiele? Was tun Sie an einem regnerischen Sommertag? Gibt es ein bestimmtes Spielzeug oder andere Dinge, die Sie besonders gern mögen?

Zeichnen oder malen Sie gern? Was zeichnen oder malen Sie bevorzugt?

Haben Sie Lieblingsgeschichten? Gibt es welche, die Sie immer wieder hören wollen? Lesen Sie gern selbst? Was für Geschichten oder Bücher? Gibt es welche, an die Sie sich besonders stark erinnern?

Wie steht es mit Freunden und Freundinnen? Vergegenwärtigen Sie sich die Freundschaften Ihrer Kindheit. Wie unterschieden sie sich voneinander? Wo ähnelten sie sich? Gab es Aktivitäten, die Sie besonders gern mit bestimmten Freunden unternahmen?

Denken Sie weiter an Ihre Kindheit, so lange, wie Sie in Ihrer Erinnerung verweilen können.

Wenn Sie mit den Erinnerungen an Ihre Kindheit fertig sind, dann kehren Sie in die Gegenwart zurück und beantworten Sie folgende Fragen.

1. Was taten Sie in der ersten erinnerten Szene aus Ihrer frühen Kindheit? Wer war bei Ihnen? Wie fühlten Sie sich?
2. Nun zu den anderen Erinnerungen: Welche Spiele spielten Sie besonders gern? Gab es welche, die Sie selbst erfanden?
3. Was taten Sie an einem regnerischen Sommertag?
4. Hatten Sie irgendwelches Spielzeug oder andere Habseligkeiten, die Ihnen besonders lieb waren?
5. Haben Sie gern gezeichnet oder gemalt? Wenn ja, was zeichneten oder malten Sie am liebsten?

6. Hatten Sie irgendwelche Lieblingsgeschichten? Gab es welche, die Sie immer wieder hören wollten? Haben Sie gern selber gelesen? Was? Notieren Sie Geschichten oder Bücher, an die Sie sich besonders stark erinnern.
7. Denken Sie an Ihre engsten Freunde und Freundinnen in der Kindheit. Worin ähnelten sich diese Freundschaften? Worin unterschieden sie sich? Gab es Aktivitäten, die Sie besonders gern mit bestimmten Freunden unternahmen?
8. Notieren Sie Umstände Ihrer frühen Kindheit, die Sie als besonders günstig betrachten.
9. Notieren Sie Umstände Ihrer frühen Kindheit, die Sie als besonders unglücklich ansehen.
10. Gab es irgendwelche sehr starken und beharrlichen Sehnsüchte in Ihrer Kindheit? Welche?
11. Wie würden Sie (kurz) Ihr Wesen und Ihre Persönlichkeit in der Kindheit beschreiben?
12. Notieren Sie hier weitere Erinnerungen oder Bemerkungen, die Sie hinzufügen möchten.

Sitzung 7
Eine Analyse Ihrer emotionalen Reaktionen

Unsere individuellen emotionalen Reaktionen auf die Bedingungen unserer Umgebung unterscheiden sich stark. Das führt zu der Frage: Warum reagieren Menschen so unterschiedlich auf dieselbe Sache? Warum hat der eine Mensch in einer bestimmten Höhe Todesangst, während der andere liebend gern drachenfliegt und ein dritter völlig unberührt bleibt, wenn er fliegt oder sich sonst in großer Höhe befindet? Warum liebt der eine Hunde, während ein anderer Angst vor ihnen oder eine Abneigung gegen sie hat?

Diesem Kurs liegt die Annahme zugrunde, daß es einen Grund für diese Unterschiede gibt, etwas in vergangenen Erfahrungen der jeweiligen Person, was ihre spezifische Reaktion auslöst.

Natürlich ist es möglich, daß die verursachende Erfahrung im gegenwärtigen Leben gemacht wurde. Vielleicht verbrachte unser Hundeliebhaber eine glückliche Kindheit, bei der ein geliebter Hund in einer fürsorglichen und aufbauenden Familienatmosphäre eine große Rolle spielte. Und vielleicht wurde der Mensch, der sich vor Hunden fürchtet, in seiner Jugend von einem besonders großen Exemplar dieser Tierart bedroht oder angegriffen. Ähnliche Erklärungen lassen sich zweifellos für eine ganze Anzahl emotionaler Reaktionen finden.

Aber so stichhaltig diese Erklärungen im einzelnen Fall sein mögen, für uns gibt es noch andere, sofern wir die Reinkarnationstheorie akzeptiert haben. Sehr wahrscheinlich hat jeder von uns zuweilen emotionale Reaktionen, die nicht so ohne weiteres auf Erfahrungen in diesem Leben zurückzuführen sind. Auch diese müssen von irgendwoher kommen, und hier bietet sich die Wahrscheinlichkeit an, daß ihre Ursachen in Ereignissen unserer früheren Inkarnationen zu finden sind. Und wenn das stimmt, dann gehören gewisse emotionale Reaktionen zu den wichtigsten Anhaltspunkten bei der Erforschung unserer früheren Leben.

Aus diesem Grund werden wir uns nun einige Ihrer emotionalen Reaktionen genauer ansehen. Wenn Sie die nachstehenden Übungen beendet haben, werden Ihre gesammelten Hinweise, die sich aus Ihren positiven und negativen Reaktionen auf bestimmte Bedingungen und Situationen ergeben, die bereits vorhandenen Anhaltspunkte ergänzen: jene, die sich aus der Untersuchung Ihres familialen Umfelds, Ihrer Reaktionen auf bestimmte geographische Regionen, Ihres Verhältnisses zum Körper und ihrer Erlebnisse in der Kindheit ergaben. Und wir werden in den dann folgenden Sitzungen sehen, wie wertvoll alle diese Hinweise sind.

Übung A

Viele Menschen reagieren auf ganz bestimmte Bedingungen oder Situationen besonders heftig. Sie werden in diesem Zusammenhang nun einigen Ihrer eigenen Reaktionen nachgehen. Sehen Sie sich zunächst die weiter unten vorgeschlagene Bewertungsskala an, die von extremer Angst oder Abneigung (1) bis zu großem Vergnügen (5) reicht. Bewerten Sie dann im folgenden Ihre Reaktionen je nachdem mit 1 bis 5, und fügen Sie dieser Eintragung alle Bemerkungen hinzu, die Sie machen möchten. Diese könnten zum Beispiel eine differenzierende Aussage beinhalten. So schrieb eine Person, daß sie große Angst hat, wenn sie in einem See oder im Meer schwimmt, sich aber in einem Swimmingpool außerordentlich wohl fühlt.

Eine solche Bemerkung könnte aber auch eine mögliche Erklärung für eine spezielle Reaktion beinhalten, wenn sie sich aus einem früheren Erlebnis Ihres jetzigen Lebens ableiten läßt. So zum Beispiel, wenn Sie notieren, daß Sie im Wasser Angst haben, und sich erinnern, daß Sie einmal als kleines Kind beinahe ertrunken wären.

Wenn Sie andererseits keine Erklärung aus diesem Leben haben, aber feststellen, daß sich Ihre Reaktion mit Ihren Vorstellungen über ein vergangenes Leben gut in Einklang bringen läßt, sollten Sie auch das vermerken. Zum Beispiel: Wenn Ihre Antworten aus den früheren Übungen Sie zur Annahme brachten, daß Sie eine Inkarnation im alten Palästina hatten, und wenn Sie nun feststellen, daß Sie sich unter jüdischen Menschen sehr wohl fühlen, möchten Sie diese Verbindung vielleicht notieren.

Hier werden Ihnen nur verschiedene Bedingungen und Umstände vorgeschlagen, und Sie sollten sich nicht unbedingt darauf beschränken. Zögern Sie nicht, die Aufzählung zu erweitern und weitere Beobachtungen festzuhalten.

Wenn Sie an diesem selbstanalytischen Überblick arbeiten, dann denken Sie nicht nur an die Gegenwart, sondern auch an die Gefühle in Ihrer Kindheit. Und vergessen Sie nicht, daß es hier um Ihre Emotionen geht, nicht um Ihre intellektuellen Ansichten. Wenn Ihnen zum Beispiel auf rationaler Ebene klar ist, daß rassische Vorurteile töricht sind, Sie sich aber trotzdem unter Angehörigen einer bestimmten ethnischen Gruppe nicht wohl fühlen, dann vermerken Sie das. Dieses Gefühl hat irgendeine Ursache, und wenn Sie es übergehen, berauben Sie sich selbst eines Stückchens an Information, das sich bei Ihrer Forschungsarbeit als sehr nützlich erweisen könnte.

Hier nun die Bewertungsskala für Ihre Reaktion auf weiter unten genannte Umstände und Situationen:

1. Diese Situation ruft in mir sehr große Angst, Abscheu oder Unbehagen hervor.
2. Ich fühle mich ein wenig ängstlich oder unbehaglich.
3. Ich reagiere neutral.
4. Ich finde sie angenehm, ich fühle mich wohl.
5. Es bereitet mir großes Vergnügen, ich fühle mich pudelwohl.

Und wie reagieren Sie nun auf folgende, stichpunktartig benannte Situationen, Umstände oder Reize?

1. Im Wasser
2. In großen Höhen
3. In geschlossenen Räumen
4. In weiten Räumen
5. Allein in der freien Natur
6. Allein gelassen
7. In der Menge
8. Einsamkeit
9. Lärm
10. Schweigen
11. Bücher und lesen
12. Sie tragen schwere Kleidung
13. Einen hohen Kragen
14. Einen Hut
15. Menschen bestimmter Nationalität oder ethnischer Zugehörigkeit (spezifizieren Sie)
16. Menschen, die mit einem ausländischen Akzent oder einem regionalen Dialekt sprechen (spezifizieren Sie)
17. Menschen mit einer bestimmten Religion (spezifizieren Sie)
18. Menschen mit bestimmten physischen Merkmalen (spezifizieren Sie)
19. Menschen einer bestimmten Altersgruppe (spezifizieren Sie)
20. Menschen mit einer bestimmten politischen Ausrichtung (spezifizieren Sie)
21. Menschen mit bestimmten Berufen (spezifizieren Sie)
22. Autoritätspersonen
23. Menschen des gleichen Geschlechts
24. Menschen des anderen Geschlechts
25. Menschen, die zu früh kommen
26. Menschen, die zu spät kommen
27. Mäuse
28. Vögel
29. Schlangen
30. Ander Tiere (spezifizieren Sie)

31. Sonnenlicht
32. Dunkelheit
33. Hitze
34. Kälte
35. Feuchtes Klima
36. Trockenes Klima
37. Wind
38. Blitze
39. Feuer
40. Tod
41. Hunger
42. Schwangerschaft und Geburt
43. Fortbewegung bei hoher Geschwindigkeit
44. Im Flugzeug
45. Brücken
46. Tunnel
47. Treppen
48. Schußwaffen

Übung B

Wir werden nun einige von Ihnen als positiv eingestufte Reaktionen untersuchen, wobei Sie selbst definieren, was Sie als positiv empfinden. Ein merkliches Gefühl der Freude, der Erhebung, des Angenehmen, was auch immer. Und wie bei der vorangegangenen Bestandsaufnahme sind auch hier Ihre zusätzlichen Bemerkungen wichtig. Es ist besser, wenn Sie sie an der jeweiligen Stelle hinzufügen statt ganz allgemein am Ende des Überblicks. Die Vorbemerkungen zu Übung A beziehen sich weitgehend auch auf diese Übung. Denken Sie nicht nur an die Gegenwart, sondern auch an Ihre Kindheit, konzentrieren Sie sich auf Ihre Emotionen, nicht auf Ihre intellektuellen Ansichten.

1. Die in Übung A aufgeführten Stichpunkte werden oft genannt, wenn Menschen gefragt werden, worauf sie positiv oder negativ reagieren. Zweifellos gibt es noch andere, nicht aufgeführte Reize oder Situationen, die in Ihnen eine stark positive Reaktion auslösen. Zählen Sie diese hier auf und kommentieren Sie sie eventuell.
2. Gibt es besondere Sinneseindrücke oder sinnliche Reaktionen, die Ihnen ein intensives Vergnügen bereiten? Beschreiben Sie sie.
3. Gibt es bestimmte Gruppenspiele oder -aktivitäten, die Ihnen sehr viel Freude machen? Führen Sie sie auf und beschreiben Sie Ihre diesbezüglichen Gefühle.
4. Gibt es eine bestimmte körperliche Aktivität, die Sie besonders auf- und anregend finden – das heißt, die Ihnen in Gedanken oder in der Ausführung große Freude bereitet?
5. Gibt es eine körperliche Aktivität, über die Sie gern etwas lesen? Nennen Sie gegebenenfalls ein oder zwei Bücher.
6. Gibt es andere Bücher, die in Ihnen eine starke positive emotionale Reaktion hervorriefen? Um was ging es in diesen Büchern?
7. Mögen Sie Filme über besondere körperliche Aktivitäten? Benennen Sie ein oder zwei Filme.
8. Erinnern Sie sich daran, andere Filme gesehen zu haben, die in Ihnen stark positive Gefühle auslösten? Was war das Thema dieser Filme?
9. Hatten Sie je eine besonders positive Erfahrung im Zusammenhang mit Musik? Beschreiben Sie die Art der Musik, die Gefühle, die sie auslöste, und die Umstände dieser Erfahrung.
10. Gibt es noch andere Reize oder Ereignisse in Ihrem Leben, die ein außergewöhnlich starkes positives Gefühl auslösten? Beschreiben Sie diese Begebenheiten und geben Sie an, was hier Ihrer Meinung nach diese Reaktion bewirkte.

Übung C

Wie die Dinge, die in uns eine stark positive Reaktion auslösen, kann auch das, was in uns starke Ängste und Abneigung erweckt, Hinweise auf Erinnerungen aus früheren Leben liefern. Diese würden natürlich unangenehme Erfahrungen betreffen. Psychologen und Psychiater arbeiten ja mit dieser Hypothese, allerdings im Rahmen eines einzigen Lebens, wenn Sie versuchen, frühe Kindheitserlebnisse aufzuspüren, um die Anpassungsschwierigkeiten der erwachsenen Person zu verstehen. Die Reinkarnationstheorie geht darüber hinaus und bezieht hier frühere Leben mit ein.

Die folgenden Fragen sollen Ihnen als Leitfaden dienen zur Untersuchung Ihrer negativen emotionalen Reaktionen und der Einsichten, die Sie in Hinsicht auf Ihre ferne Vergangenheit daraus gewinnen können. Wie schon bei Übung A und B können Sie auch hier Ihnen relevant erscheinende Beobachtungen und Bemerkungen hinzufügen, nicht nur die Gegenwart, sondern auch Ihre Kindheit berücksichtigen und sich auf die gefühlsmäßigen Reaktionen konzentrieren.

1. In Übung A finden sich stichpunktartig einige Themen, die häufig erwähnt werden, wenn Menschen ihre tieferen Ängste und Abneigungen benennen sollen. Wenn es irgendwelche weiteren Reize oder Situationen gibt, die in Ihnen eine stark negative Reaktion auslösen, dann zählen Sie sie hier auf und erläutern Sie sie.
2. Haben Sie je auf bestimmte Bücher oder Geschichten mit starker Angst oder Aversion reagiert? Welche? Beschreiben Sie auch Ihre Gefühle und Einsichten in diesem Zusammenhang.
3. Lösten Filme eine stark negative Reaktion in Ihnen aus? Welche? Beschreiben Sie Ihre Gefühle in diesem Zusammenhang.
4. Hat je eine bestimmte Musik in Ihnen eine stark negative Reaktion ausgelöst? Beschreiben Sie Ihre Erfahrungen.

5. Welche Umstände Ihres Lebens stören Sie am meisten?
6. Auf welche Fehler an anderen Personen reagieren Sie am häufigsten?
7. Hatten Sie je eine körperliche Auseinandersetzung, die Ihnen stark in Erinnerung geblieben ist? Löste sie starke negative Emotionen in Ihnen aus?
8. Fürchten Sie sich in besonderem Maße vor bestimmten physischen Verletzungen oder Krankheiten?
9. Gibt es Situationen oder Aktivitäten, denen Sie ganz bewußt aus dem Wege gehen? Beschreiben Sie diese Umstände und den Grund für Ihre Aversion.
10. Gibt es eine Erfahrung oder Aktivität, vor der Sie sich ganz besonders fürchten?
11. Gibt es einen Personentypus, vor dem Sie Angst haben? »Typus« kann sich hier auf Alter, Geschlecht, Rassen- und Religionszugehörigkeit, Gesellschaftsschicht, Beruf oder andere Merkmale von Menschen beziehen.
12. Wovor haben Sie am meisten Angst?
13. Gibt es andere Dinge oder Umstände, die in Ihnen eine stark negative Reaktion hervorrufen? Beschreiben Sie diese und Ihre Gefühle und Gedanken in diesem Zusammenhang.

Sitzung 8
Wie Sie aus Anhaltspunkten Ihres gegenwärtigen Lebens Hypothesen über vergangene Leben entwickeln können

In einer der vorangegangenen Sitzungen sahen wir, daß uns der Körper und die frühen Kindheitserfahrungen – mit anderen Worten, unsere Erbanlagen und die Umwelt, in die wir hineingeboren wurden – Hinweise auf vormalige Inkarnationen liefern können. Diese beiden Faktoren sind so wertvolle Informationsquellen, weil sie in engem Zusammenhang zu unseren Entscheidungen stehen, die wir in früheren Leben getroffen haben. Das heißt, unsere Entscheidungen führten zu einem bestimmten Grad seelischer Entwicklung und der Notwendigkeit, spezielle Lektionen zu lernen, wobei das persönliche Erbe und die jeweilige Umwelt die Gelegenheit dazu bieten.

Wenn wir uns mit dem Gedanken näher befassen, daß es erbliche und umweltbedingte Faktoren der Seele erlauben, die für sie notwendigen Erfahrungen zu machen, dann werden wir erkennen, um was für eine überaus erstaunliche Angelegenheit es sich da handelt. Jede Person wird von genau den Umständen angezogen, die den Erfordernissen der seelischen Entwicklung am besten entsprechen. Nur der Geist unseres Schöpfers kann eine so komplexe Verwobenheit des Lebens ersinnen. Betrachten wir Erbe und Umwelt im Licht der Reinkarnationstheorie, dann zeigen sich sowohl unsere genetischen Verkettungen mit anderen Menschen wie auch die Erfahrungen, die wir mit ihnen teilen, als Teil eines orchestrierten Fluß des Lebens – ein Fluß, in dem sich die seelischen Bedürfnisse eines jeden Menschen auf Erden in jedem gegebenen Moment widerspiegeln.

Wir dürfen aber nicht vergessen, daß diese ›Bereitstellung‹ von Erbe und Umwelt und die wechselseitige Beziehung zwischen unserer Seelenreise und denen unserer Mitmenschen uns nicht in ein vorbestimmtes Schicksal zwingen. Wir sind jeden Moment frei, unsere Entscheidungen zu treffen, frei, einen konstruktiven Einfluß aus der Vergangenheit zu nutzen oder außer acht zu lassen, frei, negativen Einfluß zu überwinden oder nicht. Diese Entscheidungen bewirken eine Veränderung in uns selbst und in unserer Lebenssituation, sie bilden Muster und tragen zu den Bedingungen unserer künftigen Inkarnationen bei.

Wir werden uns nun darin üben, Lebensmuster und Theorien über vergangene Leben miteinander in Beziehung zu setzen. Wir werden unser Wissen über die Gesetze der Kontinuität, der Konsequenzen und der Kompensation anwenden, um herauszufinden, wie frühere Inkarnationen mit unserer gegenwärtigen Lebenssituation zusammenhängen könnten. (Wenn Sie sich diese Gesetze noch einmal vor Augen führen wollen, dann lesen Sie in Sitzung 3 nach.)

Wir werden uns hier wieder einmal bestimmter Fallbeispiele aus den Lebens-Readings Edgar Cayces bedienen. In der ersten Gruppe von Fällen beschreiben wir eine der früheren Inkarnationen einer Person, und Sie sollen sich überlegen, wie diese wohl die gegenwärtigen Lebensumstände jener Person beeinflußt hat. Danach gehen wir umgekehrt vor: Wir erzählen Ihnen etwas über die gegenwärtige Situation der Person, und Sie überlegen sich, welche Erfahrungen der Vergangenheit wohl dazu geführt haben.

In beiden Abschnitten stellen wir zunächst alle Fallbeispiele vor, an die sich dann die Antworten anschließen. Durchdenken Sie erst sorgfältig jeden Fall und formulieren Sie Ihre eigenen Hypothesen, bevor Sie die Antwort nachlesen und sich dem nächsten Fall zuwenden.

Denken sie bei dieser Übung auch daran, daß es für keinen der Fälle eine umfassende Lösung gibt. Der genaue Verlauf der Umstände von Leben zu Leben gründet sich auf so viele Einzelfaktoren, daß die Möglichkeiten buchstäblich unendlich sind. Deshalb sollten Sie sich auch, wenn Sie dann Hypothesen über Ihre eigenen Leben entwickeln, darüber im klaren sein, daß Sie nur *ein* mögliches Szenarium von vielen auswählen.

Und hier nun die Fallbeispiele der ersten Gruppe.

Fall 1: Einer Frau wurde in ihrem Reading gesagt, daß sie in biblischer Zeit zu den Leuten um Nehemia gehört hätte, als der Wiederaufbau der Mauern Jerusalems unternommen wurde. Sie war noch zu jung, um sich an diesem Werk zu beteiligen, half aber später bei der Ausschmückung der Mauern. Wie könnte, unter Berücksichtigung der Gesetze der Kontinuität, der Konsequenzen und der Kompensation, ihre Erfahrung im alten Israel sie heute beeinflussen?

Fall 2: Eine Frau hatte in einem früheren Leben als Indianerin in der Gegend des heutigen Chicago ein Nomadenleben geführt. Wie könnte sich das in ihrem heutigen Leben auswirken?

Fall 3: Im Reading eines Mannes hieß es, er wäre einer der ersten Siedler des späteren New York gewesen und hätte Wesentliches zur bürgerlichen Gesetzgebung der Stadt und auch zur Stadtplanung beigetragen. Welche Dinge würden wir wohl heute von diesem Mann erwarten?

Fall 4: Einem anderen Mann wurde gesagt, daß er an den Kreuzzügen teilgenommen hätte. Anfangs wäre er wohl von religiösen Idealen geleitet gewesen, aber dann, als das Plündern begann, wurde der materielle Gewinn sein vorherrschendes Motiv. Welche Folgen mag das für diesen Man im 20. Jahrhundert gehabt haben?

Antwort 1: Sie sehen, es gibt viele Möglichkeiten. Diese Frau mag daran angeknüpft haben, daß sie in jenem Leben für eine bestimmte Aufgabe zu jung gewesen war, und in dieser Inkarnation eine Baumeisterin geworden sein. Oder sie setzte ihre Erfahrung fort und arbeitete auf dem Gebiet von Dekoration und Austattung. Oder sie entwickelte ein außerordentlich starkes Interesse an Steinmetzarbeit oder an dieser speziellen Phase biblischer Geschichte. Alle diese und noch andere Möglichkeiten sind als Resultat jener Lebenserfahrung vorstellbar.

Tatsächlich zeigte diese Frau im jetzigen Leben ein Gespür für Dekoration, vor allem im Zusammenhang mit Stoffen.

Antwort 2: Diese Lebenserfahrung kann, je nach den Bedürfnissen der Seele, sehr verschiedene Wege eröffnen. Die Frau könnte ihre nomadische Lebensweise fortgesetzt haben und heute ständig unterwegs sein. Oder sie könnte, als Ausgleich, ein sehr gesetztes, häusliches Leben führen.

Tatsächlich aber hatte sie ein gutes Gleichgewicht zwischen beiden Möglichkeiten gefunden. Ihr Heim war ihr außerordentlich wichtig, aber sie unternahm häufig Bildungsreisen.

Antwort 3: Wir könnten uns vorstellen, daß dieser Mann in diesem Leben Karriere im Regierungswesen, in der Architektur oder im Ingenieurswesen gemacht hat. Wir könnten annehmen, daß er, aufgrund seiner früheren positiven Erfahrung in dieser Stadt, New York mochte oder es ihn sogar wieder dorthin gezogen hat.

Wie sich herausstellte, war er ein New Yorker. Wir wissen nichts Genaueres über seinen Beruf, aber er hatte eine Vorliebe für Linien, Formen und Bauzeichnungen.

Antwort 4: Auch hier können wir uns mehrere Möglichkeiten vorstellen. Vielleicht war als Folge seines vormaligen Plünderns sein materieller Erfolg in diesem Leben blockiert. Vielleicht war er sogar beraubt worden. Vielleicht war er aber auch weiterhin ein materialistisch gesinnter Mensch, der wieder etwas über spirituelle Werte lernen mußte. Oder er wurde, im Gegenteil, ein Geistlicher, der sich von allem materiellen Gewinn lossagte und den spirituellen Weg ging.

Aus dem Reading für diesen Mann geht hervor, daß er ein sehr mißtrauischer Mensch war und dazu neigte, die Aufrichtigkeit anderer Leute anzuzweifeln, sobald sie in irgendeinem Punkt anderer Ansicht waren als er. Dies bietet einen interessanten Ansatz in bezug auf sein Leben als Kreuzzügler. Als dieser hatte er, durch den Einfluß anderer Leute, seine religiöse Motivation aufgegeben und statt dessen zu plündern angefangen. In diesem Leben nun war er mißtrauisch, was die Absichten anderer Menschen in bezug auf ihn anging. Wir könnten uns vorstellen, daß sein Reading ihm klarmachte, daß er für sein Leben und seine Motive selbst verantwortlich ist.

Wie der Mann im hier beschriebenen Fall müssen wir alle

lernen, unsere Verantwortlichkeit für unsere Entscheidungen und die sich daraus ergebenden Situationen zu akzeptieren. Unsere Theorien über unsere vergangenen Leben können uns helfen, diese Einsicht zu realisieren. Wenn wir immer besser verstehen, wie unsere früheren Inkarnationen unsere heutigen Lebensumstände beeinflussen, dann werden wir auch bereitwilliger die Verantwortung für unsere Entscheidungen übernehmen. Denn wir begreifen, daß die gegenwärtigen Umstände das Ergebnis unserer früheren Entscheidungen sind; wir werden uns bewußt, daß wir durch unsere Entscheidungen von heute unsere eigene Zukunft aufbauen; und uns wird klar, daß wir frei sind, gegebenenfalls einen neuen Anfang zu machen und andere Entscheidungen zu treffen.

Wir wollen uns nun den Theorien über vergangene Leben von der anderen Seite nähern. Versuchen Sie sich vorzustellen, welche vormalige Lebenserfahrung der gegenwärtigen Situation einer Person zugrunde liegt.

Fall 5: Ein Mann, der von Cayce ein Reading erhielt, wurde von Selbstzweifeln und Ängsten geplagt. Woher kam das wohl?

Fall 6: Eine Frau fürchtet sich in diesem Leben sehr davor, ein Kind zu gebären. Welche Ursache mag das haben?

Fall 7: Eine Frau hatte ein großes Problem mit ihrer Fettleibigkeit. Welche Vermutungen stellen Sie über ihre Vergangenheit an?

Fall 8: Ein Mann, der sich an Edgar Cayce wandte, verfügte über großes persönliches Charisma. Sein Reading besagte, daß er in diesem Leben einer jener Menschen sei, die die Macht haben, mit einem Kopfnicken, einem Wink Freude und Fröhlichkeit um sich zu verbreiten. Er würde sich immer wieder in einer Position finden, in der andere Leute, wenn es um ihren gesellschaftlichen Status oder ihre Position ging, von ihm abhängig waren. Was für ein früheres Leben hat wohl zu dieser Gabe geführt?

Antwort 5: Dieser Fall zeigt, wie wichtig es ist, verschiedenste Hinweise auf ein früheres Leben zu bekommen, bevor man eine plausible Theorie entwickelt. Es gibt so viele Erfahrungen, die später zu Selbstzweifeln und Ängsten führen mögen, daß wir nicht bestimmen können, um welche es sich in diesem Fall handelt. Wir müßten sehr viel mehr über diesen Mann wissen – seine Neigungen, Interessen, seine speziellen Ängste und Abneigungen und so weiter –, um hier eine einigermaßen schlüssige Hypothese aufzustellen. Sie haben im Verlauf dieses Kurses und der Übungen solche zusätzlichen Informationen erhalten, all das sind Teilchen Ihres Puzzles.

Im Falle dieses Mannes geht aus Cayces Reading hervor, daß er in einem früheren Leben ein Nörgler und Krittler gewesen war. Offensichtlich war er in seiner Kritik an anderen erbarmungslos gewesen und erfuhr nun die Konsequenzen jenes Lebens, indem er selbst von Zweifel und Ängsten geplagt wurde. Ihm wurde gesagt, daß die Lösung seines Problems nicht in der Leugnung seiner Kritikfähigkeit liege, sondern darin, daß er sie konstruktiv einsetze.

Antwort 6: Eine sich hier anbietende mögliche Erklärung ist die, daß diese Frau in einem früheren Leben im Wochenbett gestorben ist. Oder sie hatte ein uneheliches Kind zur Welt gebracht und wurde dafür von ihrer Umgebung verurteilt oder sogar bestraft. Vielleicht hat sie auch andere schmerzliche Erfahrungen mit Kindern gemacht.

Aus ihrem Reading ging nun hervor, daß sie in einem früheren Leben eine Siedlerin in Amerika war und mit ansehen mußte, wie ihr Haus und ihre Kinder verbrannten. Wahrscheinlich spielte sich diese Tragödie bei einem Angriff durch Indianer ab.

Auch hier sehen wir wieder die große Schwierigkeit, eine Erklärung für die Angst dieser Frau zu finden, wenn wir nicht über zusätzliche Informationen verfügen. Aber um zu demonstrieren, wie sich aus verschiedenen Anhaltspunkten eine Theorie über eine frühere Inkarnation entwickeln läßt, wollen wir uns ein paar Hinweise vorstellen, die diese Frau vielleicht selbst entdeckt hätte, wenn sie sich nicht an Edgar Cayce gewandt, sondern diesen Kurs absolviert hätte. So wäre ihr möglicherweise aufgefallen, daß sie nicht nur Angst hatte, ein Kind zu gebären, sondern auch ganz allgemein um die Sicherheit der Menschen, die sie liebte, fürchtete. Vielleicht hätte sie auch bei sich eine starke Abneigung gegen indianische Kulturen beobachtet. Und möglicherweise löste der nächtliche Sirenenton des Feueralarms Angst in ihr aus. Alles das ist natürlich reine Spekulation. Aber es kann zeigen, daß die Beobachtung der eigenen Persönlichkeit wichtige Informationen über frühere Leben liefern kann.

Antwort 7: Auch dies ist ein gutes Beispiel dafür, daß dieselbe Situation bei den einzelnen Personen verschiedene reinkarnative Ursachen haben kann. Vielleicht war diese Frau in einem anderen Leben verhungert, und diese unbewußte Erinnerung brachte sie dazu, mehr als nötig zu essen; es wäre sogar möglich, daß ihr Körper eine solche Erinnerung bewahrt und aus Selbstschutz eine Tendenz zur Speicherung von Fett entwickelt hatte. Oder vielleicht hatte sie in einem anderen Leben maßlos essen können, ohne zuzunehmen. Ihre jetzige Fettleibigkeit wäre dann eine verzögerte Reaktion auf ihr vormaliges Gewohnheitsmuster.

Aus dem Cayce-Reading ging hervor, daß sie in einer anderen Inkarnation dünn und flink gewesen war und sich über übergewichtige Menschen lustig gemacht hatte. Nun hatte sie die Gelegenheit, die andere Seite kennenzulernen.

Antwort 8: Wir könnten annehmen, daß dieser Mann schon früher Machtpositionen innehatte, wenn wir auch keine näheren Einzelheiten über das Wann oder Wo kennen. Oft ist eine solche Information schon für sich genommen eine Hilfe, um mit unseren früheren Leben arbeiten zu können. In diesem Fall wäre sie ausreichend, um den Mann wissen zu lassen, daß er aufgerufen war, seine Macht in Liebe und Weisheit zu gebrauchen. Gewiß würde jemand, der von einem früheren Leben großer Macht ausgeht, sich auch der damit verbundenen Fallen bewußt sein wollen und versuchen, sie zu vermeiden. Das zeigt, daß wir oft nicht unbedingt alle Einzelheiten einer vormaligen Inkarnation kennen müssen, um eine Lehre daraus zu ziehen.

Sie wollen aber vermutlich Näheres über diesen Mann erfahren. Es stellte sich heraus, daß er ein hochstehender Römer gewesen war, der mit der einfachen Geste des nach oben oder unten weisenden Daumens über das Schicksal eines Menschen, der in der Arena stand, entscheiden konnte. Es ist nicht klar, ob er jemals mit dem Daumen nach unten gewiesen hat. Wenn nicht, dann wäre das eine Erklärung dafür, daß er wieder die Gabe der

Macht erhalten hatte, um sie konstruktiv zu nutzen. Möglich wäre aber auch, daß er einige Menschen verdammt hatte und die Konsequenzen dieses Handelns bereits in einer anderen Inkarnation durchleben mußte. In diesem Fall könnte man seine gegenwärtige Inkarnation als eine Gelegenheit betrachten, bei der er zeigen muß, ob er seine Lektion gelernt hat. Ihm war wieder Macht gegeben, diesmal in einer weniger über Tod und Leben entscheidenden Arena, um festzustellen, ob er sie nun positiv einsetzen konnte.

Wir haben nun das Gesetz von Ursache und Wirkung bei einigen aus dem Leben gegriffenen Fallbeispielen betrachtet. Sie haben sich darin geübt, diesem Gesetz von beiden Richtungen her nachzuspüren – von früheren Leben zur Konsequenz in der Gegenwart und von der heutigen Situation zur Vergangenheit vormaliger Leben. Sie sehen, daß wir uns mit einer ungenauen Wissenschaft befassen.

In vieler Hinsicht wird es einfacher sein, etwas über die eigenen früheren Leben zu entdecken, als über die fremder Menschen zu spekulieren. Einmal, weil Sie sehr viel mehr über sich selbst wissen, und zum andern, weil Sie den Vorteil Ihrer eigenen Intuition haben, die wir zudem durch gelenkte Phantasien, Träume und Meditation befördern können.

Wenn Sie anfangen, Hypothesen über Ihre eigenen früheren Leben zu formulieren, dann denken Sie daran, daß die großen Muster wichtiger sind als die Einzelheiten. Wenn Sie an einem großen Muster arbeiten, das Ihrem Gefühl nach in Ihrem Leben wirksam ist, dann treten die Einzelheiten nach und nach hinzu. Wenn Sie jetzt schon oder im weiteren Verlauf des Kurses feste Vorstellungen über frühere Inkarnationen haben sollten, dann schreiben Sie sie auf, damit sie nicht in Vergessenheit geraten. Wir wollen nun noch mit Hilfe einer gelenkten Phantasie ein paar weitere Details – vielleicht auch ein paar Muster – zu Ihren Talenten und Hobbys ausgraben.

Sitzung 9
Erkundung Ihrer Begabungen, Hobbys und Interessen

Einer der praktischsten Aspekte der Reinkarnationstheorie hat mit unseren Begabungen, Fähigkeiten und Interessen zu tun. Viele Menschen erfuhren aus ihren Cayce-Readings, daß sie sich in anderen Leben nicht nur Fähigkeiten und berufliche Neigungen angeeignet hatten, sondern daß diese Talente weiter vorhanden waren und im gegenwärtigen Leben genutzt werden konnten. Das ist faszinierend, da es darauf hindeutet, daß wir alle aus Fähigkeiten und Interessen schöpfen, die wir über viele Leben entwickelt haben. Und das macht uns in der Tat zu sehr talentierten Menschen, was allerdings nicht ausschließt, daß unsere wahren Fähigkeiten manchmal nur schwer auszumachen sind.

Wie also können wir unsere Begabungen erkennen? Dazu sollten wir uns erst einmal klarmachen, was wir unter Begabung oder Talent verstehen. Laut Lexikon handelt es sich um eine natürliche Fähigkeit oder Gabe, die als Hobby oder auch als Beruf genutzt werden kann. Das heißt also, es geht nicht nur um die Fähigkeiten, die wir aktiv entwickelt haben und in unserem Leben nutzen, sondern auch um jene, die wir nicht zum Ausdruck bringen, aber gern kultivieren würden, wenn wir die Chance dazu hätten. Und das ist der für unsere Untersuchung wichtige Punkt, denn Einflüsse aus vergangenen Leben manifestieren sich häufig als Impuls und nicht unbedingt in ihrer tatsächlichen Nutzung. Und deshalb werden wir uns hier sowohl unseren ›brachliegenden‹ Talenten wie auch unseren aktiv ausgeübten Fähigkeiten zuwenden.

Das Wort Begabung wird oft insofern mißverstanden, als wir es häufig nur mit Menschen in Verbindung bringen, die künstlerische Berufe ausüben. Sind wir in dieser Richtung nicht talentiert, meinen wir oft vorschnell, wir hätten keinerlei Begabung. Das ist uns selbst gegenüber nicht fair, und es ist auch falsch. Begabung kann sich auf vielfältige Weise ausdrücken. So wie der Inhalt eines Päckchens mit gemischtem Blumensamen in mannigfaltigen Formen und Farben aufkeimt und sich zur Blüte entfaltet, entfalten sich auch die Menschen entsprechend ihrer einzigartigen Muster. Wenn wir unsere Begabungen erforschen wollen, dann müssen wir ein weites Feld an Interessen, Fähigkeiten und Hobbys in Betracht ziehen. Wir müssen nach dem Offensichtlichen wie nach dem weniger Augenfälligen Ausschau halten. Und wir sollten keine Fähigkeit oder Neigung ausschließen, nur weil sie nicht in unsere Vorstellung von Begabung paßt.

Wie steht es zum Beispiel mit dem guten Merkvermögen für Details? Es ist eine Begabung. Auch andere geistige Fähigkeiten können besondere Begabungen sein. Die Fähigkeit, mit Zahlen umzugehen, ein besonderes Gespür bei Detektivgeschichten, wenn man schon nach zwei Buchkapiteln den Mörder kennt, ein ausgeprägter Sinn für Humor – alles das sind Begabungen, die aus den einzigartigen Erfahrungen früherer Leben wie auch des gegenwärtigen Lebens einer Person erwachsen.

Und dann sind da natürlich all die herkömmlichen Begabungen und Hobbys zu bedenken wie Musizieren, Sticken und Nähen, Töpfern, Modellieren, Fischen, Sporttreiben, Gärtnern, Segeln, Fotografieren, Schreiben, Dichten ... Wir könnten diese Aufzählung stundenlang fortsetzen, ohne daß uns die Beispiele ausgingen, und hätten vielleicht noch immer nicht Ihre besonderen Begabungen und Hobbys erwähnt. Es wird also Ihre Aufgabe sein, sehr gründlich nachzudenken und Ihre Fähigkeiten, Talente und Interessen zu benennen.

Wir werden Ihnen zur Unterstützung Ihrer Bestandsaufnahme ein paar Fragen stellen. Es ist gut, wenn Sie sich für diese Arbeit ausreichend Zeit nehmen und sich vorher entspannen. Vielleicht wollen Sie mit geschlossenen Augen darüber nachdenken oder sich Papier und Bleistift zurechtlegen, um einige Ihrer

Gedanken festzuhalten. Wie auch immer, entspannen Sie sich nun einen Moment, und fahren Sie fort, wenn Sie bereit sind.

Einige unserer Begabungen haben wir bereits entwickelt, und sie sind Bestandteil unseres Alltagslebens. Oft kommen solche Fähigkeiten bei Aktivitäten zum Ausdruck, die wir unternehmen, wenn keine äußeren Anforderungen an unsere Zeit und Energie gestellt werden. Und deshalb ist es ganz hilfreich, wenn wir uns als erstes die Frage stellen: Was mache ich in meiner Freizeit?

Machen Sie nicht den Fehler zu glauben, daß Sie hier nur Aktivitäten wie Briefmarkensammeln festhalten sollen. Vielleicht besuchen Sie in Ihrer Freizeit gern Ihre Freunde. Das kann auf bestimmte soziale Fähigkeiten verweisen. Oder vielleicht tun Sie nichts lieber, als es sich in Ihrem großen Sessel bequem zu machen und sich die Sportsendungen im Fernsehen anzusehen. Das ist ein Hobby, und es gehört auch zu den Dingen, über die Sie sich nun klarwerden sollen. Also denken Sie nach und machen Sie sich eventuell ein paar Notizen: Was machen Sie gern in Ihrer Freizeit?

Wir konzentrieren uns weiterhin auf unser Alltagsleben und sehen uns nun einen anderen Bereich an, in dem wir vermutlich bereits entwickelte Begabungen nutzen. Wenn Sie einer Arbeit nachgehen, dann versuchen Sie jetzt, alle Fähigkeiten aufzuzählen, die Sie brauchen, um Ihren Job gut zu machen. Versuchen Sie, nichts zu übersehen. Gehen Sie einen typischen Arbeitstag durch und sehen Sie, wie viele Fähigkeiten Ihnen einfallen. Notieren Sie sich eventuell dabei, welche Ihre besonderen Stärken zu sein scheinen. Und auch wenn Sie Hausfrau oder Hausmann sind, so ist das ebenfalls ein Job. Vervollständigen Sie nun Ihre Liste der mit Ihrer Arbeit verbundenen Fähigkeiten, entweder im Geiste oder schriftlich.

Gehen wir dann zu einer anderen Frage über, die mehr im Bereich des Wunschdenkens liegt: Wie würden Sie gern Ihre Freizeit verbringen, wenn Sie die Zeit, das Geld oder die Begabung dazu hätten? Hier können Sie an Aktivitäten denken, die entweder immer mal wieder ein paar Stunden in Anspruch nehmen, oder an eine größere Unternehmung, auf deren Verwirklichung Sie buchstäblich ein ganzes Leben verwenden müßten. Nur der Himmel setzt hier Ihrer Phantasie Grenzen – nicht nur hinsichtlich der nötigen materiellen Mittel, sondern auch der persönlichen Fähigkeiten. Nehmen Sie sich also etwas Zeit und denken Sie über die Frage nach: Was würde ich gern in meiner Freizeit tun, wenn ich nur könnte?

Und nun eine letzte Frage: Welche Leute finden Sie am interessantesten? Denken Sie hier zum Beispiel an Berichte über Leute im Fernsehen, in Zeitschriften usw. Mögen Sie Geschichten über Industriebosse oder Musiker oder vielleicht Bergsteiger? Wahrscheinlich sind es ganz unterschiedliche Menschen, die Sie faszinieren. Aber wenn Sie genauer darüber nachdenken, werden Sie wahrscheinlich feststellen, daß sie sich einigen allgemeineren Kategorien zuordnen lassen. Also denken Sie einen Moment darüber nach: Welche Menschen finden Sie interessant?

Übung A

Nachdem Sie sich nun einige Gedanken darüber gemacht haben, welche Fähigkeiten, Talente, Interessen und Hobbys Sie haben, sollen Sie nun diese Bestandsaufnahme vervollständigen.

Wie Sie sehen werden, enthält diese Übung nur zwei Hauptfragen. Bei der ersten geht es darum, alle Begabungen, Interessen und Hobbys aufzuzählen, die Sie in der Freizeit und im Beruf aktiv nutzen bzw. denen Sie sich widmen. Dabei sollten Sie von der Gegenwart ausgehen. Das heißt, wenn Sie sich vor zehn Jahren der Ölmalerei gewidmet, seither aber keinen Pinsel mehr angerührt haben, gehört das nicht auf die Liste. Wenn Sie aber andererseits nur im Herbst auf die Jagd gehen, jetzt aber gerade Frühling ist, dann ist das Jagen Ihren gegenwärtigen Freizeitbeschäftigungen zuzurechnen.

Bei der zweiten Frage sollen Sie allen unentwickelten Begabungen und Interessen nachspüren. Es geht um die Dinge, die Sie, wenn Sie könnten, gern täten, das heißt, wenn Sie beispielsweise Zeit für Unterrichtsstunden, das Geld für die nötige Ausrüstung oder das richtige Ambiente hätten. Hier können Sie auch frühere Hobbys anführen und andere Fähigkeiten, über die Sie verfügen, aber aus dem einen oder anderen Grund nicht mehr ausüben können.

Nehmen Sie sich nun Zeit für die Beantwortung der beiden Fragen. Ihre Liste kann so lang sein, wie Sie wollen, nach unten gibt es allerdings ein Limit: Beide Fragen sollten wenigstens jeweils zehn Antworten aufweisen.

1. Welche Begabungen, Interessen und Hobbys nutzen bzw. verfolgen Sie in Ihrem Leben aktiv? Dies umfaßt sowohl die Fähigkeiten, die Sie in Ihrem gegenwärtigen Job brauchen, wie auch Ihre Freizeitaktivitäten. Denken Sie daran, es sollten mindestens zehn Punkte sein, und sie sollen sich auf die Gegenwart beziehen.
2. Welche latenten Begabungen und Interessen haben Sie, die derzeit nicht in Ihrem Beruf, Ihren Hobbys oder anderen Freizeitaktivitäten zur Geltung kommen? Hier nennen Sie alle Dinge, die Sie täten, wenn Sie die Zeit, die materiellen Mittel und die Gelegenheit dazu hätten; auch frühere Hobbys und andere Aktivitäten, denen Sie sich aus den verschiedensten Gründen nicht mehr widmen können, obwohl Sie im Prinzip dazu fähig sind; auch die Beschäftigungen, die Sie bei anderen Leuten interessant finden, sofern Sie sie nicht schon als eigene Aktivitäten erwähnt haben.

Nachdem Sie nun Ihre Bestandsaufnahme abgeschlossen haben, werden wir auf zweierlei Weise Ihre aktiv entwickelten und latenten Begabungen mit Ihren früheren Leben in Beziehung setzen. Zunächst werden wir Ihre jetzigen Fähigkeiten als Ausgangspunkt für Erinnerungen an vergangenen Inkarnationen benutzen. Dann werden wir uns ansehen, wie Sie einige Ihrer verborgenen Begabungen ans Licht heben und sie in Ihrem jetzigen Leben zur Geltung bringen können.

Übung B

Als erstes wählen Sie eine Fähigkeit oder ein Hobby aus Ihren Antworten zu Frage 1 – also eine aktiv genutzte Fähigkeit – aus, eine, die Sie besonders gern ausüben, etwas, das Ihnen wirklich Vergnügen bereitet oder wobei Sie sich sehr wohl fühlen. Wenn Sie Ihre Wahl getroffen haben, dann werden wir diesen Aspekt als zentrales Element bei der unten folgenden gelenkten Phantasie benutzen.

Vielleicht wollen Sie an diesem Punkt noch einmal in Sitzung 2 das Material zu einer solchen Übung nachlesen. Sollten Sie mit dem Tonband arbeiten, dann können Sie sich das Gerät jetzt bereitstellen. Liest Ihnen jemand vor, dann sollte sich diese Person nun bereithalten. Welcher Methode Sie sich auch bedienen, vergessen Sie nicht Ihre Entspannungsübung.

Auch bei dieser gelenkten Phantasie finden Sie Pausenangaben, die aber lediglich als Empfehlungen gedacht sind und Ihnen Zeit lassen sollen, die Dinge intensiver zu visualisieren und tiefer in Ihre Erfahrung einzutauchen. Passen Sie diese Angaben Ihren Bedürfnissen an.

Und auch hier werden wieder Fragen gestellt, die Ihre Aufmerksamkeit zunächst nur auf bestimmte Einzelheiten lenken sollen. Sie werden später Gelegenheit haben, sie schriftlich zu beantworten.

Denken Sie nun an die aktiv genutzte Fähigkeit, die Sie ausgewählt haben. Entspannen Sie sich geistig und körperlich. Wenn Sie bereit sind, dann lassen Sie sich auf folgende Phantasiereise ein:

Denken Sie an die Fähigkeit oder die Beschäftigung, die Sie sich ausgesucht haben und besonders vergnüglich oder lohnend finden. Stellen Sie sich vor, daß Sie sie nun in diesem Moment ausüben. (10 Sek.)

Wo sind Sie, während Sie damit beschäftigt sind? Sehen Sie sich um, nehmen Sie alle optischen Eindrücke, alle Laute und Gerüche Ihrer Umgebung wahr. Tun Sie so, als sei es ein Spiel, um zu sehen, wie viele Dinge Sie wahrnehmen können. Tauchen Sie tief in diese Welt ein. (30 Sek.)

Konzentrieren Sie sich nun auf das, was Sie tun; sehen Sie sich bei Ihrer Beschäftigung nicht nur selbst zu, sondern versetzen Sie sich in die Situation. Woran denken Sie, während Sie Ihrem Hobby nachgehen? Nehmen Sie sich Zeit für die Einzelheiten. Gehen Sie im Geist alle Schritte Ihrer Tätigkeit durch. Fühlen Sie sie. (1 Min.)

Bleiben Sie bei Ihrer imaginären Tätigkeit, aber lassen Sie nun Ihre Umgebung allmählich verschwinden und dafür eine andere in Erscheinung treten – irgendeine Umgebung, in der Sie sich eine ähnliche Aktivität vorstellen können. (10 Sek.) Wie sieht diese Umgebung aus? Wie fühlen Sie sich in dieser neuen Umgebung? (10 Sek.)

Sind Sie immer noch bei Ihrer Tätigkeit? Ist sie immer noch dieselbe, oder hat sie sich irgendwie verändert? (10 Sek.) Sind noch andere Leute da? Wenn ja, was für Leute? Wie sehen sie aus? (10 Sek.) Wenn Sie allein sind, was fühlen Sie? Lassen Sie sich für einen Augenblick auf die Szenerie ein. (1 Min.)

Wenn diese gelenkte Phantasie von allein zu ihrem Ende gekommen ist, dann denken Sie eine Weile still darüber nach. Beantworten Sie schließlich folgende Fragen:

1. Welche Fähigkeit oder welches Hobby haben Sie für diese Übung gewählt?
2. Beschreiben Sie kurz die erste Szenerie, als Sie bei Ihrer gewählten Tätigkeit waren.
3. Wie veränderte sich zum gegebenen Zeitpunkt Ihre Umgebung?
4. Veränderten sich dabei auch Ihre Tätigkeit, Ihr Hobby oder Ihre Fähigkeit auf irgendeine Weise?
5. Wie würden Sie Ihr geistiges Befinden beschreiben, als Sie mit Ihrem Hobby beschäftigt waren oder Ihre Fähigkeit nutzten?
6. Hatten Sie irgendwelche neuen Gedanken oder Empfindungen, als sich Ihre imaginäre Umgebung veränderte?
7. Manchmal können die Dinge, die wir uns spontan vorstellen,

genau die Hinweise sein, nach denen wir suchen, um unsere Vergangenheit besser zu verstehen. Denken sie über die Übung, die Sie gerade absolviert haben, nach und sehen Sie, ob Sie die folgende Frage beantworten können: Lieferte Ihnen das Bild, das vor Ihrem inneren Auge entstand, als Sie gebeten wurden, sich bei Ihrer Tätigkeit eine andere Umgebung vorzustellen, irgendwelche Hinweise, woher Ihr Interesse kommt oder ob Sie diese Fähigkeit schon einmal angewendet haben?
Die Details der Umgebung mögen genau gewesen sein oder auch nicht. Die Art der Veränderung der Umgebung oder Ihrer Beschäftigung hingegen könnte Ihnen gezeigt haben, in welchem Zusammenhang Ihre heutige Fähigkeit mit Erfahrungen der Vergangenheit steht.

8. Gibt es noch weitere Beobachtungen, die Sie hier festhalten möchten?

Übung C

Wie unsere aktiv genutzten Begabungen können auch unsere latenten Fähigkeiten und Interessen früheren Leben entspringen. In diesem Fall geht es nicht so sehr um die Erkenntnis, woher sie kommen, sondern vielmehr darum, heute das Beste aus ihnen zu machen – schlummernde Talente in unserem jetzigen Leben zu aktivieren. Wir werden nun einen Schritt in diese Richtung unternehmen und auf der Ebene arbeiten, wo alle Schöpfung anfängt: bei unseren Gedanken.

Nehmen Sie sich wieder Ihre Bestandsaufnahme aus Übung A vor. Suchen Sie sich eine Begabung oder Fähigkeit aus Ihrer Liste zur zweiten Frage aus, aus den Interessen und Fähigkeiten, die Sie derzeit nicht zum Ausdruck bringen. Wählen Sie etwas, das Sie besonders gern täten, das Ihnen eine tiefe persönliche Befriedigung verschaffen oder Ihr Leben irgendwie erleichtern oder verbessern würde.

Wenn Sie Ihre Wahl getroffen haben, dann werden Sie einen ersten kleinen Schritt unternehmen und bekräftigen, daß dies

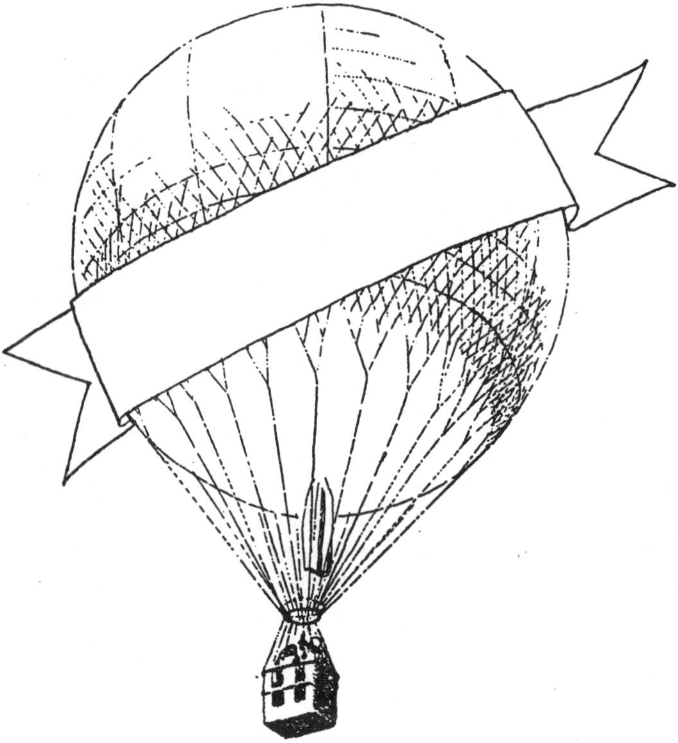

eine Ihrer eigenen Fähigkeiten ist. Auf der vorhergehenden Seite finden Sie einen großen Heißluftballon dargestellt. Dieser Ballon steht bereit, Sie in neue Höhen der Erfüllung und Befriedigung zu tragen. Nur eines fehlt noch, und das ist die Richtung, das Wohin.

Sie sehen, daß um den Ballon ein großes Transparent geschlungen ist. Aber es steht nichts drauf. Sie sollen nun symbolisch dem Ballon die Richtung weisen, indem Sie Ihre latente Begabung oder Fähigkeit auf dieses Transparent schreiben. Seien Sie nicht schüchtern, schreiben Sie in großen, kräftigen Buchstaben. Tun Sie es jetzt, damit Sie mit Ihrem Ballon in die von Ihnen gewünschte Richtung fliegen können.

Da Sie nun Ihr Transparent beschriftet haben, steht Ihr Ballon bereit, abzuheben und Sie zu neuen inneren Horizonten zu tragen. Aber dazu müssen sie Ihren Ballon auf dem Papier für den Moment beiseite lassen und einen anderen Ballon in Ihrem Innern erschaffen. Und Ihre Phantasie wird Sie so an Orte tragen, an die Sie sich sonst nicht begeben würden.

Machen Sie es sich wieder so bequem wie möglich und bedienen Sie sich Ihrer Technik zur geistigen und körperlichen Entspannung. Dann stellen Sie sich folgende Szene vor:

Sie gehen über eine offene, weite Wiese. Es ist ein herrlicher Tag – sonnig und mild, eine sanfte, warme Brise weht. (5 Sek.) Sie sind heiter gestimmt und haben ein Gefühl erwartungsvoller Vorfreude, während Sie über diese schöne Wiese gehen. Sie wissen, daß Sie an diesem Tag noch wunderbare Dinge erwarten. Doch was wird es sein? (5 Sek.)

Am anderen Ende der Wiese sehen Sie einen wunderschönen Heißluftballon warten. Sein Korb ist mit Wimpeln geschmückt. Um den fröhlich bunten Ballon ist ein Transparent geschlungen. (5 Sek.) Während Sie sich Ihrem Ballon nähern – Sie wissen instinktiv, daß es Ihrer ist –, erkennen Sie, daß in großen Buchstaben Ihre latente Begabung auf das Transparent geschrieben ist. Sie kommen näher, die Schriftzüge werden deutlicher und deutlicher, und Sie wissen, daß dieser Ballon Sie zu einem Ort tragen wird, wo Sie die Erfahrung dieser bestimmten Begabung oder Fähigkeit machen können. (5 Sek.)

Gehen Sie zu Ihrem Ballon. (5 Sek.) Sachte wiegt er sich in der warmen Brise. Er scheint Sie einzuladen, an Bord zu kommen und zu sehen, wohin er Sie entführen wird. Und genau das haben Sie auch vor. Sie klettern in den Korb. (5 Sek.)

Langsam hebt der Ballon vom Boden ab. Ein leiser Wind fährt durch Ihr Haar. (5 Sek.) Sie wissen, daß Sie in diesem Ballon sicher aufgehoben sind und daß er Sie ebenso sanft wieder zur Erde zurückbringen wird, wie er Sie in die Höhe trug. Aber in der Zwischenzeit soll er sie tragen, wohin er will.

Sie steigen weiter auf, und die Luft ist klar und frisch. Der Himmel ist strahlend blau, und manchmal zeigen sich weiße, flaumige Wölkchen. (5 Sek.) Sie bewundern die Landschaft dort unten, während der Ballon weiterschwebt. (5 Sek.)

Aber irgendwie betrachten Sie die unter Ihnen vorbeiziehende Szenerie etwas distanziert. Sie wissen, daß Sie für eine Weile den gewohnten Blick, mit dem Sie sich selbst und die Welt betrachten, aufgeben. Die alten Barrieren fallen. Sie erheben sich über sie, so wie Sie sich über die Erde erheben. (5 Sek.)

Sie steigen höher und höher, ein Gefühl von Lebensfreude durchströmt Sie. Ein köstliches Gefühl der Ruhe und Entspanntheit breitet sich in Ihnen aus, während Sie weiterschweben. Und Sie setzen sich in Ihrem Korb nieder und entspannen sich ganz und gar. (10 Sek.)

Dann fühlen Sie einen leichten Ruck, und Ihnen wird klar, daß der Ballon an seinem Ziel angekommen ist. Neugierig werfen Sie einen Blick über den Korbrand. (5 Sek.) Und zu Ihrer Überraschung stellen Sie fest, daß Sie genau an dem Ort gelandet sind, an dem Sie Ihrer Begabung Ausdruck geben oder Ihrem Hobby nachgehen können. Sehen Sie sich um. Alles, was Sie brauchen, ist da. Was sehen Sie? (10 Sek.) Sind Sie an einem Ihnen vertrauten Ort, oder ist er Ihnen völlig fremd? Nehmen Sie so viel wie möglich von Ihrer Umgebung wahr. (30 Sek.)

Treten Sie ein in diese Umgebung, die genau für Sie ausgewählt wurde. Sie wissen, was als nächstes zu tun ist. Ihre Begabung, Ihr Hobby sind Ihnen ganz selbstverständlich. Sie werden aktiv, ein wenig vorsichtig zunächst, aber bald sind Sie ganz in Ihre Tätigkeit vertieft. Werden Sie sich all der optischen Eindrücke und

Laute bewußt, die damit verbunden sind; der anderen Leute, die vielleicht daran teilhaben; vor allem aber der Gedanken und Gefühle, die Sie dabei haben. (1 Min.)

Nun ist es an der Zeit, zum Ballon zurückzukehren. Er wartet schon auf Sie. Sie klettern in den Korb und schweben sanft und mühelos zurück in Ihr reales Leben. Und während Sie zurückkehren, fühlen Sie sich erfrischt und zufrieden. (10 Sek.)

Bleiben Sie weiterhin entspannt, und denken Sie nun über einige Fragen nach. Wie würde sich Ihr Leben verändern, wenn Sie wirklich die Dinge tun könnten, die Sie in Ihrer Phantasie ausgelebt haben? (10 Sek.) Gäbe es einige Nachteile? (10 Sek.) Würde sich die Beschäftigung mit dieser Begabung oder diesem Hobby irgendwie auf Menschen, die in Ihrem Leben eine Rolle spielen, auswirken? (10 Sek.) Wie würde sich Ihre Alltagsroutine verändern? (10 Sek.) Denken Sie über all das einige Augenblicke nach. (30 Sek.)

Treten Sie nun wieder in Ihr Alltagsleben ein. Sie haben gerade ein weites Feld abgeschritten, und es ist an der Zeit, einige der Gedanken, die Ihnen im Verlauf dieser Übung gekommen sein mögen, zusammenzufassen. Zur Unterstützung haben wir ein paar Fragen zusammengestellt. Sie sollen Ihnen nur als eine Konzentrationshilfe dienen, und es ist Ihnen freigestellt, Fragen zu übergehen, wenn Sie sie nicht beantworten wollen oder können.

Die Konzentration auf eine latente Fähigkeit, die Sie vielleicht in Ihrem Leben aktivieren wollen, kann zu einem Impuls werden, der eine wichtige Veränderung in Ihrem Alltag auslöst – mit Auswirkungen, die weit über die Beschäftigung mit diesem Kurs hinausgehen. Aus diesem Grund sind den Fragen ausführlichere Bemerkungen hinzugefügt, als es bei unseren anderen Übungen zumeist der Fall ist. Diese Kommentare sollen Ihnen bei der Entscheidung helfen, ob Sie sich ernsthaft bemühen wollen, Ihre verborgene Fähigkeit in diesem Leben zu entwickeln, und Sie sollen Ihnen gegebenenfalls ein paar Anregungen bieten, welche Schritte Sie in diesem Fall unternehmen können. Es mag für Sie nützlich sein, wenn Sie jeweils erst einen ganzen Komplex – Frage und Kommentar – lesen, bevor Sie Ihre Antwort aufschreiben.

1. Welche gegenwärtig latente Begabung oder welches Interesse haben Sie für diese Phantasiereise gewählt?
2. Welche für die Nutzung Ihrer Fähigkeit oder die Ausübung Ihres Hobbys notwendigen Dinge tauchten vor Ihrem inneren Auge auf? War dabei irgend etwas von besonderer Bedeutung? Zählen Sie diese Dinge auf. Dabei kann es sich um Ausrüstungsgegenstände, eine spezielle Kleidung oder auch um Anweisungen handeln. Es ist wichtig, daß Sie sich dieser Elemente bewußt sind, denn bevor Sie sich Ihren verborgenen Talenten widmen, müssen Sie wissen, was Sie brauchen, um diese zur Entfaltung zu bringen. Es kann ein erster wesentlicher Schritt zur Entwicklung Ihrer Fähigkeit oder Ihres Hobbys sein, wenn Sie beispielsweise einen Gegenstand, der in Ihrer Phantasie eine wichtige Rolle spielte, erwerben.
3. In welche Umgebung brachte Sie der Ballon? Welche besonderen Umstände scheinen Ihnen für die Entfaltung Ihrer verborgenen Begabung wichtig?
   Auch diese Frage soll Sie zur größtmöglichen Klarheit über die realen Bedingungen, die für Ihre neuen Aktivitäten nötig sind, führen. Nehmen wir zum Beispiel an, daß Sie in Ihrer Phantasie einen großen Roman schreiben. Sie sahen, daß Ihr Arbeitsraum still und gemütlich und mit den Werken der Weltliteratur ausgestattet war. Mit anderen Worten, Ihre Umgebung versetzte Sie in die richtige Stimmung, um schreiben zu können. Wenn Sie nun wirklich an einer solchen verborgenen Begabung arbeiten wollten, dann wäre dieses Phantasieelement ein wichtiger Hinweis für Sie. Sie könnten einen ersten Schritt tun und sich einen Raum schaffen – mag er auch noch so klein sein, vielleicht nur eine Zimmerecke –, der Sie in Schreibstimmung versetzt.
   Natürlich müssen Sie Ihre Phantasie an der Realität messen und entscheiden, ob Sie in Hinblick auf diese verborgene Begabung Ihren Lebensstil ändern können oder wollen. Nehmen wir an, Sie waren in Ihrer Phantasie in der Karibik Surfen. Der Gedanke an eine Veränderung Ihrer Lebensumstände in diesem Sinne wäre vielleicht nicht besonders realistisch. Das heißt, Sie müssen abschätzen, ob diese Beschäftigung so wich-

tig ist, daß sie eine drastische Veränderung Ihrer Lebensumstände rechtfertigt.

Und hier gibt es auch eine Verbindung zu Frage 4. Angenommen, es ist Ihnen nicht möglich, Ihre Lebensumstände so zu verändern, daß die in Ihrer Phantasie aufgezeigten Aspekte realisierbar wären. Vielleicht könnten Sie aber einige Elemente in Ihr Leben übernehmen, was möglicherweise schon ausreicht, um Ihre verborgene Fähigkeit zu befördern.

4. Denken Sie wieder an die in Ihrer Phantasie geschauten Verhältnisse, die Ihnen die Nutzung Ihrer gewählten Fähigkeit ermöglichten. Gibt es einige Elemente, die Sie in Ihrem jetzigen Leben realisieren könnten?
5. Wie würde sich Ihr Leben verbessern, wenn Sie diesem Hobby regelmäßig nachgehen könnten?

Sollten Sie sich nicht sicher sein, ob Sie diese Begabung nutzen oder sich mit diesem Hobby befassen wollen, dann können Ihnen diese beiden Fragen zu größerer Klarheit verhelfen. In einigen Fällen mögen Sie zu dem Schluß kommen, daß Ihre Phantasie-Erfahrung zwar sehr vergnüglich war, eine Realisierung aber nicht sehr sinnvoll erscheint.

Und dies leitet zur nächsten Frage über. Oft ist es wichtiger, daß wir uns die einem Interesse oder einem Hobby zugrundeliegenden Fähigkeiten genauer anschauen, als uns einseitig aktiv darauf einzulassen. Zum Beispiel setzt das Surfen viele Qualitäten voraus, wie etwa körperliche Gelenkigkeit und einen guten Gleichgewichtssinn. Das sind Qualitäten, die Sie auch zu Hause oder in einem örtlichen Fitneßcenter entwikkeln können. Oder vielleicht war das Abenteuer an sich der eigentliche Kern Ihrer Phantasie. In diesem Fall sollten Sie vielleicht am Wochenende mehr abenteuerliche Dinge unternehmen und neue Gegenden erkunden. Versuchen Sie herauszufinden, warum Ihnen ein bestimmtes Hobby so viel Spaß machen würde, und suchen Sie dann nach Alternativen, die einen ähnlich positiven Einfluß auf Ihr Leben haben könnten.

6. Gibt es Möglichkeiten, wie Sie einige Aspekte Ihres Talents oder Interesses verwirklichen könnten, ohne deshalb Ihren Lebensstil allzu sehr verändern zu müssen?

7. Notieren Sie zwei mögliche Erfahrungen oder Situationen in vergangenen Leben, die zu Ihrem heutigen Interesse oder dieser latenten Begabung geführt haben könnten.
   Hier kommen wir nun auf unser eigentliches Thema zurück. Dieser Punkt erinnert an die Übungen, in denen wir Fallbeispiele anderer Menschen untersuchten und aus ihrer gegenwärtigen Situation Rückschlüsse auf mögliche reinkarnative Ursachen zu ziehen versuchten. Der einzige Unterschied besteht darin, daß Sie selbst hier das Fallbeispiel sind.
8. Gibt es noch weitere Bemerkungen oder Beobachtungen, die Sie festhalten möchten? Denken Sie noch einmal darüber nach, wie sich diese verborgene Fähigkeit oder dieses Hobby positiv auf Ihr jetziges Leben auswirken könnte und welche Hinweise auf mögliche frühere Erfahrungen sich in diesem Zusammenhang ergaben.

Wenn Sie alle diese Fragen beantwortet haben, dann sind Sie wahrscheinlich reif für eine Pause. Dies mag ein guter Zeitpunkt sein, um das Buch eine Weile beiseite zu legen. Lassen Sie alle Gedanken zu Ihren – entwickelten und latenten – Begabungen und Hobbys für den Moment auf sich beruhen bzw. sich setzen, und beobachten Sie, welche Einsichten Ihnen in den nächsten Tagen kommen.

Sitzung 10
Wie Sie Hinweise auf vergangene Leben in Träumen, in der Meditation und in Ihren religiösen Gefühlen und Erfahrungen entdecken

Den Edgar-Cayce-Readings zufolge gehören Ihre Träume zu den besten und zuverlässigsten Quellen, um etwas über Ihre vergangenen Leben erfahren zu können. Mit Hilfe Ihrer Träume sind Sie Ihr eigenes und sicherstes Medium. Warum? Weil Sie im Traum alle Informationen erhalten, die Sie brauchen, und Sie erhalten sie, wenn Sie bereit dazu sind und sie am besten nutzen können.

Träume helfen und leiten uns, sie sind nicht nur da, um unsere müßige Neugier zu befriedigen. Wenn Sie daher einen Traum haben, der Ihnen einen Aspekt aus einem früheren Leben zeigt, dann können Sie sicher sein, daß Sie ihn deshalb träumten, weil dieses frühere Leben mit Ihrer gegenwärtigen Situation oder einem bestimmten Problem in Zusammenhang steht. Der Traum hilft Ihnen, Ihre Situation aus der Sicht dieser vormaligen Erfahrung zu betrachten. Er zeigt Ihnen die Empfindungen, Einstellungen und Emotionen, die damit verbunden waren. Und so erhalten Sie wertvolle Erkenntnisse, die Sie aus keiner anderen Quelle schöpfen könnten, Erkenntnisse, die zuverlässig und auf Ihre gegebene Lebenssituation unmittelbar anwendbar sind.

Sie mögen fragen: Warum habe ich keine Träume über vergangene Leben, wenn sie so wichtig sind? Die Antwort lautet, daß Sie sie wahrscheinlich haben. Sie bemerken nur nicht die kleinen, leicht zu übersehenden Einzelheiten, die darauf verweisen, Gegenstände, die Art der Gebäude oder die Architektur oder der Kleidungsstil der Leute beispielsweise.

Wenn wir uns an einen Traum erinnern, sind wir meist so sehr mit den emotionalen Aspekten befaßt, daß wir die feinen, anscheinend unbedeutenden Hinweise, die uns etwas über unsere früheren Inkarnationen enthüllen könnten, leicht übersehen. Wir können uns diese Informationsstückchen wie viele einzelne Filmsegmente vorstellen. Einzeln betrachtet sagen diese Segmente wenig aus; aber wenn der ganze Film abgespielt wird, entfaltet sich die vollständige Geschichte. Und so können auch die in Träumen geschauten Fragmente aus vergangenen Leben zur Erfahrung aus einer vormaligen Inkarnation zusammengesetzt werden.

Aber dazu brauchen Sie erst einmal eine ganze Sammlung von Fragmenten. Und hier ist das Traum-Journal eine große Hilfe. Wenn Sie nicht schon eines führen, dann wäre dies ein guter Zeitpunkt, um damit anzufangen. Sie werden feststellen, daß ein solches Journal eine umschätzbare Hilfe ist, nicht nur hinsichtlich der Erforschung früherer Leben, sondern auch aller gegenwärtigen Lebensbereiche.

Vielleicht möchten Sie sich an dieser Stelle noch mal Kapitel 5 ansehen, wo einige Gedanken und Vorschläge zum Traum-Journal stehen. Warum nicht heute nacht beginnen, indem Sie alles Nötige neben Ihrem Bett bereitlegen und sich vor dem Einschlafen suggerieren, daß Sie sich an Ihre Träume erinnern werden? Und denken Sie daran, daß Sie Ihre Träume gleich beim Aufwachen, solange Sie noch frisch im Gedächtnis sind, aufschreiben.

Wenn Sie aber bereits ein Traum-Journal führen, dann finden Sie es vielleicht nützlich, Ihre Eintragungen durchzugehen und zu sehen, welche Hinweise auf vergangene Leben sich dort entdecken lassen. Und vergessen Sie nicht, auch Ihre künftigen Träume daraufhin zu untersuchen. Es gibt keine festen Kriterien für derartige Hinweise auf vergangene Leben, aber die folgenden Punkte *könnten* auf eine solche Information hindeuten:

Gegenstände, die fremde Einflüsse zeigen, wie spanische Mantillas, französische Türen, chinesische Vasen.

Wenn Sie oder andere Leute Kleidung oder eine Tracht aus einer anderen Kultur oder historischen Epoche tragen.

Wenn Sie oder eine Ihnen bekannte Person im Körper eines

Angehörigen einer anderen Rasse oder des anderen Geschlechts auftreten.

Wenn Sie oder jemand anders eine fremde Sprache sprechen.

Wenn sich der Traum in einer anderen Kultur oder historischen Zeit abspielt.

Träume, in denen eine Reiseführung, ein Museumsbesuch oder Nachforschungen in Registern oder Dokumenten vorkommen.

Sehen wir uns nun ein paar Beispiele von Informationen an, die andere Menschen in ihren Träumen erhielten und die Ihnen vielleicht weitere Anhaltspunkte liefern, worauf Sie achten könnten. Denken Sie aber daran, daß Träume Botschaften sind, die Sie selbst sich zukommen lassen, Botschaften, die sich in Ihrer persönlichen Sprache und Symbolik ausdrücken. Der beste Hinweis, daß Ihnen ein Traum Material aus einem anderen Leben liefert, ist Ihr eigenes Gefühl, gleich ob die nun folgenden Beispiele Ihren eigenen Erfahrungen entsprechen oder nicht.

Eine Frau träumte, daß sie in ihrer Wohnung französische Türen schloß. Zum Zeitpunkt des Traumes wurde gerade ihre Ehe geschieden. Sie glaubt, daß das Schließen der französischen Türen auf eine Inkarnation in Frankreich verwies, in der auch ihre Beziehung zu ihrem Mann, die jetzt zu Ende ging, ihren Anfang genommen hatte.

Im Traum-Journal einer anderen Person findet sich ein Traum beschrieben, in dem sie in einen Garten hinausblickt, wo Pflanzen, die schon vor langer Zeit gesetzt worden waren, nun in Blüte stehen. Während sie hinausschaut, bügelt sie ein spanisches Tischtuch. Diese Person hatte das Gefühl, daß irgend etwas aus einer spanischen Inkarnation nun ›ausgebügelt‹ wurde und erblühte.

Manchmal sehen wir in Träumen uns vertraute Menschen, die Kleidung aus einer anderen Zeit tragen. Ein Mann berichtete, daß er im Traum seinen Freund in einem griechischen Gewand sah. Er hat das Gefühl, daß sie sich beide schon aus einem Leben in Griechenland kannten.

Manchmal erhalten wir im Traum eine Information über ein vergangenes Leben, die sich auf eine bestimmte, noch nicht eingetroffene Situation in der Gegenwart bezieht. So als wolle unser Unbewußtes uns auf ein künftiges Ereignis vorbereiten. So träumte zum Beispiel eine Frau, daß sie sich in ein Gewand hüllte, das sie an die schwarzen Schleier der islamischen Frauen erinnerte. Kurze Zeit danach wurde ihr Kind sehr krank und brauchte jahrelang ihre ständige Pflege. Sie war ans Haus gefesselt und sah eine Parallele zwischen ihrer Situation und dem eingeschränkten Leben, das islamische Frauen vor allem in früheren Zeiten führen mußten. Dieser Traum und ihre Annahme, daß sie in einem anderen Leben eine islamische Frau gewesen war, ließen sie mit dieser Situation besser fertig werden, da sie aus einer Kraft schöpfte, die sie in jenem früheren Leben entwickelt hatte.

Manchmal erhalten wir auch wichtige Informationen über ein vergangenes Leben, nachdem ein besonderes Ereignis stattgefunden hat. So als müßten wir eine Situation erst durcharbeiten, bevor wir ihre Ursache, die wir selbst geschaffen haben, wirklich erkennen können. Ein Mann erzählte zum Beispiel, daß er über zwei Jahre lang mit einer äußerst schwierigen Beziehung zu einem Freund befaßt war. Er hatte das Gefühl, von ihm verraten worden zu sein. Dies war für ihn besonders schmerzlich, da er diesen Verrat, seiner Ansicht nach, ganz und gar nicht verdient hatte. In diesen zwei Jahren arbeitete er mit Gebet und Meditation, um seinem Freund vergeben zu können. Schließlich hatte er einen Traum, der darauf hindeutete, daß er sein Ziel erreicht hatte.

Kurze Zeit später hatte er einen weiteren Traum, in dem er ein großes, offenes Buch sah. Beim Durchblättern stieß er auf eindringliche Bilder, die ihm die Geschichte ihres gemeinsamen Lebens in Frankreich erzählten, wo *er* seinen Freund verraten hatte. Ihm wurde klar, daß sich diesmal die ganze Geschichte wiederholt hatte, nur mit vertauschten Rollen.

Viele Leute berichten, daß sie in Träumen vergangene Leben wie in einem Film sehen, mit Landschaften, Kostümen und einer Handlung. Eine Frau berichtete von einem Traum, in dem sie einer Gruppe von Sklaven angehörte, die zu fliehen versuchten. Sie wurden von berittenen Männern verfolgt. Schließlich nahm man sie gefangen und schleifte sie zu einer Lichtung in einem sumpfigen Wald. Die Frau wachte voller Entsetzen auf.

Als sie den Traum aufschrieb, wurde ihr klar, daß einer der Sklavenjäger ein Mann war, den sie heute kannte. Dieser Traum erklärte ihr, warum sie oft eine so starke Abneigung gegen diesen Mann hegte, ja Angst vor ihm hatte. Nachdem ihr der Ursprung ihrer Gefühle klar war, bemühte sie sich, ihre Einstellung ihm gegenüber zu verändern. Interessant ist, daß etwa einen Monat später eine Freundin, die von jenem Traum nichts wußte, ebenfalls einen Traum hatte, in dem sie jene Frau als Sklavin sah.

Manche Leute haben noch viel deutlichere und intensivere Träume. So berichtete eine Frau von einem sehr langen Traum, in dem sie an einer Exkursion teilnahm. Diese begann in einem alten ägyptischen Grabmal. Der Reiseführer zeigte auf ein Mosaik, das eine blauäugige ägyptische Königin darstellte, zu deren Füßen Kinder spielten. Er sagte, dies sei die blauäugige Königin, die eine von ihrem Volk sehr geliebte Herrscherin gewesen wäre. Dann veränderte sich die Szene, und die Träumerin sah ein Flachrelief aus Bronze, auf dem berittene Männer im Kampf dargestellt waren. Dieses Bild wurde lebendig, und sie beobachtete das tatsächliche Kampfgeschehen. Dann wurde sie zu einem übergroßen Möbelstück im amerikanischen Kolonialstil geführt. Sie mußte sich sehr strecken, um eine der oberen Schubladen zu öffnen, in der sie einen Brief fand. Sie wußte, dieser Brief war für sie bestimmt und ein Symbol dafür, daß ihr Traum eine Botschaft aus der Vergangenheit beinhaltete.

Dies sind natürlich nur Beispiele für Träume dieser Art. Jeder von uns ist anders. Sie erkennen wahrscheinlich auf Ihre eigene Weise Spuren Ihrer früheren Inkarnationen. Und jeder unserer Träume zeigt uns auf eigene Weise eine Wahrheit. Deshalb wird in den Cayce-Readings immer wieder betont, daß wir selbst die besten Interpreten unserer Träume sind. Wichtig ist hier zu wissen, daß uns derartige Informationen zugänglich sind und daß wir nur mit unseren Träumen zu arbeiten brauchen, um solche Erinnerungen auszulösen.

Die Edgar-Cayce-Readings fordern häufig dazu auf, sich zur Beförderung der spirituellen Entwicklung in Gebet und Meditation zu üben. Und obwohl beides meist in einem Atemzug genannt und empfohlen wird, handelt es sich doch nicht um dasselbe. Das Gebet kann man sich als Bitte an Gott denken, in unserem Leben aktiv zu werden, wohingegen wir in der Meditation still darauf warten, Ihm in uns selbst zu begegnen. Wir können auch sagen, im Gebet sprechen wir zu Gott; in der Meditation hören wir zu, wie Gott mit uns kommuniziert.

Eine umfassendere Erklärung des Wesens der Meditation, ihrer Praxis und ihrer Auswirkungen finden Sie in Kapitel 6. Sie finden dort auch Vorschläge zu Meditationstechniken, aber diese sind weitaus weniger wichtig als aufrichtige Absicht und *Regelmäßigkeit* beim Praktizieren. Wie jede andere Fähigkeit muß auch die Meditation erlernt werden. Die Vorteile, die sie bietet, werden Sie kaum nach einer einzigen Sitzung erfahren, oder wenn Sie nur mal ab und zu meditieren. Wenn Sie das Gefühl haben, daß Ihnen Meditation guttäte, dann wäre jetzt ein guter Moment, damit zu beginnen, falls Sie es nicht schon getan haben.

Kehren wir nun zu unserem Kernthema zurück und sehen wir, wie uns die Meditation bei unserer Erforschung früherer Leben helfen kann. Vielen Menschen wurde in ihren Cayce-Readings gesagt, sie sollten sich der Meditation bedienen, um mehr über ihre früheren Inkarnationen zu erfahren. Dieser Rat kann für uns alle gelten. Wie befördert Meditation die Erinnerung an vergangene Leben? Sie werden möglicherweise feststellen, daß im Alltag häufiger spontane Erinnerungen auftreten. Oder Sie bekommen mehr Informationen in Ihren Träumen. Manchmal steigen auch in der Meditation selbst Erinnerungen auf.

Zum Beispiel erfuhr ein Mann aus seinem Cayce-Reading, daß er im alten Griechenland Schriftsteller und Lehrer gewesen war. Er wurde aufgefordert, mit Hilfe der Meditation nicht nur mehr Einzelheiten über dieses Leben zu erinnern, sondern auch den Inhalt seiner Werke. Die Originale waren zwar schon vor langer Zeit vernichtet worden, aber die Wahrheiten, die sich in seinen Schriften fanden, würden noch heute von großem Wert sein.

Einem anderen Mann wurde gesagt, daß er zur Zeit der amerikanischen Revolution Lehrer gewesen war. Er wurde aufgefordert zu meditieren, um seine Erinnerungen wachzurufen und sie dann aufzuschreiben, vor allem jene Inhalte, die von der Wahrheit der Freiheit handelten.

Vielleicht hatten auch Sie Meditationserlebnisse, in denen frühere Inkarnationen anklangen. Solche Erfahrungen können sich in verschiedenen Formen manifestieren. Manchmal hören Sie Töne, wie im Fall jener Person, die beim Meditieren gelegentlich Tempelglocken läuten hörte. Zuweilen steigen flüchtige Bilder von Gegenständen oder Kleiderstücken auf, die sich auf frühere Leben beziehen. So fragte eine Frau Edgar Cayce nach der Bedeutung des Bildes einer Kupferplatte und des Golfs von Mexiko, das in ihrer Meditation aufgetaucht war. Cayce antwortete, daß es ein früheres Leben symbolisierte, in dem sie zunächst ihrem Volk half, seine Wahrheiten und Lehren zu bewahren, und später diese Lehren über den Golf von Mexiko in andere Länder brachte.

Wenn wir die Meditation als Technik zur Erinnerung an unsere Vergangenheit einsetzen, dann führt dies oft zu Erinnerungen an in der einen oder anderen Weise religiös orientierte Leben. Und das ist deshalb der Fall, weil die meditative Einstimmung auf unser spirituelles Wesen frühere Erfahrungen, in denen wir ähnlich spirituell orientiert waren, anklingen läßt.

So berichtet zum Beispiel eine Frau, daß sie in einer tiefen Meditation eine Kathedrale sah und sich selbst als betende Nonne erkannte. Diese Erfahrung vertiefte sich, als sie zu dieser Nonne wurde, die in einem abgeschlossenen Teil jener großen Kirche kniete. Dann aber geschah etwas, das noch überraschender war. Während sie als Nonne ein Gebet sprach, das sie von einer gedruckten Vorlage ablas, erinnerte sie sich an eine noch frühere Zeit, in der sie ebenfalls eine Nonne gewesen war und dieses Gebet verfaßt hatte, das sie nun in den Händen hielt. So war sie sich also gleichzeitig dreier Inkarnationen bewußt: Die Frau, die zu Hause in ihrem Zimmer meditierte, die Nonne, die in einer großen Kathedrale betete, und eine frühere Nonne, in einem groben Gewand, die dieses Gebet schrieb.

Ein Arzt, der Edgar Cayce wegen eines Readings aufsuchte, erfuhr, daß er im Heiligen Land zur Zeit des Wiederaufbaus der Stadt und des Tempels von Jerusalem gelebt hatte. Er war Mitglied der Gruppe gewesen, die Zerubbabel nach Jerusalem begleitet hatte, gehörte der Priesterkaste an und arbeitete in Archiven. In seinem jetzigen Leben kamen ihm in der Meditation zuweilen Erinnerungen an den Tempeldienst, Erinnerungen an jenes Leben, wie Cayce ihm sagte.

Gleich, welche Form Ihre Erfahrungen in der Meditation annehmen mögen, sie werden Ihnen manchmal völlig fremd vorkommen. Gesichter unbekannter Menschen oder Eindrücke von unvertrauten Orten oder Gegenständen. Und manchmal wiederum können sie sehr vertraut sein oder Sie vage an Orte erinnern, die Sie besucht oder von denen Sie gelesen haben. In einigen Fällen mögen Sie dadurch von Ihrem eigentlichen Ziel der Meditation abgelenkt werden; aber in anderen Fällen werden Sie wissen, daß es hier um Tieferes geht. Darum ist ein regelmäßiges Praktizieren der Meditation so wichtig. Erst dann werden Sie die Einsichten erhalten, die für Ihre spirituelle Suche wirklich nützlich sind.

Übung A

Die weiter unten aufgeführten Fragen haben ein zweifaches Ziel. Zum einen sollen sie Ihnen helfen, bestimmte Informationen über vergangene Leben aus dem Studium Ihrer Träume und durch regelmäßiges Meditieren zu beziehen. Zum anderen sollen sie, indem Sie Ihnen die Gelegenheit geben, die so gewonnenen Einsichten festzuhalten, Sie die große Bedeutung erkennen lassen, die die Erforschung der Träume und der Meditation für Sie hat. Dies bezieht sich nicht nur auf Ihre Suche nach Erkenntnissen über frühere Leben, sondern auch auf viele andere Lebensbereiche.

Möglicherweise können Sie zum gegenwärtigen Zeitpunkt die eine oder andere Fage nicht beantworten. Lassen Sie sich dadurch nicht entmutigen. Denken Sie daran, daß sowohl das Studium der Träume wie auch die Meditation ihre Früchte langsam reifen lassen. Beides bedarf der regelmäßigen Praxis. Vielleicht werden Sie auf diese Übung – mehr als auf jede andere in diesem Kurs – immer wieder zurückkommen wollen, wenn Sie künftig in Träumen und Meditation neues nützliches Material erhalten. Es kann eine Weile dauern, aber Sie werden feststellen, daß diese beiden Wege zu überaus umfassendem, tiefem und hilfreichem Material führen können.

1. Beschreiben Sie Träume, die Ihrer Ansicht nach Informationen über vergangene Leben enthielten. Falls Sie ein Traum-Journal führen, wollen Sie Ihre Eintragungen vielleicht nochmals durchgehen, um festzustellen, ob Sie wesentliche Einzelheiten übersehen haben.
2. Hatten Sie irgendwelche wiederkehrenden Träume, Träume, die sich einige Male in Ihrem Leben wiederholten? Sehen Sie sich diese sehr genau auf Hinweise auf frühere Leben an und notieren Sie die Details.
3. Beschreiben Sie Erfahrungen, die Sie im Wachzustand machten und die Ihrer Ansicht nach auf frühere Inkarnationen verweisen. Beschreiben Sie auch die Umstände dieser Erfahrungen, wodurch sie wohl ausgelöst wurden und welche Einsichten Sie daraus gewannen.
4. Machten Sie in Träumen oder im Wachzustand irgendwelche Erfahrungen im Zusammenhang mit früheren Leben, die Sie auf die Meditation zurückführen?
5. Haben Sie irgendwelche Informationen über frühere Leben während der Meditation erhalten?
6. Bemerken Sie einen Zusammenhang zwischen Ihren Erkenntnissen über frühere Leben und der Zeit und der Mühe, die Sie für das Studium der Träume und die Meditation aufwendeten? Hier ist nicht nur die Quantität der Informationen gemeint, sondern vor allem die Qualität Ihrer Einsichten, Ihre Fähigkeit, Ihre Informationen aus einem hilfreichen Blickwinkel zu sehen und sie konstruktiv in Ihrem gegenwärtigen Leben zu nutzen.
7. Möchten Sie hier noch weitere Bemerkungen zum Studium der Träume und zur Meditation hinzufügen? Weitere Einsichten, die Ihnen in diesem Zusammenhang kamen? Beschränken

Sie sich nicht nur auf den Bereich vergangener Leben, sondern schließen Sie alle Lebensaspekte ein, die Ihrem Gefühl nach durch Ihre Arbeit mit Träumen und durch die Meditation eine Bereicherung erfahren haben.

Übung B

Wie viele Menschen, die regelmäßig meditieren, bestätigen werden, können sich durch diese Praxis die religiösen Erfahrungen häufen und vertiefen. Natürlich erfahren auch Menschen, die nicht meditieren, zuweilen eine besondere Nähe zu Gott. Eine Person, die regelmäßig an den institutionalisierten Ritualen ihres gewählten Glaubens teilnimmt, mag so mehr und mehr die Liebe Des Schöpfers fühlen; für eine andere Person könnte intensives persönliches Gebet die Brücke sein; und wieder eine andere erfährt ein tiefes Gefühl des Unendlichen in der stillen Einsamkeit der Natur, auch wenn sich damit keine »religiöse« Aktivität im herkömmlichen Sinne verbindet. Die Umstände, unter denen wir mit dem Göttlichen in Berührung kommen können, sind unzählig; und es gibt eine entsprechend große Vielfalt an Worten, mit denen sich eine solche Erfahrung beschreiben läßt.

Wir werden nun Ihre bisherigen spirituellen Erfahrungen untersuchen – ob sie nun mit der Meditation verbunden waren oder nicht – sowie auch Ihre Einstellung zum religiösen Leben. Das kann aus mehreren Gründen hilfreich sein. Eine Untersuchung der Rolle, die die Religion in Ihrem gegenwärtigen Leben spielt, kann eine Anzahl wichtiger Hinweise auf frühere Inkarnationen in einem religiösen Umfeld liefern. Sie kann auch Einzelheiten an den Tag bringen, die einige ihrer anderen Hypothesen über frühere Leben bestätigen. Leben, in denen Sie sich nicht unbedingt auf die spirituelle Entwicklung konzentriert haben. Und da Sie bei dieser Übung Ihre Gedanken auf das Spirituelle richten, könnte das auch Ihr Erinnerungsvermögen an frühere Leben stärker stimulieren. Es ist die Seele, die sich reinkarniert und somit alle unsere Erinnerungen an vormalige Inkarnationen speichert. Wenn wir unsere Aufmerksamkeit vom Körper und den äußeren Ereignissen abziehen und der Seele zuwenden, sollten uns diese Erinnerungen zugänglicher sein.

1. Welche religiösen Interessen haben Sie gegenwärtig? Nennen Sie die religiösen Praktiken und Themen, die für Sie am wichtigsten sind, und beschreiben Sie, in welchem Maße sie Ihr Alltagsleben beeinflussen.
2. Gibt es Aspekte institutionalisierter religiöser Aktivität, die für Sie eine besondere Bedeutung haben? Haben Sie hier besondere Abneigungen?
3. Hegen Sie besondere Empfindungen gegenüber Menschen, die die Religion zu ihrer Hauptbeschäftigung im Leben gemacht haben? Wenn Sie hier unterschiedliche Reaktionen in bezug auf bestimmte Vertreter einer Glaubensrichtung oder bestimmte Umfelder haben oder in bezug auf ganz bestimmte Religionen, dann spezifizieren Sie bitte. Sie könnten zum Beispiel in bestimmter Weise auf christliche Fernsehprediger reagieren, ganz andere Gefühle bei jüdischen Rabbis haben und gegenüber buddhistischen Mönchen ziemlich neutral empfinden.
4. Haben Sie jemals für sich selbst einen Beruf im religiösen Bereich in Betracht gezogen? Was war oder was wäre Ihre Reaktion auf diesen Gedanken? Gehen Sie auch hier von Ihren Gefühlen aus, nicht von Ihren intellekuellen Ansichten.
5. Haben Sie in der Vergangenheit bewegende religiöse Erfahrungen gemacht? Beschreiben Sie sie.
6. Wieviel Zeit verbringen Sie mit sich selbst? Finden Sie, daß diese Zeit für Sie wertvoll ist? Gibt es ganz bestimmte Situationen, in denen Sie gern allein sind? Sind Sie in irgendeiner Weise mit Ihren religiösen Erfahrungen oder Gefühlen verbunden?
7. Gehen Sie regelmäßigen Aktivitäten nach, die Sie spirituell beeinflussen?
8. Wollen Sie hier noch andere Bemerkungen in bezug auf Ihre religiösen Gefühle und Erfahrungen hinzufügen?

Sitzung 11
Wie Sie Muster in Ihrem Leben erkennen

Bis jetzt haben Sie kleine Mosaiksteinchen, Fragmente aus Ihrer unbewußten Erinnerung gesammelt, die sich aus Ihren Phantasien, Ihren Vorlieben, Begabungen und Abneigungen ablesen lassen. Jetzt ist es an der Zeit, nach einer anderen Art von Hinweisen zu suchen: nach Einflüssen aus vergangenen Leben, die sich in unseren heutigen Lebensmustern spiegeln.

Was ist ein Muster? Es ist einfach ausgedrückt etwas, das sich in Ihrem Leben immer wieder wiederholt, wenn sich auch gewisse Details verändern mögen. So stellt ein Mench vielleicht fest, daß er schon sein ganzes Leben lang immer wieder Probleme mit Autoritätspersonen hat, vom Lehrer in der Schule bis zu den Chefs in seinem Berufsleben. Es geht immer wieder um andere Menschen, die Umgebung wechselt, vielleicht verändert sich sogar die Form, die das Problem annimmt, aber das Grundmuster – die Unfähigkeit, mit Autoritätspersonen zurechtzukommen – bleibt.

Andere Menschen mögen solche Muster in ihrem Gesellschaftsleben feststellen. Die Anzahl unserer Freunde, der Menschentypus, zu dem wir uns immer wieder hingezogen fühlen, die Art und Weise, in der uns Freunde verletzen oder unterstützen, dies alles sind Bereiche, in denen wir bestimmte Muster entdecken könnten. Einer Frau wurde beispielsweise klar, daß viele ihrer Freundschaften immer dann ihren Anfang nahmen, wenn sie einem hilfsbedürftigen Menschen Unterstützung zuteil werden ließ. Hier zeigte sich ein Muster.

Liebesbeziehungen weisen gewöhnlich eine Fülle solcher Muster auf. Viele Menschen stellen fest, daß sie in ihren Beziehungen immer wieder mit den gleichen Schwierigkeiten konfrontiert werden, auch wenn die Partner, der Rahmen und die besonderen Umstände ganz verschieden zu sein scheinen.

Was nützt es uns, wenn wir solche Muster erkennen? Denken Sie an die Theorie, daß wir alle in dieses Leben kommen, um bestimmte Dinge zu erreichen, persönliche Stärken zu entwikkeln und Schwächen zu bewältigen. Die Begegnung mit bestimmten Situationen und Umständen bietet uns die Gelegenheit, die Aufgaben, die wir uns gestellt haben, zu bewältigen. Somit ist es nur logisch, wenn wir davon ausgehen, daß Situationen, denen wir in unserem gesellschaftlichen und beruflichen Leben, in unserer Familie und in unserem Liebesleben und sogar beim Umgang mit Geld immer wieder begegnen, Mustern folgen, die Einflüsse aus früheren Leben widerspiegeln.

Übung

Einige Muster mögen für Sie, ohne daß Sie darüber nachdenken mußten, ziemlich augenfällig sein. Andere sind nicht so schnell auszumachen. Die Fragen in diese Übung zielen darauf ab, Sie Muster in vielen Lebensbereichen ausfindig machen zu lassen.

Denken Sie über diese Fragen sorgfältig nach und beantworten Sie sie möglichst gründlich, aber halten Sie sich nicht auf, wenn Sie nicht auf alle eine Antwort haben. Wichtig ist, daß Sie notieren, was Ihnen gerade im Zusammenhang mit den genannten Bereichen einfällt. Diese Übung ist wahrscheinlich in einer Sitzung nicht zu bewältigen, und Sie sollten sich so viel Zeit nehmen, wie Sie brauchen. Machen Sie Pausen, und gehen Sie den Einsichten nach, die Ihnen vielleicht beim Nachdenken über die Fragen kommen. Die letzte Frage jedes Abschnitts wird Ihnen die Gelegenheit geben, diese Gedanken zu notieren.

Menschen, die schon mit dieser Übung gearbeitet haben, empfanden die Beantwortung der Fragen in Form einer tabellarischen Übersicht als sehr nützlich. Dadurch treten die Muster deutlicher hervor, sind leichter zu erkennen. So würden Sie zum Beispiel in der ersten Spalte die verschiedenen Jobs, Lebensphasen, zwischenmenschlichen Beziehungen auflisten. Über den folgenden Spalten stünde, in abgekürzter Form, die jeweilige Frage, die Sie beantworten sollen. Die letzte Frage in jedem Teil zu Ihren allgemeinen Einsichten und Gedanken wird dann im Anschluß gesondert beantwortet. Demnach sähe Ihre Übersicht für den ersten Teil der Übung, in dem die Muster in Ihrem Berufsleben untersucht werden, folgendermaßen aus:

Job	wie gefunden	schwer zu finden?	wie lange?	mochte am liebsten	(usw.)
Zeitungs-junge					
Arbeit im Zeitungs-archiv					
Bibliotheks-assistent					
Lehrer					
(usw.)					

16. Einsichten zu Mustern im Berufsleben

Teil I: Muster im Berufs- oder Arbeitsleben

1. Zählen Sie die Jobs auf, die Sie in Ihrem bisherigen Leben hatten. Schreiben Sie sie möglichst in chronologischer Reihenfolge auf.
   Beantworten Sie für jeden dieser Jobs die Fragen 2 bis 15.
2. Wie sind Sie an diesen Job gekommen?
3. War er schwer zu finden?
4. Wie lange hatten Sie ihn?
5. Was mochten Sie daran am liebsten?
6. Was mochten Sie am wenigsten?

7. Welche Ihrer Fähigkeiten erwiesen sich hier am nützlichsten?
8. Haben Sie irgendwelche Fähigkeiten, die Ihrem Gefühl nach bei diesem Job hätten eingesetzt werden können, aber nicht zum Zuge kamen? Welche?
9. Wie kamen Sie in diesem Job mit Ihrem Chef zurecht?
10. Wie kamen Sie mit Ihren Kollegen zurecht?
11. Wie kamen Sie mit Ihren Untergebenen zurecht?
12. Traten im Laufe dieser Beschäftigung wiederholt günstige Ereignisse oder Umstände ein?
13. Tauchten im Zusammenhang mit diesem Job wiederholt Probleme auf?
14. Sofern es sich nicht um Ihren gegenwärtigen Job handelt, warum haben Sie ihn aufgegeben?
15. Haben Sie noch weitere Bemerkungen im Zusammenhang mit diesem Job?
16. Gibt es im Zusammenhang mit der Gesamtgeschichte Ihres Arbeitslebens und den darin auftauchenden Mustern weitere Einsichten und Gedanken, die Sie festhalten wollen?

Teil II: Muster in Ihren finanziellen Angelegenheiten

Denken Sie über folgende Lebensphasen nach. Kindheit (bis ungefähr 13 Jahre), Jugend (von etwa 14 bis 18 Jahre), Übergang ins Erwachsenenalter (etwa 18 bis 22 Jahre), frühes Erwachsenenleben, mittleres Alter, spätere Zeit oder Rentenalter.

Beantworten Sie für jede Phase Frage 1 bis 10. Beantworten Sie dann Frage 11 in Rückschau auf Ihr gesamtes bisheriges Leben.

1. Was war Ihre Haupteinkommensquelle in dieser Phase?
2. Was waren Ihre Nebeneinkommensquellen?
3. Welche Person hatte in der Hauptsache Kontrolle über Ihr Geld?
4. Wie gut haben Sie zu dieser Zeit mit Ihrem Geld gehaushaltet?
5. Konnten Sie mit Ihrem Einkommen Ihre Bedürfnisse abdekken?
6. Worin bestanden, neben Ihren wesentlichen Lebenshaltungskosten, Ihre größeren Ausgaben?
7. Wenn Sie noch Geld übrig hatten, was taten Sie damit?

8. Traten in dieser Phase wiederholt günstige Ereignisse oder Umstände in finanzieller Hinsicht ein?
9. Gab es in dieser Phase wiederholt finanzielle Probleme?
10. Haben Sie noch andere Bemerkungen zum Thema Finanzen in dieser Zeit?
11. Notieren Sie Beobachtungen, die Sie im Zusammenhang mit Ihren lebenslangen Mustern im finanziellen Bereich machten.

Teil III: Muster in Ihren Familienbeziehungen

1. Führen Sie die Namen Ihrer engsten Verwandten auf: Mutter, Vater, Stiefeltern, Schwestern, Brüder, Ehepartner, Kinder und andere, denen Sie sich besonders eng verbunden fühlen. Beantworten Sie für jede Person die Fragen 2 bis 8. Beantworten Sie dann die Frage 9 zu Ihren Familienbeziehungen im allgemeinen.
2. Wie würden Sie in ein, zwei Worten Ihre Beziehung zu dieser Person beschreiben?
3. Blieb Ihre Beziehung zu dieser Person immer gleich? Wenn nicht, können Sie sich erinnern, wann, wie oder warum sie sich veränderte?
4. Was war das Beste an Ihrer Beziehung zu dieser Person?
5. Was war das Schwierigste oder das größte Problem?
6. Gab es lange, sehr positive Phasen in dieser Beziehung?
7. Gab es sich wiederholende Probleme?
8. Haben Sie noch weitere Bemerkungen zu dieser Beziehung?
9. Haben Sie noch andere Erkenntnisse im Zusammenhang mit den Mustern in Ihren Familienbeziehungen?

Teil IV: Muster in Ihrem gesellschaftlichen Leben

Beantworten Sie die Fragen 1 bis 10 zu Ihrem gesellschaftlichen Leben für jede der folgenden Lebensphasen: Kindergarten, Grundschule, weiterführende Schule bis etwa 14 Jahre, weitere Schul- oder Ausbildungszeit bis etwa 18 Jahre, Übergang zum Erwachsenenalter bis etwa 22 Jahre, frühes Erwachsenenleben, mittleres Alter, spätere Zeit oder Rentenalter. Frage 11 bezieht sich wieder auf die allgemeinen Lebensmuster in dieser Hinsicht.

1. Hatten Sie in diesen Jahren genügend Freunde?

2. Wie begannen die meisten Ihrer Freundschaften während dieser Zeit?
3. Wie oft trafen Sie sich in der Woche mit Ihren Freunden?
4. Wie viele von diesen Freundschaften waren besonders eng?
5. Was waren Ihre gemeinsamen Lieblingsunternehmungen?
6. Worin bestand die größte Unterstützung, die Sie von Ihren Freunden oder in Ihrem gesellschaftlichen Leben erfahren haben?
7. Was war Ihre schmerzlichste Erfahrung oder größte Enttäuschung?
8. Traten in Ihrem Gesellschaftsleben wiederholt günstige Ereignisse oder Umstände ein?
9. Gab es in dieser Lebensphase wiederholt Probleme in Ihren sozialen Beziehungen?
10. Haben Sie noch weitere Bemerkungen zu Ihren Freundschaften oder Ihrem gesellschaftlichen Leben in dieser Phase?
11. Notieren Sie Erkenntnisse oder Gedanken zu Ihren lebenslangen Mustern, die sich in Ihren Freundschaften zeigen.

Teil V: Muster in Ihren Liebesbeziehungen

1. Benennen Sie die Menschen, mit denen Sie eine wichtige Liebesbeziehung hatten. Beginnen Sie mit der frühesten Beziehung, an die Sie sich erinnern können, und enden Sie mit Ihrer jetzigen oder letzten Beziehung.
   Fragen 2 bis 5 und Frage 10 sollten für jede Beziehung beantwortet werden. Fragen 6 bis 9 betreffen jede beendete Beziehung. Und die letzte Frage bezieht sich wie immer auf die Muster, die sich in diesem Bereich zeigen.
2. Wie trafen Sie diese Person?
3. Was hat Sie zuerst an ihm/ihr angezogen?
4. Welche erfreulichen Vorfälle oder Umstände ergaben sich immer wieder in dieser Beziehung oder begleiteten Sie ständig?
5. Gab es sich ständig wiederholende oder dauerhafte Schwierigkeiten?
6. Wie lange dauerte diese Beziehung?

7. Was war der Hauptgrund für das Ende dieser Beziehung?
8. Wer beendete sie?
9. Wie fühlten Sie sich nach Beendigung dieser Beziehung?
10. Haben Sie noch weitere Bemerkungen zu dieser Beziehung?
11. Haben Sie allgemeine Anmerkungen zu Ihren Mustern im Bereich der Liebesbeziehungen?

Sie kamen wahrscheinlich nicht umhin, bei der Beantwortung der Fragen einige Muster zu entdecken. Sollten Sie hier aber doch gewisse Schwierigkeiten haben, dann mag Ihnen folgender Hinweis helfen. Wenn Sie Ihre Antworten in tabellarischer Form strukturiert haben, wie wir zu Beginn der Übung vorschlugen, dann sehen Sie sich die Blätter noch mal an und lesen Sie die Spalten von oben nach unten. Stellen Sie dabei fest, daß Sie zwei- oder dreimal fast identische Antworten gegeben haben? Wenn ja, dann haben Sie ein Muster entdeckt. Nehmen wir an, Sie haben bei der Fragen nach den Finanzen wiederholt notiert, daß jemand anders die Kontrolle über Ihr Geld hatte. Oder Sie stellen fest, daß Sie mit Ihrem Geld immer gut gehaushaltet haben. Beides verweist auf ein Muster und auf eine Schwäche oder Stärke, mit bzw. an der Sie in diesem Leben arbeiten sollen.

Wenn Sie sich erst einmal über die in Ihrem Leben aktiven Muster im klaren sind, werden sie feststellen, daß Sie das Rückgrat Ihrer Theorien über Ihre vergangenen Inkarnationen bilden. Alle anderen Anhaltspunkte, die Sie inzwischen gesammelt haben, sind Details, mit denen Sie dieses Gerüst umkleiden. Dabei treten auch die Muster wiederum klarer hervor und lassen Sie erkennen, auf welche Weise Sie mit den vielen Einflüssen, die im Alltagsleben auf Sie einwirken, in Zusammenhang stehen. Durch diesen Prozeß werden Sie in der folgenden Sitzung geleitet.

Sitzung 12
Gelenkte Phantasie zu einem Ihrer vergangenen Leben

Inzwischen sind Sie mit der gelenkten Phantasie vertraut. Wir haben darauf geachtet, daß sich im Verlauf des Kurses Imaginieren und ruhiges Nachsinnen mit der kritischen Analyse Ihres Lebens in etwa die Waage halten. Die Phantasieübungen waren kurze Ausflüge in einen träumerischen Zustand, der Sie wahrscheinlich zu einer anderen Art der Einsicht führte als das logische Nachdenken über die Fragen in einigen anderen Übungen.

Nun ist es an der Zeit, auf den bisher gesammelten Erkenntnissen aufzubauen. Wie? Indem Sie sie beiseite und Ihrer Phantasie freien Lauf lassen. Das mag sich wie ein Widerspruch anhören, ist aber an sich logisch. Denken Sie daran, daß Ihr Bewußtsein nur ein Aspekt Ihrer Reinkarnationsarbeit ist. Damit haben Sie eine Menge Fakten gefunden und viele Einsichten gesammelt. Aber bei all diesen Aktivitäten auf bewußter Ebene war auch Ihr Unterbewußtes nicht untätig.

Denken Sie daran, daß Ihre Erinnerungen an frühere Leben im Unterbewußten gespeichert sind. Und während Sie auf bewußter Ebene alle diese Übungen absolviert haben, wurde Ihr Unterbewußtes durch die dadurch geweckten Erinnerungen angesprochen. Wie der Boden, der beackert, gedüngt und bepflanzt wurde, wurde es darauf vorbereitet, die Erfahrungen eines früheren Lebens an die Oberfläche zu bringen.

Sie haben nun die Gelegenheit, diese Erfahrungen in Ihrer Phantasie noch einmal zu durchleben. Dabei werden Sie zu einem tieferen Verständnis von einem Ihrer Lebensmuster, mit dem Sie in Ihrer gegenwärtigen Inkarnation befaßt sind, gelangen. Das Muster, das Sie sich aussuchen, kann irgendeines sein; es kann positiv sein oder auch negativ. Und wenn Sie eine klare Vorstellung davon entwickeln, wie dieses Muster in einem früheren Leben begann, kann Ihnen das in diesem Leben helfen, gleich ob Sie das Beste aus vorhandenem Potential machen oder einen problematischen Aspekt bewältigen wollen.

Sehen Sie sich nun die Fragen an, die Sie in der letzten Sitzung beantwortet haben. Suchen Sie sich in aller Ruhe ein Muster aus. Jedes Muster ist in Ordnung, solange es darum geht, daß Sie es besser verstehen wollen. Sobald Sie Ihre Wahl getroffen haben, ist Ihre Arbeit auf bewußter Ebene für eine Weile getan. Nun brauchen Sie sich nur noch zurückzulehnen, zu entspannen und Ihr Unterbewußtes seine Arbeit tun lassen, nämlich Ihnen eine Szene aus einem Ihrer vergangenen Leben zu präsentieren. (Vielleicht wollen Sie sich vor Beginn noch einmal kurz das Material zur gelenkten Phantasie in Sitzung 2 anschauen.)

Rufen Sie sich nun das für diese Übung ausgewählte Muster ins Gedächtnis. Bereiten Sie sich dann auf eine Zeit stiller Entspannung vor. Machen Sie es sich so bequem wie möglich, im Sitzen oder Liegen. Nehmen Sie sich alle Zeit, die Sie brauchen, um sich mit Hilfe der von Ihnen gewählten Technik zu entspannen. Wenn Sie bereit sind, dann lassen Sie sich auf die nun folgende Phantasiereise ein.

Nehmen wir uns erst ein bißchen Zeit, um festzustellen, wie gut Sie mit Ihrem inneren Auge sehen können. Stellen Sie sich irgendein Zimmer in Ihrer Wohnung vor, das, in dem Sie sich gerade entspannen, oder ein anderes. (5 Sek.)

Stellen Sie sich nun vor, wie Sie es betreten und stehenbleiben. Was sehen sie? (10 Sek.) Wie gut sehen Sie vor Ihrem inneren Auge zum Beispiel Türen und Fenster? (5 Sek.) Wie sehen die Wände aus, die Möbel, Bilder, der Krimskram und all die anderen Dinge, die sich darin befanden, als Sie sich das letzte Mal darin aufhielten? (10 Sek.) Lassen Sie sich etwas Zeit für eine Bestandsaufnahme all der Dinge, die Sie sehen. (30 Sek.)

Verlassen Sie nun in Ihrer Vorstellung dieses Zimmer, dann Ihre Wohnung, und gehen Sie nach draußen. (15 Sek.) Wenn Sie jetzt vor Ihrem Haus stehen, was sehen Sie? Blicken Sie zunächst geradeaus (15. Sek.), wenden Sie sich dann langsam nach rechts (15 Sek.), drehen Sie sich um (15. Sek.), nun nach links (15 Sek.). Was sehen Sie von diesem Standort aus? (15 Sek.) Gut so – Sie lernen, mit dem inneren Auge zu sehen. Es ist doch ganz einfach, nicht wahr?

Nun probieren wir etwas anderes. Sie kennen die Satellitenfotos für die Wetterkarte im Fernsehen, auf denen man die Erde von oben sieht? Stellen Sie sich vor, daß sie die Erde von oben sehen. (5 Sek.) Die Erde dreht sich unter Ihnen wie eine riesige Kugel, und Sie sind hoch, hoch oben, sehen, wie die Erde sich dreht. Ist es nicht erstaunlich, wie die Dinge von hier oben aussehen? Die geographischen Einzelheiten sind unter einer Wolkenhülle verborgen, Sie können nur die sich dort unten langsam drehende Erdkugel sehen. (10 Sek.)

Sie wissen, daß ein Erlebnis in einer anderen Zeit an einem anderen Ort auf Sie wartet. Sie wissen nicht genau, was das für ein Erlebnis sein wird, aber ein erwartungsvolles Gefühl steigt in Ihnen auf, während Sie sich nun dieser Kugel nähern. (5 Sek.)

Sie gleiten sanft auf diese Kugel zu. Wie eine leichte Feder tauchen Sie in watteweiche Wolken ein. (5 Sek.) Sie sind ganz entspannt, ein Gefühl des inneren Friedens und Wohlbefindens erfüllt Sie, während Sie durch die Wolken sinken, der Erde zu. Langsam, sanft, still. (15 Sek.)

Und so sanft, daß Sie es kaum merken, landen Sie und stehen nun auf festem Boden. Blicken Sie hinunter zu Ihren Füßen. Was sehen Sie? (5 Sek.) Blicken Sie auf den Boden. Wie ist er beschaffen? (5 Sek.) Nun sehen Sie sich Ihren Körper an und Ihre Kleidung. Lassen Sie Ihre Blicke langsam von unten nach oben wandern. (10 Sek.)

Was nehmen Sie als erstes wahr, wenn Sie sich nun umblicken? (5 Sek.) Sehen Sie sich weiter von Ihrem Standort aus die Umgebung an, nehmen Sie soviel wie möglich wahr. (30 Sek.)

Und nun merken Sie, daß an diesem anderen Ort in dieser anderen Zeit, in der Sie sich nun befinden, noch andere Leute anwesend sind. Wer sind sie und wie sehen sie aus? (15 Sek.) Sie nehmen Kontakt mit ihnen auf, so wie es in dieser Zeit und an diesem Ort für Sie am besten geht. (15 Sek.)

Und dann erinnern Sie sich an Ihr Muster – das Muster, das Sie besser verstehen möchten. Und während Sie darüber nachsinnen, entwickelt sich eine Szene, die die ganze Sache klarer werden läßt. Wie Sie mühelos und schöpferisch in den Nächten träumen können, entfaltet sich auch dieses Erlebnis ganz einfach, einem Traum gleich. Sie haben viel Zeit. Lassen Sie sich nun auf diese Erfahrung ein. (2 Min.)

Und nun verblaßt die Szene allmählich. Die Welt, die Sie erleben, löst sich langsam auf, und Sie wissen, daß es Zeit zur Rückkehr in Ihr gegenwärtiges Leben ist. Ganz allmählich taucht nun vor Ihrem inneren Auge die Umgebung Ihres Hauses auf. Und jetzt stehen Sie vor Ihrem Haus. (10 Sek.)

Aber etwas hat sich geändert. Sie haben von Ihrer Phantasiereise ein neues Bewußtsein mitgebracht. Sie verstehen sich nun selbst ein bißchen besser. Sie haben jetzt Klarheit über dieses Muster, das Ihnen Rätsel aufgab. Denken Sie einen Moment darüber nach. (30 Sek.)

Übung

Jetzt, wo Ihnen Ihr Phantasieerlebnis noch frisch im Gedächtnis ist, können Sie am besten die Dinge, die Sie sahen, taten und fühlten, schriftlich festhalten. Vielleicht wollen Sie sich nur ein paar Notizen machen oder auch eine ganze Geschichte aufschreiben. Beides ist in Ordnung. Sie sollten nur sichergehen, daß die wesentlichsten Punkte festgehalten sind.

Wenn Sie mit Ihren Notizen fertig sind, dann sind Sie für den abschließenden Vorgang bereit, bei dem Sie mit Hilfe aller Ihrer bisher gesammelten Hinweise Theorien über Ihre vergangenen Leben aufstellen werden. Es wäre wohl günstig, wenn Sie wenigstens einen Tag verstreichen lassen, bevor Sie sich der nächsten Sitzung zuwenden.

Sitzung 13
Wie Sie Ihre eigenen Hypothesen und Theorien über Ihre vergangenen Leben formulieren

Wir sind nun an dem Punkt angelangt, wo es für Sie darum geht, Ihre eigenen Theorien über Ihre vergangenen Leben zu entwickeln. Sie haben eine beträchtliche Zeit auf das Sammeln von Hinweisen verwandt und sich selbst und Ihr Leben unter allen möglichen Gesichtspunkten unter die Lupe genommen, und auf jeden Fall kennen Sie sich jetzt besser als je zuvor. Jede Theorie über eine frühere Inkarnation ist im Grunde nur ein Ausdruck Ihrer neuen Selbstkenntnis.

Und dies ist der entscheidende Punkt. Das wichtigste an einer solchen Theorie ist ihre Nützlichkeit für Sie. Es ist ganz hübsch, wenn wir wissen, daß unsere Vorstellungen über frühere Leben richtig sind, und es macht Spaß, sie bestätigt zu finden. Aber letztlich ist die beste Theorie über unsere früheren Leben die, die unsere gegenwärtige Situation in einem sinnvollen Licht erscheinen und uns unsere Möglichkeiten nutzen läßt, das Beste aus unserem Leben zu machen.

Trotzdem wollen sich die meisten von uns einigermaßen sicher sein, daß sie mit ihren Vorstellungen nicht ganz falsch lagen. Wir wollen Genaueres darüber wissen, wer und was wir waren. Und hier kommt all Ihre sorgfältige Detektivarbeit ins Spiel. Wenn Sie sich die Zeit genommen haben, eine gründliche Bestandsaufnahme von Ihrer Person zu machen, und zudem Ihrem Unterbewußten freie Bahn gelassen haben, dann haben Sie jetzt alles, was Sie brauchen, um eine möglichst genaue und hilfreiche Theorie über frühere Inkarnationen zu entwickeln.

Übung A

Der erste Schritt besteht darin, daß Sie sich nochmals alle Antworten und Reaktionen in den Übungen, die Sie absolviert haben, ansehen. Gehen Sie noch mal das ganze Material, auch Ihre besonderen Bemerkungen, durch. Achten Sie vor allem auf alle Dinge, die besonders augenfällig sind, auf solche, die Sie überrascht haben, und auf jene, die Ihnen besonders wichtig erscheinen.

Die unten aufgelisteten Themen 1–19 sollen Ihnen helfen, die Höhepunkte der Übungen, die Sie bislang absolviert haben, zu Papier zu bringen. Dabei sollten Sie auf Ihre Originalnotizen zurückgreifen. Etwas, das in den ersten Übungen nicht besonders wichtig schien, mag im Verlauf der späteren Übungen und Erkenntnisse eine große Bedeutung bekommen haben. Das ist auch der Grund, warum Sie noch mal Ihr gesamtes Material durchsehen sollten. Nehmen Sie sich für diesen ersten Teil der Sitzung so viel Zeit, wie Sie brauchen.

Themen 1–18: Notieren Sie für jede Sitzung oder Übung jene Elemente, die Sie auf der Grundlage Ihrer Aufzeichnungen für die bedeutsamsten halten. Vergessen Sie hier nicht Ihre allgemeinen Kommentare und besonderen Erkenntnisse. Bei Thema 19 geht es darum, Verbindungen zwischen den Höhepunkten der vorangegangenen 18 Themen herzustellen.

1. Das Wecken von Erinnerungen (Sitzung 1)
2. Kleider-Phantasie (Sitzung 2)
3. Sie und Ihre Umgebung (Sitzung 4)
4. Eine Reise um die Welt (Sitzung 5)
5. Hinweise, die sich aus körperlichen Merkmalen ergeben (Sitzung 6, Übung A)
6. Interessen in der Kindheit (Sitzung 6, Übung B)
7. Positive emotionale Reaktionen (Sitzung 7, Übungen A und B)
8. Ängste und Abneigungen (Sitzung 7, Übungen A und C)
9. Talente, Hobbys und Interessen (Sitzung 9)
10. Informationen aus Ihren Träumen (Sitzung 10, Übung A)

11. Erfahrungen in der Meditation (Sitzung 10, Übung A)
12. Ihre religiösen Gefühle und Erfahrungen (Sitzung 10, Übung B)
13. Muster in Ihrem Berufsleben (Sitzung 11)
14. Muster im Zusammenhang mit Ihren Finanzen (Sitzung 11)
15. Muster in Ihren Familienbeziehungen (Sitzung 11)
16. Muster in Ihrem Gesellschaftsleben (Sitzung 11)
17. Muster in Ihren Liebesbeziehungen (Sitzung 11)
18. Gelenkte Phantasie zu einem vergangenen Leben (Sitzung 12)

Wenn Sie nun so komplett wie möglich Ihre Übersicht fertiggestellt haben, können Sie anfangen, Ihre Informationen zusammenzusetzen. Wenn Sie sich noch an unser Bild des Puzzles erinnern, so sind Sie jetzt in der Phase, in der Sie nach den Stückchen suchen, die farblich oder von der Form her zusammenpassen. Trugen Sie zum Beispiel in Ihrer Kleider-Phantasie die Tracht eines Landes, das Sie bei Ihrer Reise um die Welt besonders mochten, dann würden sich diese beiden Puzzlestückchen ineinander fügen. Oder stellen Sie sich vor, Sie hätten bei Ihren Möbeln eine deutliche Vorliebe für orientalische Einflüsse entdeckt, und eines Ihrer körperlichen Merkmale sind sehr kleine Füße. Nehmen wir weiterhin an, eines Ihrer Verhaltensmuster bestünde darin, daß Sie sich im allgemeinen den Wünschen anderer Leute fügen. Wir könnten dann, in Anbetracht all dieser Anhaltspunkte, die Vermutung anstellen, daß Sie früher einmal ein Leben als orientalische Frau geführt haben.

Die möglichen Verbindungen zwischen allen Ihren Anhaltspunkten sind so komplex wie Sie selbst. Deshalb sollten sie Ihre Notizen zu den ersten Themen mehrmals durchgehen, um zu sehen, wo Verbindungen bestehen. Möglicherweise findet zu diesem Zeitpunkt noch nicht jede Information ihren Platz. Wahrscheinlich werden Sie auch verschiedene Gruppierungen von Anhaltspunkten feststellen, wobei der eine oder andere Hinweis mehreren Kategorien angehören kann. Das ist ganz natürlich, denn einige Einflüsse werden sich nicht nur in einem einzigen früheren Leben finden.

Zum Beispiel entdeckte eine Frau, die eine Liebe zur mexikanischen Kultur hegt, Hinweise auf ein bäuerliches Leben und andere Hinweise, die ein Leben im Überfluß vermuten ließen. Es ist sehr wohl möglich, daß sie zwei frühere Inkarnationen in Mexiko hatte: eine, in der sie arm, und eine, in der sie reich gewesen war. Es könnte aber auch sein, daß diese beiden Stränge auf einen Wertekonflikt innerhalb eines Lebens in Mexiko verweisen. Weitere Informationen, die sie mit der Zeit erhält, werden diese Frau vielleicht in die Lage versetzen, diese Punkte zu klären.

Wichtig ist hier, daß Sie, wenn Sie Ihre Anhaltspunkte durchgehen und ordnen, neue Gedankennahrung in bezug auf Ihre früheren Leben erhalten. Die Gedanken, die Ihnen bei dieser Strukturierungsarbeit kommen, werden die Kerne sein, um die sich Ihre Theorien lagern und so praktische Bedeutung erhalten können. Denken Sie mit Hinblick darauf sehr gründlich über Thema 19 in dieser Übung nach:

19.Suchen Sie in Ihren Notizen zu den Themen 1–18 nach Anhaltspunkten, die zusammenpassen.

Übung B

Nun haben Sie Ihre Hinweise so weit genutzt, wie Sie können. Sie haben die bedeutsamsten Punkte, die sich im Verlauf des Kurses ergaben, zusammengefaßt, und Sie haben nach Ähnlichkeiten und Verbindungen gesucht. Jetzt können Sie diese Fäden zu einer Theorie über Ihre früheren Leben verweben.

Ihr erster Schritt besteht darin, daß Sie Ihr ganzes Material durchgehen und sich einen *positiven* Zug, eine Begabung, Neigung oder ein Muster, mit dem Sie gern arbeiten würden, heraussuchen. Es kann etwas ganz Augenfälliges sein oder ein weniger deutlicher Hinweis, der Sie aber fasziniert. Wählen Sie irgendeinen Aspekt, der sich in irgendeiner der Sitzungen ergab, aber er muß positiv sein.

Versuchen Sie dann sich vorzustellen, wie dieser Aspekt in einem früheren Leben wurzeln könnte. Erwägen Sie so viele verschiedene Möglichkeiten, wie Ihnen in den Sinn kommen. Nun ist es an Ihnen nachzudenken, logisch zu folgern und auch ein bißchen kreativ im Geschichtenausdenken zu sein. Denken Sie sich ein Szenarium von einem früheren Leben aus, das diesen von Ihnen gewählten Aspekt erklären, begründen oder sogar ausschmücken könnte. Sollte dieser Aspekt in eine ganze Gruppe von Hinweisen fallen, dann berücksichtigen Sie auch diese als Quelle der Erkenntnis.

Gleich wie unbedeutend sich dieser von Ihnen gewählte Aspekt ausnehmen mag, man kann immer etwas mit ihm anfangen. Nehmen wir zum Beispiel an, Ihnen sei aufgefallen, daß Sie fast immer ein bestimmtes japanisches Restaurant wählen, wenn Sie anläßlich einer besonderen Gelegenheit zum Feiern zum Essen ausgehen. Natürlich gibt es viele mögliche Gründe für Ihre Wahl: Vielleicht ist es das einzig gute Restaurant am Ort oder es ist billiger als andere. Vielleicht war es auch in Ihrer Kindheit das Lieblingsrestaurant Ihrer Familie. Bei jeder Entscheidung sind immer viele Faktoren im Spiel. Aber da wir im Moment vor allem den Einflüssen aus früheren Leben nachgehen, wollen wir annehmen, Ihre wiederholte Entscheidung für das japanische Restaurant hätte etwas mit einem Ihrer früheren Leben zu tun.

Was können Sie einem solchen Hinweis entnehmen? Zunächst würden Sie vielleicht vermuten, daß Sie einmal ein Leben in Japan verbracht haben. Dann könnte man annehmen, daß es ein erfreuliches Leben gewesen sein muß, da Sie immer zum Feiern in dieses Restaurant gehen. Wie könnte dieses Leben ausgesehen haben? Hier müssen Sie alle Ihre kreativen und detektivischen Fähigkeiten einsetzen und viele Möglichkeiten erkunden. Eine Hypothese könnte sein, daß es ein komfortables Leben war, in dem es Ihnen an nichts mangelte; vielleicht waren Sie ein Händler oder gehörten der Aristokratie an. Ihre Vorliebe für die Vielfalt der japanischen Küche könnte eine Form der körperlichen Erinnerung an ein gutes Leben sein. Als guter Detektiv können Sie sich natürlich noch ein ganz anderes Szenarium ausmalen. Vielleicht waren Sie ein armer Arbeiter in Japan, der nie genug zu essen hatte, und Ihr Verlangen nach der

Nahrung dieses Landes hat sich in dieses Leben übertragen, so daß Sie jetzt den Hunger einer fernen Vergangenheit stillen.

Denken Sie, wenn Sie jetzt an Ihrer Geschichte basteln, daran, daß es sich nur um eine Übung im Geschichtenerzählen handelt. Freuen Sie sich an Ihrer schöpferischen Phantasie und nehmen Sie sich so viel Zeit, wie Sie wollen. Schmücken Sie Ihre Geschichte mit den Einzelheiten aus, die Ihnen einfallen, weben Sie andere passende Hinweise aus Ihrem Material mit hinein. Beschränken Sie sich nicht auf die Ihnen bekannten Einzelheiten oder historische Fakten des Landes, in dem Ihre Geschichte spielt. Schreiben Sie einfach auf, was Ihnen in den Sinn kommt, gleich wie phantastisch es klingen mag. Wenn Sie sich diese Freiheit lassen, führt das oft zu erstaunlichen Ergebnissen.

Beantworten Sie nun die beiden folgenden Fragen; gehen Sie dann zu Punkt drei über – schreiben Sie Ihre Geschichte über ein vergangenes Leben.

1. Welchen positiven Aspekt im Zusammenhang mit einem früheren Leben haben Sie ausgewählt?
2. Zählen Sie alle weiteren Anhaltspunkte auf, die zu diesem Aspekt eine Verbindung aufweisen. Sehen Sie sich eventuell noch mal Punkt 19 in Übung A an.
3. Entwerfen Sie ein Szenarium von einer früheren Inkarnation, das jenen Einfluß auf Ihr heutiges Leben erklären könnte. Gehen Sie auf Fragen ein wie: Was geschah? Wo und wann geschah es? Warum? Wer waren die Menschen, die daran beteiligt waren? Dies ist Ihre Gelegenheit, sich so viele Einzelheiten auszumalen, wie Sie nur wollen. Berücksichtigen Sie dabei möglichst viele dazu passende Anhaltspunkte, und überlassen Sie den Rest Ihrer Phantasie.

Im zweiten Teil dieser Übung werden Sie noch auf einige zusätzliche Fragen zu Ihrer Geschichte eingehen. Bevor Sie jedoch anfangen, wollen wir aber noch kurz über diese Fragen sprechen.

Bei Frage 4 ist zu erläutern, in welchen anderen Lebensbereichen sich Ihrem Gefühl nach dieser Einfluß ebenfalls ausdrückt und wie. Wenn wir auf unser vorheriges Beispiel mit der Vorliebe für die japanische Küche zurückkommen, so könnte das einfach heißen, daß Sie auch feine Seidenstoffe lieben oder Ihre Teller ein asiatisches Muster aufweisen.

Wenn Sie eine Begabung auswählten, dann könnten Sie erläutern, wie diese Fähigkeit jetzt zur Anwendung kommt. Wie schon gesagt, es muß sich nicht um einen wesentlichen Aspekt handeln. Ein Mensch, der seinem Gefühl nach eine Begabung fürs Tanzen hat, geht vielleicht mit außerordentlichem Vergnügen hin und wieder tanzen oder sieht sich besonders gern Filme an, in denen viel getanzt wird. Ab und zu tanzt er vielleicht ein paar Schritte zur Radiomusik, wenn er allein zu Hause ist. Wenn Sie allerdings einen bedeutsameren Aspekt gewählt haben, könnten seine Einflüsse auf Ihr jetziges Leben natürlich sehr viel umfassender sein.

Bei der nächsten Frage werden Sie dann gebeten, alle Erfahrungen aus Ihrem gegenwärtigen Leben aufzuzählen, die eine Ähnlichkeit mit den Elementen Ihrer Hypothese über ein vergangenes Leben aufweisen, auch wenn diese Ereignisse keinen direkten Bezug zu dem von Ihnen gewählten Aspekt haben. Nehmen wir zum Beispiel an, eine Frau denkt sich eine Geschichte aus, in der Armut und ein französisches Waisenhaus eine Rolle spielen, um Ihre heutige außerordentliche Geduld mit Kindern zu erklären. Wenn diese Frau zudem feststellt, daß Sie in diesem Leben das Talent hat, mit sehr wenig auszukommen, dann könnte sie hier einen möglichen Zusammenhang vermerken.

In Frage 6 sollen Sie darüber nachdenken, wie Sie Ihre Neigungen, Fähigkeiten und Begabungen, die sich in Ihrer Vorstellung über eine frühere Inkarnation finden, zur Bereicherung Ihres jetzigen Lebens nutzen könnten. Auch hier kann Ihre Antwort wieder sehr komplex oder ganz einfach ausfallen. Wenn wir noch mal auf unsere Person mit der Vorliebe für die japanische Küche zurückkommen, so könnte es ihr vielleicht Spaß machen, an einem entsprechenden Kochkurs teilzunehmen oder japanische Tischsitten zu Hause einzuführen. Vielleicht würde sie auch gern Bücher über Japan lesen, um festzustellen, ob ihr noch andere Seiten des japanischen Lebensstils zusagen. Und

vielleicht möchte sie schließlich eine Reise nach Japan machen, um nach weiteren Spuren zu suchen.
Mit Hilfe dieser Hinweise sollten Sie nun die folgenden drei Punkte beantworten können.

4. Zählen Sie die Lebensbereiche auf, in denen der von Ihnen gewählte Aspekt heute als Einfluß zum Ausdruck kommt.
5. Haben Sie irgendwelche Übereinstimmungen oder Analogien zwischen Ihrer Geschichte über eine frühere Inkarnation und Ereignissen in Ihrem jetzigen Leben bemerkt? Sie mögen keinen direkten Bezug zu dem von Ihnen gewählten Aspekt haben, und sie müssen auch nicht wesentliche Punkte in Ihrer Geschichte betreffen.
6. Wie können Sie die Neigungen, die sich in Ihrer Geschichte über eine frühere Inkarnation zeigen, zur Bereicherung Ihres jetzigen Lebens nutzen?

Vielleicht ist es günstig, diese Übung, wie auch die folgende, ein paarmal zu wiederholen, natürlich mit anderen ausgewählten Aspekten.

Übung C

In Übung B gingen wir möglichen Erklärungen für einen sich heute positiv auswirkenden Einfluß aus einem früheren Leben nach. In dieser Übung nun werden wir uns mit jenen Einflüssen befassen, die weniger positiv bzw. negativ sind.

Wieder besteht Ihr erster Schritt darin, daß Sie Ihr Material aus Übung A dieser Sitzung durchgehen, in der Sie die wesentlichsten Anhaltspunkte und Einsichten zusammengefaßt haben. Diesmal suchen Sie sich einen problematischen Punkt in Ihrem gegenwärtigen Leben aus – irgendeine Beziehung, ein Muster oder eine Angst, die für Sie ein Problem darstellen. Auch hier kann es sich wieder um einen wichtigen oder weniger bedeutsamen Aspekt handeln. Vielleicht wollen Sie ein Problem knacken, das Sie schon seit vielen Jahren begleitet. Oder Sie arbeiten lieber, da es Ihr erster Versuch mit dieser Übung ist, mit einem relativ unbedeutenden Thema. Vielleicht wollen Sie Ihre Aufmerksamkeit einer körperlichen Schwäche zuwenden oder einem sich wiederholenden problematischen Beziehungsmuster oder ganz einfach der vagen Abneigung gegen ein bestimmtes Land.

Haben Sie Ihre Wahl getroffen, dann setzen Sie Ihre besten erzählerischen Fähigkeiten ein, um ein mögliches Szenarium zu kreieren, das diesen Einfluß einer früheren Inkarnation auf Ihr gegenwärtiges Leben erklärt. Ziehen Sie auch hier wieder alle Möglichkeiten in Betracht. Manchmal ist es ganz gut, wenn wir unsere Phantasie üppig wuchern lassen, uns vollkommen frei auszudrücken, und oft kommt dann unser wahres Selbst durch. Denken Sie auch daran, alle anderen Anhaltspunkte, die mit dem von Ihnen gewählten Aspekt in Verbindung stehen, zu berücksichtigen.

Beenden Sie nun den ersten Teil dieser Übung, indem Sie folgende drei Fragen beantworten:

1. Welchen negativen Aspekt haben Sie ausgewählt?
2. Verzeichnen Sie alle anderen Anhaltspunkte, die mit diesem Aspekt in Verbindung stehen. Diese müssen nicht unbedingt negativ sein.
3. Entwerfen Sie ein Szenarium zu einer früheren Inkarnation, das diesen sich auf Ihr gegenwärtiges Leben auswirkenden Einfluß erklären könnte. Beschreiben Sie, was geschah, wo und wann und warum es geschah, und welche Menschen daran beteiligt waren. Beziehen Sie so viele Einzelheiten ein, wie Ihnen in den Sinn kommen, gleich wie phantastisch sie sich ausnehmen mögen. (Und denken Sie an die anderen Anhaltspunkte, die mit dem von Ihnen ausgewählten Aspekt in Verbindung stehen.)

Der zweite Teil dieser Übung beinhaltet drei weitere Fragen, deren begleitenden Kommentar Sie sich vielleicht durchlesen sollten, bevor Sie antworten:

4. Zeigen Sie auf, mit welcher Art von Entscheidungen Sie diesen unerwünschten Einfluß bestärken oder festigen.

   Zu diesem Zweck führen Sie sich die Situationen vor Augen, in denen dieser Aspekt in Ihrem Leben zum Vorschein kommt.

Nehmen wir zum Beispiel an, Sie haben eine Abneigung gegen große Menschenmassen. Zur Erklärung dieser Aversion haben Sie sich eine Geschichte ausgedacht, in der Sie in einem früheren Leben in einen Mob gerieten, in Angst und Schrecken versetzt wurden und die Kontrolle über sich verloren. Sie haben nun beispielsweise festgestellt, daß Sie Ihr heutiges Verhaltensmuster in diesem Zusammenhang insofern bestärken, als Sie die Geschäftigkeit in den großen Ladenstraßen meiden und lieber in weniger besuchte Läden gehen.

5. Was könnte Ihnen helfen, dieses Verhaltensmuster aufzugeben?
   Wenn wir bei unserem Beispiel, der Angst vor der Masse, bleiben, dann könnten Sie sich vielleicht dazu entschließen, zu Sportveranstaltungen zu gehen, wo die Menschenmassen mehr unter Kontrolle stehen. Sie könnten das Hauptgedränge zu Beginn und am Ende eines Spiels vermeiden, indem Sie ein bißchen früher kommen und gehen. Sie könnten sich auch vorstellen, später einmal den Besuch einer touristischen Attraktion zu genießen, ohne sich vom Touristenauflauf beeinträchtigt zu fühlen.
6. Entwerfen Sie eine Szene, in der Sie etwas tun, was in Ihnen eine Veränderung bewirkt und Ihnen ermöglicht, diesen ungünstigen Einfluß zu überwinden.
   Bei diesem Punkt handelt es sich weniger um eine Frage, als vielmehr um eine Gelegenheit, ein heilsames Szenarium oder einen Plan zur Veränderung dieser negativen Einflüsse zu entwickeln. Das setzt möglicherweise voraus, daß Sie jemandem oder gar sich selbst vergeben müssen. Gewöhnlich beinhaltet es beides. Manchmal dauert es sehr lange und erfordert viel Arbeit, bis man diese Dinge überwinden kann. In anderen Fällen ist die Sache ganz einfach. Zuweilen müssen wir auch erst die Wunden vernarben lassen, bevor wir die ersten positiven Schritte unternehmen können. Aber manchmal ist auch sehr rasch ein direktes Handeln möglich.

Hier ist eine Mahnung zur Vorsicht angebracht, und zwar in Fällen, in denen es um Schwierigkeiten in unseren Beziehungen zu anderen geht. Wir dürfen keinesfalls vergessen, daß diese ungünstigen Einflüsse unsere eigene Angelegenheit sind; sie sind die Folge *unserer* Entscheidung, und so beeinflussen sie unser Leben. Das zu beherzigen ist manchmal nicht einfach, wenn sich unsere Probleme auf eine andere Person beziehen. Es muß uns ganz klar sein, daß wir daran arbeiten müssen, *uns selbst* zu verändern, nicht jemand anders.

Zudem kann man davon ausgehen, daß die andere Person ganz andere eigene Entscheidungen traf, die in ihrem heutigen Leben wirken. Unsere Erinnerungen und Einflüsse sind nicht die ihren. Von daher können wir nur versuchen, uns selbst weiterzuentwickeln und zu verbessern – unsere Gefühle, Emotionen und Reaktionen auf Erinnerungen und Einflüsse aus früheren Inkarnationen. Die Bewältigung unerfreulicher Erinnerungen an vormalige Leben ist ganz eindeutig unsere innere Angelegenheit. Es ist sehr gefährlich, unangemessen, uneffektiv und destruktiv, sollten wir, in Erwartung einer positiven Reaktion, unsere eigenen Erinnerungen an frühere Leben einsetzen, um zu versuchen, eine andere Person unseren Wünschen gemäß zu verändern.

Wenn wir uns bemühen, unsere negativen Einflüsse aus früheren Leben zu überwinden, dann hat das eine ebenso große Chance auf Erfolg wie die Weiterarbeit an positiven Einflüssen. Instrumente wie das Gebet, die Meditation und der Aufbau von Idealen können hier sehr hilfreich sein. Und Sie wollen sich ihrer vielleicht weit über die Dauer dieses Kurses hinaus bedienen.

Gleich wie lange es dauert oder welche Methode Sie einsetzen, seien Sie sicher, Ihr Bemühen um die Überwindung solcher negativen Einflüsse kann eines der wichtigsten Unternehmungen Ihres gegenwärtigen Lebens sein. Lassen Sie sich Zeit und haben Sie Geduld mit sich. Und vor allem, sprechen Sie sich Mut zu und lassen Sie sich selbst die verdiente Anerkennung für Ihren Willen zur Veränderung zukommen.

Sitzung 14
Ihr künftiges Leben

Diese letzte Sitzung unseres Kurses wird Ihnen helfen, einen Blick auf Ihr nächstes Leben zu werfen – das Leben, das Sie jetzt aufbauen. Dies ist aber nicht nur eine Gelegenheit, in die Zukunft zu sehen; es ist auch, und das ist wichtiger, eine Gelegenheit, einige Schritte zur Strukturierung Ihre Zukunft zu unternehmen. Die Vorausschau wird uns eine Ahnung davon vermitteln, in welche Richtung wir uns bewegen. Wenn wir mit unserem gegenwärtigen Kurs zufrieden sind, können wir diesen Weg fortsetzen. Wir können aber auch, wenn uns das nötig erscheint, einige Entscheidungen treffen, die uns auf ein neues Geleis führen.

So wie die Vergangenheit unsere gegenwärtige Inkarnation beeinflußt, so wird auch unsere Zukunft durch unsere jetzige Lebensführung gestaltet. Die Eindrücke, die wir am Ende dieses Lebens mitnehmen, werden in der nächsten Inkarnation unsere Erinnerungen an unser früheres Leben sein. Wir haben immer die Freiheit, unsere Gedanken und Handlungen so auszurichten, daß sie zu hilfreichen Eindrücken führen, nicht zu Narben in unserer Seele. Und so können wir also heute zu einer besseren Zukunft und einem glücklicheren Morgen beitragen.

Und nun noch einmal – entspannen Sie sich, machen Sie es sich bequem, atmen Sie ein paarmal tief durch. Bereiten Sie sich, wie gehabt, auf eine gelenkte Phantasie vor, indem Sie sich der Hilfe einer befreundeten Person bedienen, eine Tonbandkassette vorab besprechen oder was auch immer. Entspannen Sie sich körperlich und geistig mit Hilfe der von Ihnen gewählten Technik. Begeben Sie sich in jenen friedlichen, gelösten Bewußtseinszustand, in dem Sie Ihrem Gedankenfluß freien Lauf lassen können. Und wenn die Geschichte über ein künftiges Leben zu ihrem Ende gekommen ist und Sie aus dieser Erfahrung wieder aufgetaucht sind, werden Sie mit einer neuen und hoffnungsvolleren Vision von sich selbst und Ihrem Potential in die Gegenwart zurückzukehren.

Stellen Sie sich vor, Sie stehen im Lieblingszimmer Ihrer Wohnung oder Ihres Hauses. (5 Sek.) Sie fühlen sich hier wohl. Sie sind auch mit sich selbst zufrieden. Sie haben das angenehme Gefühl, nun entsprechend Ihrer Fähigkeiten das Bestmögliche zu tun, was Sie in diesem Leben tun können. (5 Sek.)

Während Sie sich im Zimmer umblicken, sehen Sie zu Ihrer Überraschung eine Tür, die Sie vorher nie bemerkt haben. (5 Sek.) Sie sind neugierig und wollen wissen, wohin diese Tür führt. Ganz und gar zuversichtlich gehen Sie darauf zu und öffnen sie dann langsam. (10 Sek.)

Und beim Öffnen dieser Tür wird Ihnen plötzlich klar, daß dies die Schwelle zu Ihrer Zukunft ist. Zunächst sehen Sie auf der anderen Seite ein sanft strahlendes Licht – ein einladendes Licht. (5 Sek.) Sie gehen in dieses Licht hinein und werden gewahr, daß dahinter Ihr nächstes Leben liegt.

Ihre Schritte werden schneller, während Sie auf dieses neue Leben zugehen. (10 Sek.) Sie nehmen allmählich Menschen wahr, die in Ihrem nächsten Leben wichtig sein, und Orte, die eine Rolle spielen werden. (10 Sek.)

Und während Sie weiter auf das zugehen, was sich da vor Ihnen entfaltet, erkennen Sie allmählich, wie Ihr nächstes Leben aussehen wird. Sie sehen Menschen, die Sie schon früher kannten und die nun mit Ihnen neue Beziehungen eingehen. Einige werden wieder eine ähnliche Rolle spielen, andere eine ganz andere. Und Sie entdecken neue Gründe, warum sie zu jenen Menschen gehören, die Ihnen wichtig sind. (10 Sek.)

Lassen Sie sich für die Erfahrung dieses neuen Lebens so viel Zeit, wie Sie brauchen. Nehmen Sie alle Einzelheiten in sich auf.

Achten Sie nicht nur auf die Menschen und Orte, die in Erscheinung treten, sondern vor allem auch auf Ihre Gefühle, die sich mit diesem neuen Leben verbinden.

Lassen Sie dieses neue Leben sich so lange entfalten, wie es will. Bleiben Sie so lange dabei, wie Sie können.

Übung

Ist die Geschichte Ihres künftigen Lebens zu ihrem Ende gekommen, dann bearbeiten Sie die folgenden Fragen bzw. Themen. Sie sollen Ihnen helfen, eine klarere Perspektive von der gerade gemachten Erfahrung zu gewinnen und sie bestmöglich in Ihrem jetzigen Leben zu nutzen.

1. Beschreiben Sie diese Erfahrung zu einem künftigen Leben so kurz oder ausführlich, wie Sie möchten.
2. Notieren Sie die positiven Einflüsse aus der Gegenwart, die Sie beobachten konnten.
3. Können Sie irgendwelche Schritte unternehmen, um diese Einflüsse heute zu verstärken, damit sie in einem künftigen Leben die von Ihnen gewünschte Rolle spielen?
4. Haben Sie negative Einflüsse bemerkt, die sich auf Ihre Zukunft auszuwirken scheinen?
5. Können Sie sich Entscheidungen vorstellen, die Sie in Ihrem gegenwärtigen Leben treffen könnten und die eine künftige Auswirkung dieser Einflüsse verringern oder beseitigen würden? Beschränken Sie sich aber nicht nur auf Dinge, die Sie vermeiden können. Denken Sie auch an positivere Alternativen zu Aktivitäten, die unerfreuliche Muster aufbauen. »Ich werde aufhören, an meiner Frau oder an meinem Mann unnötig herumzukritisieren«, wäre so ein erster Schritt. Doch »Ich werde meiner Frau oder meinem Mann jeden Tag mindestens drei Komplimente machen« könnte sich als noch hilfreicher erweisen.
6. Haben Sie noch weitere Beobachtungen oder Bemerkungen zu Ihrer Phantasie über ein künftiges Leben?

Schlußbemerkung

Nun, da Sie am Ende unseres Programms angelangt sind, sollen Sie unbedingt wissen, daß sich die wichtigsten Resultate dieses Kurses erst in den folgenden Wochen und Monaten einstellen werden. Mit der Zeit werden Sie sich der Einflüsse aus früheren Leben in Ihrem Alltag zunehmend bewußter werden, und Sie werden diese sich vertiefende Selbstkenntnis mit wachsendem Geschick positiv verwerten können.

Es gibt viele Möglichkeiten, wie Sie Ihre Erinnerung an frühere Leben befördern können. Das wichtigste aber ist die praktische Umsetzung Ihres neuen Wissens. Erkenntnisse werden uns gegeben, damit wir sie anwenden und zum Bestandteil unseres Lebens machen. Informationen über Stärken, die wir in früheren Leben entwickelten, verweisen uns auf Fähigkeiten, die uns helfen, ein kreativeres und erfüllteres Leben zu führen; Kenntnisse von Schwächen zeigen uns Bereiche, in denen wir unsere Entscheidungs- und Verhaltensmuster ändern müssen, um diese Unzulänglichkeiten und Mängel zu überwinden.

Sie werden feststellen, daß Sie mehr über sich entdecken werden, sobald Sie anfangen, mit den Ihnen bekannten Einflüssen aus früheren Leben zu arbeiten, gleich wie unbedeutend diese sich auch ausnehmen mögen. Ihre früheren Leben werden sich Ihnen enthüllen, nicht nur fragmentarisch in Erinnerungen oder Träumen, sondern sehr viel vollständiger, so daß Sie imstande sein werden, klar zu bestimmen, welche verschiedenen Inkarnationen sich in Ihrem heutigen Leben auswirken.

Sie werden mit Erstaunen feststellen, wie sehr Ihr Leben von Menschen, Situationen und Ereignissen berührt wird, die mit Ihren Vorstellungen über Ihre früheren Leben in Einklang stehen, und Sie werden so Ihre Entdeckungen verifizieren können. Solche Begegnungen werden Ihr Leben wahrscheinlich sehr bereichern, denn aufgrund Ihrer Erkenntnisse über Ihre Vergangenheit werden Sie mit den gegebenen Umständen konstruktiver umgehen und sich den Menschen liebevoll zuwenden können. Und so wie Ihre Einsichten in frühere Inkarnationen weiterhin positive Resultate in Ihrem jetzigen Leben zeitigen, so werden Sie auch zusätzliche Bestätigungen für deren Gültigkeit erhalten.

Sie können natürlich auch auf anderem Weg Ihre Hypothesen verifizieren. Sie können Forschungsarbeit betreiben, um zu sehen, ob sich bestimmte Aspekte Ihrer Vorstellungen, die Sie besonders faszinieren, bestätigen. Sie könnten in historischen Berichten nachlesen oder auch nur auf Dinge achten, die Ihnen vertraut vorkommen, ob diese nun in Ihrer physischen Umgebung auftauchen oder auf Bildern oder in Zeitschriften, die Ihr Auge zufällig streift, oder in Filmen und Fernsehprogrammen, die Sie sich ansehen.

Vielleicht wollen Sie, zur Bestätigung, Ihre Hypothesen auch mit einer vertrauten Person durchsprechen. Schildern Sie ihr Ihre Auffassung zu Ihren Inkarnationen und fragen Sie sie, ob sie an Ihnen Muster oder andere Dinge beobachtet hat, die Ihre Ideen bestätigen, ihnen widersprechen oder sie erweitern.

Wenn Sie sich zur Bestätigung Ihrer Hypothesen an solche äußeren Quellen wenden, dann vergessen Sie nicht, daß Ihnen das Material, das Ihnen Ihr jetziges Leben bietet, die wichtigste Verifikationsebene ist. Überprüfen Sie in Zukunft ab und zu, ob Ihre Arbeit mit den Einflüssen aus der Vergangenheit Ihre gegenwärtige Existenz verändert und Ihnen Hoffnung gegeben hat. So bewahren Sie sich vor Irrwegen oder davor, sich in Ihren vermuteten früheren Inkarnationen so sehr zu verfangen, daß Sie Ihr gegenwärtiges Leben nicht mehr in seiner ganzen Fülle leben.

Auf Ihrer Suche nach einem vollständigeren Bild von Ihrer Vergangenheit werden Sie wahrscheinlich immer wieder auf die Übungen dieses Kurses zurückkommen. Und wenn Sie neue

Muster erkennen, wollen Sie sich vielleicht Ihre bisherige Arbeit mit den verschiedenen Übungen nochmals ansehen oder sogar einige Übungen wiederholen. Sie mögen dann zu neuen Antworten und Reaktionen kommen, die Ihre bisherigen Vorstellungen über frühere Inkarnationen erweitern oder auf andere, bislang unvermutete Inkarnationen hindeuten. Ein Geburtstag, ein Jahrestag oder die Tage um Neujahr sind eine gute Zeit für solche Aktivitäten.

Die Hilfe, die Ihnen durch diesen Kurs zuteil werden kann, hat eigentlich keine Grenzen. Wann immer Sie darauf zurückkommen, Ihnen bietet sich hier die Möglichkeit zu tieferen Erkenntnissen über sich selbst und Ihr gegenwärtiges Leben sowie zu einer erweiterten Sicht auf die Horizonte, die Ihnen die Zukunft eröffnet. Gleich, wohin Sie von hieraus gehen werden, denken Sie daran, sich selbst mit der Liebe und Achtung zu behandeln, die Sie verdienen.

Viel Glück für neue Abenteuer.

Ausgewählte Literatur

Zu Leben und Arbeit von Edgar Cayce:

Millard, Joseph, Edgar Cayce: Mystery Man of Miracles. Greenwich, CT., Fawcett, 1956.

Stearn, Jess, Edgar Cayce: The Sleeping Prophet. Garden City, N. Y., Doubleday, 1967. Deutsch: Der schlafende Prophet. Ariston Verlag, Genf; TB bei Droemer-Knaur, München.

Sugrue, Thomas, There is a River: The Story of Edgar Cayce. New York, Holt, Rinehart and Winston, 1942. Deutsch: Edgar Cayce. Die Geschichte eines schicksalhaften Lebens. Hugendubel, München, 1981; TB bei Droemer-Knaur, München.

Zur Philosophie der Edgar-Cayce-Readings:

Face to Face: 12 Edgar Cayce Readings Interpreted for Today. Virginia Beach, VA, A. R. E. Press, 1987.

Puryear, Herbert B., The Edgar Cayce Primer. New York, Bantam, 1982.

Reinkarnation und Karma:

Cerminara, Gina, Many Mansions. New York, William Sloan Associates, Inc., 1950. Deutsch: Erregende Zeugnisse von Karma und Wiedergeburt. Hermann Bauer-Verlag, Freiburg.

Langley, Noel, Edgar Cayce on Reincarnation. New York, Warner, 1967.

Van Auken, John, Born Again and Again. Virginia Beach, VA, Inner Vision, 1984.

Van Auken, John, Past Lives and Present Relationships. Virginia Beach, VA, Inner Vision, 1985.
Woodward, Mary Ann, Edgar Cayce's Story of Karma. New York, Coward-McCann, 1971.
Woodward, Mary Ann, Scars of the Soul. Columbus, OH, Brindabella Books, 1985.

Zur Entwicklung medialer Fähigkeiten:
Cayce, E. und Hugh Lynn, Venture Inward. New York, Harper & Row, 1964.
Patterson, Doris T. und Violet M. Shelley, Be Your Own Psychic. Virginia Beach, VA, Edgar Cayce Foundation, 1975.
Thurston, Mark A., Understand and Develop Your ESP. Virginia Beach, VA A. R. E. Press, 1977.

Zu Träumen:
Bro, Harmon H., Dreams in the Life of Prayer. New York, Harper & Row, 1970.
Bro, Harmon H., Edgar Cayce on Dreams. New York, Warner, 1968.
Sechrist, Elsie, Dreams – Your Magic Mirror. New York, Warner, 1968.

Zur Meditation:
Puryear, Herbert B. und Mark A. Thurston, Meditation and the Mind of Man. Virginia Beach, VA, A. R. E. Press, 1975.
Sechrist, Elsie, Meditation – Gateway to Light. Virginia Beach, VA, A. R. E. Press, 1964.

Die A. R. E. heute

Die Association for Research and Enlightment, Inc., ist eine gemeinnützige Gesellschaft, die sich dem spirituellen Wachstum, dem ganzheitlichen Heilen und den spirituellen Dimensionen medialer Forschung widmet. Insbesondere befaßt sie sich mit der praktischen Anwendung der Readings von Edgar Cayce. Durch ihre Programme, Publikationen und Studiengruppen bietet die A. R. E. allen Interessenten praktische Informationen und Anleitungen zur individuellen Selbsterforschung und zur Entwicklung von besseren Beziehungen zu sich selbst, zu anderen und zum Universum.

Der Hauptsitz der A. R. E., die, über die USA hinaus, weltweit und zunehmend auf Interesse stößt und Aktivitäten entfaltet, befindet sich in Virginia Beach im Staat Virginia. Hier finden sich unter anderem ein Bibliotheks- und Konferenzzentrum, Büros und Publikationsmöglichkeiten und ein Strandmotel. Die Bibliothek ist eine der größten metaphysischen und parapsychologischen Bibliotheken der Vereinigten Staaten. Die A. R. E. verfügt auch über einen Buchladen mit Versandabteilung, der etwa 1000 Titel zu Themen wie spirituelles Wachstum, Weltreligionen, Parapsychologie und transpersonale Psychologie führt. Sie bietet ihren Mitgliedern auf nationaler Ebene Vortragsreihen, Publikationen – es gibt auch eine Bibliothek für Literatur in Blindenschrift –, ein Camp und ein umfassendes Studienprogramm für Gruppen.

Die Räume der A. R. E. an der 67th Street und der Atlantic

Avenue sind das ganze Jahr über zugänglich. Besucher sind immer willkommen und können sich an folgende Adresse wenden, wenn sie weitere Informationen wünschen: A. R. E., P. O. Box 595, Virginia Beach, VA 23451, USA.